标杆精益系列图书

BASICS：精益问题解决模型

推动每日创新和提高盈利能力的精益工具箱

查理·普罗茨曼（Charles Protzman）
［美］丹·普罗茨曼（Dan Protzman）　　著
威廉·基恩（William Keen）

任　晖　陈　莉　　　　　　　　　　译

机械工业出版社

BASICS 是一个精益实施模型。BASICS 的 6 个字母代表了实施的 6 个阶段，包括基线、评估/分析、建议解决方案、实施、检查和维持。BASICS 模型包含了 50% 的精益方法和工具，涵盖价值流图、加工流分析、作业流分析、换型分析、意大利面图、标准作业、防误等，以及 50% 的变革管理，包括人的因素、变革等式、领导标准作业等。

作者提出了两个精益的核心原则：尊重员工（人性）和创造知识，并将它们贯穿到 BASICS 精益实施模型中的每一个阶段，强调了鼓励全员参与和尊重每位员工的改善提案所带来的巨大收益。这两个核心原则促进了问题解决和不断学习的文化氛围的形成。

BASICS 适用于所有将批量流转换为单件流或者小批量流的制造型企业，也适用于单件流生产线的持续改善。此外，还可运用在事务性流程的改善上。成功地实施 BASICS 模型，可帮助组织提高质量、提高效率、降低成本、优化现金流，并维持改善的成果。

本书可供企业的管理人员、精益推行与实施人员使用，也可供高等院校相关专业师生参考。

推荐序一

近年来，制造业的竞争日益加剧，企业急需找到一套适合自身特点，可以实现高质量、高柔性、低成本、快速交货的生产或服务模式。20世纪50年代，以丰田汽车公司为代表的日本企业，在学习、借鉴美国工业工程和质量控制理论的基础上，结合本国的文化特色，经过20多年的探索，逐步形成了以"丰田生产方式"为代表的日本先进制造管理模式。20世纪70年代，日本制造凭借高质量和低成本赢得了美国和欧洲市场，也验证了这种先进制造模式的有效性。直到20世纪80年代，美国和其他国家的一些专家到丰田汽车公司等日本企业进行深入观察和研究后，发现日本制造的核心逻辑是减少一切不必要的浪费。20世纪90年代初，詹姆斯·P. 沃麦克、丹尼尔·T. 琼斯、丹尼尔·鲁斯合著的《改变世界的机器》一书把以丰田生产方式为代表的日本制造模式凝练为精益生产。由此，精益生产在制造业得到广泛推广，并且延伸到建筑业、服务业甚至政府机构。很多企业通过实施精益取得了显著的收益。

精益管理是思想、方法和文化的集成，是一套博大精深的体系。很多产业实践者们虽然理解了精益的思想，但是往往不知道如何实施，也缺少实施精益生产的可操作性的技术路线。任晖和陈莉两位老师翻译的这本《BASICS精益问题解决模型——推动每日创新和提高盈利能力的精益工具箱》是一本能够帮助产业界人士学习并实施精益的指南。通读本书后，我很受启发，总结了本书的以下特点，与各位读者分享。

1）本书给出了清晰的实施精益管理的技术路线——BASICS模型。众所周知，追求精益是一个持续的过程，需要在企业里实施大量的精益项目。BASICS提供了如何完成项目的技术路线和工具箱。其中，基线（B阶段）的主要任务是界定项目，清楚地描述问题，确定问题的边界和基线，包括对项目指标的测量；评估/分析（A阶段）的主要任务是分析问题的根本原因；在此基础上，给出问题的解决方案（S阶段）；随后进行方案的实施（I阶段）和效果检查（C阶段）；最后，为了保持改善的成果，需要建立标准程序和文件，即维持（S阶段）。这一技术路线与六西格玛DMAIC（界定、测量、分析、改进、控制）的持续改进模式如出一辙，也符合PDCA循环的基本逻辑（本书采用的是PDSA，PDSA是戴明博士在休哈特PDCA基础上的发展），是本书的一大亮点。我相信，这一模型在实践中还会不断完善和发展。

2）融合精益思想、方法和体系，将与精益相关的工具和方法有机地嵌入 BASICS 流程。在这一点上，与六西格玛的持续改进和创新的基础路线更为接近本书融入了 SIPOC 图、FMEA、过程能力指数（C_{pk}）和 SCRUM 等工具和方法，体现了精益工具方面的与时俱进。

3）精益管理的学科基础是工业工程，如果就精益谈精益，则容易对精益的本质理解不够充分。本书将精益的思想和方法体系与工业工程学科联系起来，深化了读者对精益思想和方法的认识。对于学习工业工程专业的学生来说，阅读本书可以让他们学会如何应用工业工程的原理和方法解决企业的实际问题。

4）强调管理和事务性活动的浪费问题。目前，介绍生产过程中如何消除浪费的书籍较多，较系统地讨论管理活动或事务性活动中浪费问题的书籍则较少。但实际上，在很多大型企业、学校、政府机构，管理和事务性活动的浪费是惊人的，这种浪费比较隐蔽，管理者对此也往往认识不够，还缺乏科学的方法来消除这种浪费。本书对管理和事务性活动的浪费问题的讨论更为系统和全面。

正如书中所说，BASICS 模型包含 50% 的科学管理和 50% 的变革管理。实施精益，不仅要采用科学先进的工具方法，更重要的是理念和认识的提升及变革管理。变革管理为实施精益管理创造了文化氛围，精益文化和精益方法如同土壤和种子，没有土壤的种子无法生长，没有种子的土壤没有意义。在我国实施精益，这两种情况要极力避免，也希望我国的精益实践者们能从本书中汲取营养。

非常感谢任晖和陈莉两位老师邀请我为本书写序，对我本人而言，也是一个很好的学习机会。也衷心希望他们能把 BASICS 模型与我国的管理实践和中华文化有机融合，为我国企业、各类组织实施精益添砖加瓦。

何桢

天津大学管理与经济学部教授

教育部长江学者特聘教授

国家杰出青年基金获得者

万人计划哲学社会科学领军人才

国际质量科学院院士（IAQ，Academician）

推荐序二

——故不积跬步,无以至千里;不积小流,无以成江海

每家公司都应该要求员工了解改善后节省的一秒钟价值几何。将一年中每一次改善后节省的几秒钟累加起来,便会达成金额不菲的财务收益。我们经常说:"不积跬步,无以至千里"。节省一秒钟是精益改善之魂,也是本书对精益核心思想的精辟诠释。

专业选手和长期主义

随着经济的发展,市场的变化,未来一定属于专业选手和长期主义者,而丰田汽车公司恰恰就是其代表。风靡全球的精益管理方式源于丰田汽车公司的管理实践,其先进性和给企业带来的巨大效益引起了世界各国企业和管理学术界的重视、研究和推广应用。

从在我国运营管理成熟的跨国公司,到实力雄厚的国有企业,再到锐意进取的民营企业,很多都在全面实施精益管理模式。随着智能制造和数字化成为企业的重要技术和管理升级的策略,精益管理已成为智能制造和数字化转型的底层逻辑。

精益是系统而不是工具

推行精益的人对以下精益工具一定非常熟悉:5S、单件流、看板管理、全员生产维护、价值流图、产线平衡、拉动系统、快速切换、改善周等。这些都是精益管理中的常见工具,并在企业中得到广泛的应用。

但是工具型精益的效果常常并不理想,往往只产生局部点的效益,缺乏持续性。简单复制精益工具,其结果常常是无效的,甚至对长期发展是有害的。所以不应该简单地对精益工具进行复制和应用,更需要建立精益系统来指导和引领。因此,需要建立一套适合企业自身的精益系统,为企业在精益转变过程中提供指引,直至理想境界。

本书中的BASICS模型即是从系统视角构建适合企业自身的精益方法论,其主要目的是展示一种便于定制且易于使用的精益实施路线图,有助于指导使用者(企业管理层、精益从业者等)实施全员参与的精益改善,推动企业培育人才、降本增效、打造企业核心竞争力。

BASICS的六个字母分别代表:
1) 基线(B)。

2）评估/分析（A）。

3）建议解决方案（S）。

4）实施（I）。

5）检查（C）。

6）维持（S）。

本书介绍按照BASICS模型实践精益改善的系统方法，能够帮助更多的组织获取精益改善的巨大成果，并且将改善持续进行下去。在过去的20年间，作者辅导的80%~90%的客户在实施BASICS模型后，都能维持他们的精益改善成果。

BASICS模型是系统层次的精益模型，旨在激发全员投入更多的改善时间，让企业所有层面的人员融入改善当前流程，并为流程的未来状态不断设定挑战性的目标。

精益管理也可以应用于事务性流程

BASICS精益模型不仅仅可以应用于制造工厂，也可以应用于事务性等办公室环境中。在大多数公司中，事务性工作的成本通常是隐藏的，没有被充分地理解和予以重视，但是其仍是管理成本的组成要素之一。

每家企业都有事务性流程，不仅在制造型企业，也包括医疗机构、金融服务和政府机构等，他们都可以运用精益，简化流程，消除浪费。就其本质而言，事务性流程之中的95%活动是非增值的活动。

在办公室或者行政管理实施BASICS模型时，也会得到巨大的改善成果：

1）缩短交付时间80%（交付时间从数周缩短至数日或者从数日缩短至数小时）。

2）减少在制品（WIP）80%（事务性流程之中文书件数，有时是电子邮件件数）。

3）提升办公行政效率30%~50%或者更高。

4）缩短（非电子的）步行距离80%。

5）提升质量10%~20%。

本书内容涉及精益模型、工具和变革

BASICS模型包含50%科学管理和50%变革管理。全书分成7章，第1章是BASICS模型的概述，第2~7章系统阐述了模型的核心内容，并按照其模型顺序和逻辑展开。本书详细而生动地介绍和说明了模型的具体做法及为什么要这样做和这样做有什么好处。这样，读者看了本书后，不仅能对精益管理有全面系统的了解，并且可以参照其中的案例和方法说明理解这种先进管理方法的精髓，并且能对实践起到指南作用。

全书另外一大特色是在介绍BASICS模型的同时，对常用的精益工具做了系统的梳理和说明，内容包括七大浪费、价值流图、SIPOC、节拍时间、ECRS、作业流分析、3P生产准备流、奥巴标准、标准作业、TWI、水蜘蛛、领导标准作业等，让读者对精益工具有了全面的了解。

本书能帮助读者系统学习精益管理，激发员工的改善智慧，让组织中各层次的人员积极地参与持续改善，并为其提供一个经过实践验证和结构化实施的模型，帮助其更专业地实施精益改善。

此外，在阅读本书的过程中，也可以了解国外精益专家学者研究和诠释精益管理的一些新视角和方法，这对建设具有中国特色的精益管理模式很有借鉴意义。

杨凯

精益战略顾问

唐道述精益战略咨询公司

译 者 序

本书作者查理·普罗茨曼是一位国际知名精益顾问,拥有35年精益运营管理经验。他面向全世界的制造业、医疗领域,传播精益思想,为不同国家的多家企业提供精益咨询,致力于精益管理实践和创新,开发了BASICS精益问题解决模型,并写下这本同名著作。本书可作为指导企业精益落地的实务操作手册,帮助企业实现精益转型、培育人才和降本增效。

本书旨在为读者展示一张旁征博引、易于使用的精益路线图,可指导读者进行精益落地的实践,打造企业核心竞争力。本书对当前易变性、不确定性、复杂性、模糊性(VUCA)时代下,新经济、新常态中制造业和服务业的转型升级具有一定的指导意义,可帮助企业打造基业长青、永续经营的精益组织。本书逻辑之严谨,思想之深邃,工具之全面,令人叹为观止。翻译完后,给我一种醍醐灌顶之感,受益良多。

本书包含了50%人的因素和50%的精益工具。我们将其称为实践精益过程中的任督二脉,打通这任督二脉,有助于精益实践走出碎片的误区,为精益从业者指明前进方向。50%人的因素,包含以人为本、发挥人力和挖掘人力的智慧、精益领导力行为、变革管理和改善秘籍等,特分享几点,以飨读者:

1)在启动精益前,总经理致信全员,表明"不会因持续改善而解雇任何一名有编制的员工"。

2)变革等式 $C×V×N×S>R_{变革}$。总经理创造迫切的变革需求 C,建立愿景 V,监督下一个计划 N 的落实,巩固成果 S。按照这个顺序实施,才能战胜抵制变革的阻力。

3)领导者参加5天的精益培训课程,制定试点绩效管理目标,并且签订变革合同。

4)选定一个合适的试点区实施改善项目,必须成功。持续地收获微小的精益成功,让每名员工都感受到自己是精益成功团队的一员,建立员工坚定精益的信心内驱力。

5)收集流程数据,让数据成为管理导向,员工必须参与回看流程视频,并对改善方案达成共识。

6)实施领导标准作业、领导者现场巡视、30-30-30"现场观察"的日常改善。

7) 消除错误的秘籍，建立全员参与改善的提案系统和敢于公开错误的奖励系统。

8) 打造供应商的合作伙伴关系。

这些精益领导力行为包涵尊重、挑战、团队、改善、现地现物等丰田文化DNA，支撑组织持续改善和培育人才。此处再补充几点值得借鉴的丰田文化：大部屋、根回制度、自工序完结、不给别人添麻烦、慢计划快行动、A3思维、"表准"与标准的关系——任何"表准"必须通过执行来暴露问题，以及通过持续的PDCA（计划、实施、检查、行动）、检验、提炼、反省和修正等，以实现真正的标准化。

本书包含了50%的精益工具，继承了工业工程原理的精华，并且结合实践案例，比较系统地呈现了作者对精益管理过程的内心思考和演绎逻辑。作者清晰地介绍了精益工具之间的联系和具体的用法，令我对此书可谓"爱不释手"。

不论是丰田的制胜法宝A3，还是精益六西格玛DMAIC以及本书BASICS，都是基于PDCA的问题解决框架。查理先生创新的BASICS模型是一个改善管理系统的精益问题解决模型，该模型源于查理先生35年的精益实践经验，他的实践是基于弗兰克·吉尔布雷斯、大野耐一和新乡重夫等诸多工业工程前辈大师著作中所传授的工业工程方法论，其中也不乏美国式的创新精神。在此总结BASICS模型中6个阶段的一些关键点：

1) 基线（B）阶段：清晰项目范围和组建项目团队、绘制价值流图、收集流程导向数据。

2) 评估/分析（A）阶段：查理先生基于基本的工业工程原理，将生产归结为"工序"和"作业"编制的网状结构。BASICS是系统性问题解决模型，强调了改善任何一个流程的层次结构，依次为工序改善、作业改善、换型改善。拍摄视频并与作业员一起识别流程浪费。在工序和作业分析中，利用"加工、检验、搬运、停滞"四类基本工序划分及取消、重排、简化、合并（ERSC）四类改善手法，彻底消除一切浪费，降低工序间停滞，从而实现单件流。快速换型（SMED）是小批量、多品种的基础，而小批量生产又是不过量生产的关键前提。

3) 建议解决方案（S）阶段：新主体布局能否支持未来5~10年的业务需求，布局设计应遵循流动性和可视化控制，工位设计应遵循人因工程和动作经济性，采用站姿和走动作业。

4) 实施（I）阶段：在试点生产线启动新流程前，便启动以培养多技能作业员为目的的交叉训练。运用自働化，实施防错机制，防止缺陷流出，使用机器100%全数检验。实施生产线每日小时产出记录表和A3根本原因改善，使用物料标准容器和水蜘蛛补料。

5) 检查（C）阶段：使用可视化管理系统进行检查，实施均衡生产和均衡排产。

6) 维持（S）阶段：总结改善案例，更新组织结构，采用/推行领导力教练套路（Coaching Kata）。

查理先生是实至名归的精益创新者，他恰当地引用了几个新精益工具到 BASICS 模型中，不仅丰富了 BASICS 模型，而且为精益从业者打开了一扇全新认知精益的大门，如。

1）Scrum：使用 Scrum 开发复杂产品框架的冲刺（Sprint），检验新流程，提升实施阶段效率。

2）柔性：在柔性生产线中，设备、物料、工具都安装有轮子；替换作业可提升作业效率 20%。

3）精益套路（Lean Kata）：领导者每日带领团队实施 PDCA 改善，同时培养员工的精益思维和精益行为。

精益源于丰田 TPS——领导者带领员工每日进行 PDCA 改善，以消除不需要、不合理、不均衡的行为。这些耳濡目染、深入骨髓的精益文化，是由自上到下的引领、垂范和自下而上的执行与支撑所形成的。当前，众多国内企业正走在精益之旅的探索道路上。

最近，一份权威调查报告显示，企业精益转型失败，其中 50% 是由于行为原因，包括高级管理者的行为不支持改变和员工抵制，30% 是由于企业的愿景模糊。

这些企业精益转型的失败，令人深思。结合我国制造业和服务业精益落地的特有难点，并基于本人近二十年的精益实践经验，针对如何实施精益转型成功，给出几点个人浅薄建议：

1）精益是一把手工程。领导者必须成为精益哲学的学生。领导者必须热爱精益、躬身入局：研究它、学习它、观察它、实践它。重要的是，在能够成功落地精益之前，要相信它，培育人才，需要前期投入和耐心。体验精益试点改善过程及成果，并示范、引领中高层管理者践行精益领导 12 范式和精益行为 9 宫格，建立倒三角的组织结构——快速响应一线员工问题解决，将精益改善融入每个部门、每个管理层级、每个人、每天的日常管理活动中。领导者必须是精益教练！创新、运用、完善《精益运营系统标准和评估》，实现组织的基业长青、永续经营。

2）领导者要明确企业经营方向和企业精益愿景，建立制度和组织活动，以确保全员参与。

① 建立制度。包括精益是全员绩效和晋升的一部分、管理者述职报告。要建立 3 类改善团队：

高层——明确经营方向和精益愿景、率先垂范、点检行为，保证资源，项目通关评审。

中层——督导全员参与改善作战室（WarRoom）流程改善项目、走现场和教练套路。

基层——维持和改善标准作业、一线主管技能训练（TWI）和多技能训练、自主改善提案及每日精益套路。

② 组织活动。包括精益读书会、微信分享精益群、参观标杆、快速改善周、品管圈（QCC）发表会等。

3）领导者必须在组织内创造一种紧迫感，并有效地与所有员工沟通为什么组织要采用精益。教育员工精益是一种思维方式，而不是一套工具、技术或快速成功的秘诀。领导者必须深入了解员工对工作的想法，倾听员工描述他们为了完成工作职责和任务每天所面临的障碍。

4）明确精益职责：领导者每天带领员工改善流程，所产生的想法成为每个人工作的一部分。

① 基于企业战略目标部署×矩阵，建立大部屋例会机制——可视化管理突破性精益项目进度和培育精益人才；

② 将精益领导 12 范式和精益行为 9 宫格融入日常管理活动，实施领导者标准作业、层级会议（Tier Meeting）、纸卡系统（T-Card）。

5）建立精益人才培养模式：精益带级认证+内部教练复制。

6）人财物的前期投入：管理层担任项目组长并督导，2%的比例配置精益推进办（KPO）。

7）营造全员参与氛围：宣传与鼓励、分享机制、改善表彰会、与总经理共进午餐。

8）改善效益分配机制：5%（1万以上）改善效益分配给团队和员工。

虽然，精益成功的 DNA 之一就是 IE 理念与丰田生产管理实践相结合，但我国的制造业和服务业需要结合中国特色和本企业实际进行自主管理创新，探索出适合自身可持续性发展的管理文化和问题解决模型。

陈莉老师翻译了本书第 6 章、第 7 章及本书图表，感谢陈莉老师严谨的译稿和细致的校译。本人参与了整体的翻译工作，并统校全书译稿。感谢查理先生在大洋彼岸，对每个英文缩略词的出处和词汇难点给予及时和专业的回复。

因时间和能力所限，译稿难免存在疏漏，写书、翻译都是一种治学和精进之道，欢迎精益同仁，帮助我们持续改善，并成为我们的老师。

任　晖
于天津

序

在职业生涯的早期,我非常荣幸有机会参加了由查理举办的名噪一时的5天改善研讨会。这是我首次接触精益制造和BASICS方法论。此后,我又参与了3次改善研讨会,及公司内部的几个重点关注项目或者改善活动,并且帮助其建立了精益生产系统,将本书中所传授的诸多精益理论付诸实践。

我经常听到查理和丹一遍又一遍引述两句经典名言:"您是否清楚您不知道什么吗?精益是一段没有终点的5年之旅"。

查理和丹使我对两个精益的核心原则——尊重员工(人性)和创造知识,牢记于心。该书通过强调全员参与和尊重每位员工想法的好处,深入浅出地探讨了这两个精益的核心原则。与BASICS的其他部分融合,所有这些精益核心原则有助于解决问题和创造不断学习的文化氛围。

BASICS精益问题解决模型(简称:BASICS模型)是查理于20年前创建的,现在已经成为实施精益的首选模型。BASICS模型适用于不同类型的改善,从2h的快速改善到3天的快速改善,再到稍具规模的5天快速改善周,甚至适用于长达几年的改善项目。

在最近的一次精益改善活动中,我和我的团队提升了项目20%的产量和30%的生产率。这些改善成果是通过使用BASICS模型实现的。但是,最为重要的是,我们必须遵循BASICS模型中6个阶段的操作顺序:基线、评估/分析、建议解决方案、实施、检查和维持。此外,如果工厂各级员工不认可该精益改善项目,上述的改善成果是不可能实现的。遵循此书中运用的工具和经验,有助于帮助您在精益改善活动中得到工厂各级员工的认可。

对我来说,基线(B)是BASICS模型中最为重要的阶段之一,更重要的是,基线(B)阶段是最难以精准实现的一个阶段。在我职业生涯的早期,刚刚开始从事精益改善时,基线(B)阶段的重要性经常被我忽视。随后,在我职业生涯的成长阶段,我体会到了作者在该书中深刻体现并展示的艰难方式。如果没有清晰地定义项目的问题、范围和目标……那么您如何知道项目是否成功呢?更为糟糕的是,您如何知道项目是否完成了呢?同时,如果您不知道当前状态的测量指标是什么,那么您如何测量改善是否产生了积极的结果呢?此外,在基线(B)阶段,必须预先投入时间收集数据、整理数据,然后确保所有的利益相关方对当前状态的测量指标达成共识。如果未实施收集数据——这一重要步骤,在项目结束之时,很可能会对项目所收获的改善收益百分比，或者何时启动下一项任务犹豫不决。让工厂管理层参与建立"基线"同样重要，否则，他们会始终抵制改善，并且继续在您的团队中分配更多"范围内"的工作任务。

BASICS 模型中的第二阶段是评估/分析（A）流程的当前状态，并且对当前所做的一切工作或者您的当前状态提出质疑。该书提供了一个综合精益工具箱用以帮助量化当前状态，如测量和计算得出总计交付时间（TTT）、总工时（TLT）及测量得到换型的内部时间和外部时间，并且帮助我们理解换型内外部时间的差异。

查理、丹和威廉展示了如何遵循简单的三步 IE 分析——实施产品加工流分析、作业流分析和换型分析，确保我们针对识别改善机会，拥有一个完整和全面的理解。

此外，查理和他的团队还介绍了一种既古老又新颖的革命性分析工具——摄像机！单独使用摄像机拍摄视频并进行随后的视频分析，已经成为我们收获正确精益分析成果的重要利器之一。体育界的运动队多年来一直在使用视频分析进行学习并提升自己的运动竞技水平，但是，制造业往往回避使用视频分析。坦率地讲，我从来没有想过运用这种方式拍摄自己公司的业务流程视频。该书将向您展示视频分析的全部优点和最佳使用方法，让您的公司认可使用录像设备进行视频分析的方法。

从第三阶段开始，该书转换到"趣味横生"的章节部分。这是我个人最喜欢的精益改善项目阶段之一：建议解决方案（S），然后实施（I）这些解决方案。我发现，书中所讨论的许多精益工具汇聚成了一个相互关联的系统。作者接受了这个复杂的概念，并且帮助读者理解这些精益工具是如何建立彼此之间的联系的，用以说明这些精益工具的用法，从而建立一个不断完善的精益系统。这个阶段可以帮助您和您的团队设计正确的布局，以及建立单件流、建立作业顺序、实施工位设计等。

接下来，作者帮助读者明确了实现改善的最佳方法。例如，建立一个试点或者试验区，在试点生产线启动新流程时，请精益从业者首先演示如何运行生产线，同时，生产线班长接受运行生产线和运行所有新流程的相关培训。这也为作业员制定标准作业奠定了坚实的基础。几位作者通过提供标准作业和领导标准作业的最佳实践，来展示他们丰富的精益落地经验，并帮助读者理解实施标准作业的意义及对使用标准作业的人士所带来的最大好处。

然后，此书进入了检查（C）和维持（S）的章节描述。根据个人对 BASICS 的经验，BASICS 的最后两个阶段在很大程度上依赖于现场管理水平和精益改善过程的融入程度。我们希望建立一个检查系统，用以确保绩效测量指标持续符合我们的期望要求。此外，我们开始认识到应该建立一个检查系统来推动日常持续改善，这是非常重要的思维改变。在阅读该书的同时，将向您介绍各种实践落地方法，帮助您尽可能运用简单的方法，过渡到"建立一个检查系统"的阶段。

在一个公司内，传播和实践精益是一项艰难工程；但是，如果没有实施精益路线图就开始传播和实践精益，这完全等同于自杀。历史告诉我们，许多公司尝试过实践精益，但很少有公司成功地实践精益。该书使用和推荐将 BASICS 模型作为实施精益路线图，为成功地实践精益奠定了扎实的基础。无论您是一位经验丰富的精益从业者，还是第一次接触精益概念，这本书都会给予您真正的指导。查理和他的团队深入公司实地现场，他们的初衷是，不仅帮助这些公司使用 BASICS 模型、成功地实践精益，而且还要培训和指导公司的精益改善项目团队成员，即便咨询师完成咨询项目后离开公司，公司凭借自身造血和所培育的精益人才，依旧可以继续踏上精益之旅。换言之，查理和他的团队不遗余力地确保公司能够依靠自身的精益能力，进行持续改善。他们这种"传道授业"的高尚师德，让我一次又一次地回到这些老师们的身边，孜孜不倦求教解惑。这些老师们也总是乐于帮助大家，并分享他们的知识。

该书是查理和他的团队为精益领域和制造业领域贡献大量知识的一个实例。如同作者出版的 *The Lean Practitioner's Fieldbook*（《精益从业者现场手册》）和 *One-Piece Flow vs. Batching*（《单件流与批量处理的对比》）等其他著作，该书也会收藏在我的智囊"武器库"之中，并且在我需要查阅参考书籍时作为我的首选。

我要感谢查理、丹和他们团队其他成员给予我撰写序言，为本书贡献绵薄之力的机会。我感谢他们过去为我所做的一切，我也期待着继续与他们一起工作、共创未来。

杰瑞米 · 豪恩
卓越运营领导者

前　言

我于 1985 年开始从事精益，但是在当时，"精益"还没有官方的称谓，它被赋予其他的称谓，如全面质量管理（TQ）和持续改善。

在本迪克斯公司的通信部门，我们被称为"帽子"团队，与我们的总经理戴维·帕塞里一起寻找以批量方式组织生产电路板工厂提升绩效管理水平的方法。当时，吉姆·沃马克的著作 *The Machine that Changed the World*（《改变世界的机器》）和乔尔·巴克的视频 *Business of Paradigms*（《商业的范例》）刚刚问世。它们中所提出的精益方法论是我们启动精益的出发点。

最终，在维克·钱斯、丹·戴诺和吉姆·罗宾逊的指导下，我们完成了从批量处理到单件流的转变，将工厂变成了一个世界级的精益工厂，我们消除了仓库，甚至成为哈雷·戴维森公司自主改善团队的学习标杆。

我在联合信号（现称霍尼韦尔）公司工作期间，有幸接触了由 TBM、新技术和 JIT 精益学院等咨询公司提供的各种 5 天快速改善周实施方法。同时，我们也学习了很多的分析方法，如基于丹佛环球流动学院出版的 *Quantum Leap*（《量子飞跃》）一书中提及的需求拉动技术、马克·贾罗格 SMC 集团的 14 步模型、田纳西大学肯·柯比传授的精益需求管理课程、联合信号公司库珀和莱布兰德传授的为期 4 天的全面质量课程、联合信号公司迈克·陈传授的精益培训、本田的 5 个最佳实践、通用公司的同步工作方式，以及最近菲亚特和克莱斯勒采用的世界级制造（WCM）的方法。多年以来，我从多种渠道接受了许多关于变革管理和性格风格分析的培训。此外，我还阅读了超过 500 本关于精益、六西格玛和全面质量管理的著作。

1997 年底，我在马里兰州巴尔的摩市创立了业务改善集团有限责任公司（B.I.G），我提炼了以往所积累的学习经验，开发了一个简单的精益问题解决模型，简称"BASICS 模型"，它是基于我之前的所学而总结、开发出来的。20 多年来，通过我们不断地完善和广泛地研究，证明了 BASICS 模型的有效性。

成功地实施 BASICS 模型将会提高质量、降低安全风险、提升生产率、改善运营资金的流动性、增加库存周转次数、产生底线节省和优化现金流。

BASICS 模型是一个精益问题的解决模型，可以将任何批量流转换为单件流（OPF）或者小批量流，通过公司全员参与持续改善，BASICS 模型不仅适用于创建单件流生产线，也同样适用于创建单件流的事务性流程。PDSA 仍然可用于标准的问题解决。

我开发的 BASICS 模型（见图 0.1），为成功地实施精益提供了实用指南。BASICS 模型的基础是源于我过去的实践经验，这些实践主要基于弗兰克·吉尔布雷斯、大野耐一和新乡重夫等多位工业工程前辈大师著作中所传授的工业工程方法论。

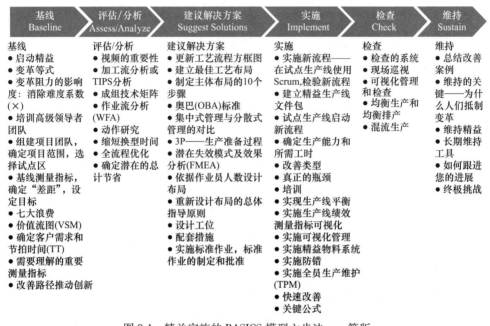

图 0-1　精益实施的 BASICS 模型六步法——简版

（来源：业务改善集团有限责任公司培训资料），详细信息参阅《精益从业者现场手册》㊀

（2016 年生产力出版社）

本书的目标读者可以是来自任何地方的任何想要从事精益改善的精益从业者，且无论他们的改善是大还是小。无论我们是否意识到这一点，我们大多数人的内心深处都需要寻找到更好的做事方法。

有些人已经实施了精益，并且自认为已经完成了诸多精益改善任务，可以从事另一项重要任务了。然而，真正"懂得精益"的公司应该明白，精益是没有终点的旅程，其最终将成为我们的一种生活方式。

通常，我们实施 6~10 周的改善活动用以搭建精益系统，如果使用每台产品的支付工时作为生产率指标，我们一般能够实现 50% 以上的生产率提升；如果使用每名员工的每日产量作为生产率指标，那么，改善后，我们能够实现数倍的生产率提升。

㊀ 原书名 *The Lean Practitioner's Fieldbook*。——译者注

通常，我们所辅导的生产线，在1~2周之内，可以完成从平衡工位到交接区域作业平衡（替换作业）的转换，在此改善过程中，我们可以帮助该生产线的生产率提升10%~30%，甚至更多。

从制造领域到医疗领域，在规避新增建筑成本和总利润节省方面，我们为客户节省了数百万美元，这些都显著地改善了客户的现金流和运营资金的流动性。

本书所描述的BASICS精益问题解决模型，是一个行之有效且经过时间考验的方法和方法论，将会帮助您实施和维持精益思想。BASICS精益问题解决模型与传统改善活动的实施模型存在一些微妙而显著的区别。我们的客户从实践BASICS精益问题解决模型中收获了巨大的财务收益，否则，一些客户可能已经不再从事之前所经营的业务了，或者无法渡过2007年12月到2009年6月期间的全球经济危机。

因为我们的客户欣然接受和实践了BASICS的精益问题解决模型，所以实现了销售毛利和底线的真正节省，我们的客户将BASICS精益问题解决模型视为抵御残酷生存竞争的经营战略和高效武器。

查理·普罗茨曼

致 谢

我们对多年来为开发 BASICS 精益问题解决模型做出巨大贡献的所有客户们致以由衷的感谢！

感谢 The Lean Practitioner's Fieldbook（《精益从业者现场手册》）的作者弗雷德·惠顿、乔伊斯·克尔察尔、帕特·格隆德斯、克里斯·勒万多夫斯基和史蒂夫·斯坦伯格；感谢本书的参考文献之一 Leveraging Lean in Healthcare（《美系精益医疗大全》）的作者乔治·梅泽尔博士、乔伊斯·克尔察尔。

此外，我们还要感谢玛丽贝斯·普罗茨曼、詹姆斯·D. 鲁特（职业工程师、认证生产和仓库经理）、杰瑞米·豪恩、迪帕·V. 卡马特、迈克·奥斯瓦尔德、汤姆·布雷迪博士、莫林·哈特和迈克·迈耶斯等专家学者们，他们对本书贡献了宝贵的意见。

感谢拉希德·罗奇和科丽·利夫里格以及他们创立的六西格玛解决方案，他们为开发非常受欢迎的 leanEdit® 精益分析软件，做出了巨大的贡献。

我们还要感谢杰瑞米·豪恩，他是我们所结识的最好的精益从业者之一，他为我们撰写了本书的序言。

最后，查理·普罗茨曼感谢他的精益教练——马克·贾罗格先生，是他向查理介绍了自己提炼的新乡重夫和大野耐一的精益问题解决模型，并分享了自己在川崎的精益学习总结。最终，马克将自己在川崎的精益学习总结称为他的 14 步模型。

目 录

推荐序一
推荐序二
译者序
序
前言
致谢

第 1 章　BASICS 模型概要 …………………………………………………… 1
1.1　为什么 BASICS 模型与点改善不同 ………………………………………… 2
1.2　BASICS 模型和事务性流程 ………………………………………………… 3
1.3　BASICS 模型 ………………………………………………………………… 5
1.4　实施阶段 ……………………………………………………………………… 5
1.5　精益和裁员 …………………………………………………………………… 6
1.6　精益从业者原则 ……………………………………………………………… 6
1.7　为什么要实施精益？您正在尝试解决什么问题 …………………………… 7
1.8　问题陈述 ……………………………………………………………………… 10
1.9　设定目标状态 ………………………………………………………………… 10
1.10　根本原因思维 ………………………………………………………………… 10
1.11　您是否知道自己不知道什么吗 ……………………………………………… 11
1.12　知道如何做与知道为什么做的对比 ………………………………………… 12

第 2 章　BASICS 模型：基线（B） …………………………………………… 13
2.1　启动精益 ……………………………………………………………………… 13
2.2　变革等式 ……………………………………………………………………… 14
2.3　变革阻力的影响度：消除难度系数（×） ………………………………… 17
2.4　培训高级领导者团队 ………………………………………………………… 21
2.5　组建项目团队，确定项目范围，选择试点区 ……………………………… 22
2.6　基线测量指标，确定"差距"，设定目标 ………………………………… 24
2.7　七大浪费 ……………………………………………………………………… 28
2.8　价值流图（VSM） …………………………………………………………… 31
2.9　确定客户需求和节拍时间（TT） …………………………………………… 44

2.10　需要理解的重要测量指标 ········· 46
2.11　改善路径推动创新 ············ 49

第3章　BASICS模型：评估/分析（A） 50
3.1　视频的重要性 ·············· 50
3.2　加工流分析或TIPS分析 ········· 52
3.3　成组技术矩阵 ·············· 71
3.4　作业流分析（WFA） ·········· 81
3.5　动作研究 ··············· 95
3.6　缩短换型时间 ·············· 97
3.7　全流程优化 ··············· 108
3.8　确定潜在的总计节省 ············ 109
3.9　单独地进行加工流分析、作业流分析和换型分析的好处 ········· 110

第4章　BASICS模型：建议解决方案（S） 111
4.1　更新工艺流程框图 ············ 111
4.2　建立最佳工艺布局 ············ 112
4.3　制定主体布局的10个步骤 ········ 121
4.4　奥巴（OBA）标准 ············ 128
4.5　集中式管理与分散式管理的对比 ····· 129
4.6　3P——生产准备过程 ··········· 130
4.7　潜在失效模式及效果分析（FMEA） ···· 131
4.8　依据作业员人数设计布局 ········· 132
4.9　重新设计布局的总体指导原则 ······ 132
4.10　设计工位 ··············· 132
4.11　配套措施 ··············· 137
4.12　实施标准作业，标准作业的制定和批准 ··· 137

第5章　BASICS模型：实施（I） 144
5.1　实施新流程——在试点生产线使用Scrum，检验新流程 ····· 144
5.2　建立精益生产线文件包 ·········· 147
5.3　试点生产线启动新流程 ·········· 148
5.4　确定生产能力和所需工时 ········· 149
5.5　改善类型 ··············· 152
5.6　真正的瓶颈 ··············· 153
5.7　培训 ················· 153
5.8　实现生产线平衡 ············· 158
5.9　实施生产线绩效测量指标可视化 ····· 167
5.10　实施可视化管理 ············ 175
5.11　实施精益物料系统 ············ 185

5.12 实施防错 ·········· 201

5.13 实施全员生产维护（TPM） ·········· 208

5.14 快速改善 ·········· 215

5.15 关键公式 ·········· 216

第6章　BASICS模型：检查（C） ·········· 217

6.1 检查的系统 ·········· 217

6.2 现场巡视 ·········· 218

6.3 可视化管理和检查 ·········· 219

6.4 均衡生产和均衡排产 ·········· 225

6.5 混流生产 ·········· 230

第7章　BASICS模型：维持（S） ·········· 233

7.1 总结改善案例 ·········· 233

7.2 维持的关键——为什么人们抵制变革 ·········· 233

7.3 维持精益 ·········· 235

7.4 长期维持工具 ·········· 238

7.5 如何跟进您的进展 ·········· 247

7.6 终极挑战 ·········· 249

BASICS模型概要

1. 基线（B）

1）建立愿景。

2）对管理层和精益改善项目团队进行精益培训。

3）组建项目团队，确定项目范围。

4）选择试点区和项目团队成员。

5）实施为期5天的精益培训研讨会。

6）测量基线指标，确定"差距"并且设定改善目标。

7）建立一个按发生时间顺序排列的文件夹，拍摄照片和视频，记录每日实施改善的情况。

8）自我评估。

9）绘制价值流图，包括：当前状态、理想状态和未来状态。

10）确定客户需求和节拍时间（TT）。

2. 评估/分析（A）

1）邀请所有员工参与到流程（工序）分析中。

2）观察者从客户或者产品的角度，对流程的当前状态进行加工流分析（PFA）。其中，包括产品如何流动的点到点图。

3）制作工艺流程方框图。

4）成组技术分析（根据需要）。

5）从作业员的角度，实施作业流分析（WFA）。其中，包括描述作业员在作业过程中步行路线的意大利面图。

6）准备作业/换型分析（SMED）。

3. 建议解决方案（S）

1）更新工艺流程方框图——改善流程的愿景：单件流。

2）建立工艺流程的最佳布局。

3）建立主体布局的10个步骤。

4）设计工位。

5）制定标准作业。

6）确定产能和所需工时。

7）提出和批准改善提案。

8）培训员工新流程和新标准。

4. 实施（I）

1）实施新流程——在试点生产线使用 Scrum，检验新流程。

2）试点生产线启动新流程。

3）更新标准作业。

4）确定产能和人员配置需求（零件生产能力表 PPCS）。

5）实施生产线平衡。

6）建立生产线绩效测量指标。

7）实施可视化管理包括 5S、可视化显示和可视化控制。

8）建立精益物料系统。

9）实施防错。

10）实施全员生产维护（TPM）。

5. 检查（C）

1）您是否知道如何检查呢？

2）使用可视化管理系统进行检查。

3）均衡生产和排产。

4）混流生产。

6. 维持（S）

1）记录业务流程的改善案例研究和成果。

2）建立精益文化。

3）制定维持计划。

4）提升组织能力和组织效率。

5）有持续的领导力来教练员工。

1.1 为什么 BASICS 模型与点改善不同

许多阅读此书的读者或许已经在实施精益了，或者自认为已经把精益做到极致了。不管您认为自己在精益的成熟道路上走了多远，基于我们过去和现在客户的经验，我们相信，您仍然有很多的改善机会和空间。

相比于传统的点改善或者世界级制造（WCM），BASICS 模型是一种不同的精益问题解决模型，按照 BASICS 精益问题解决模型，实践精益改善，更多的公司能够维持其精益改善成果。在过去的 20 年，我们所辅导的 80%～90% 的客户公司，在实施 BASICS 模型之后，能够使其精益改善成果到达一定的成熟阶段并持续维持，这些令我们非常欣慰和自豪。BASICS 模型是系统层次的精益问题解决模型，旨在全员预先投入更多的改善时间，即全员都参与到学习和分析当前流程中，并且为流程的未来状态设定目标。通常，我们花费约 1~10 周的时间进行分析研究、达成共识、实施和运行新生产线，同时，实施彻底 5S 并将线边仓物料准备到位。我们会培训相关的高级领导者，挑选一个试点生产线，并且授权小型专职团队从事改善，此外，作业员和班长会 100%参与到从批量模式转换为精益流动的改善活动之中。

上述所实施 BASICS 模型花费的时间框架是基于一条生产线生产一件完整产品的总工时；或者在医疗领域中，治疗一例患者的总工时；或者在一个事务性流程中，完成一件完整活动的总工时。对于使用人工作业非常低的流程，即每个零件人工作业短于 3min 的流程，我们可以分析该流程，得出改善对策，在 1 周之内完成安装、调试生产线，并且启动运行新生产线。然后，我们再花费 2~4 周的时间，教班长如何运行新生产线、如何建立可视化生产计划、如何制定标准作业和如何建立物料流动系统。针对生产一件完整的产品，投入较长作业总工时的生产线或者流程，实施 BASICS 模型可以长达 8~10 周。此外，BASICS 模型也适用于将平衡工位生产线转换为替换作业（交接区域作业平衡）生产线。

在我们使用 BASICS 模型所辅导的每一件改善案例中，基本上，在少于 8~10 周的时间内，就能够收获较为明显的改善成果，而使用 5 天点改善或者世界级制造（WCM）的大型改善，则需要花费 3~5 年或者更长时间，才能收获明显的改善成果。

BASICS 模型与传统的点改善相比，可以在更短的时间内，收获更高的生产效率。BASICS 模型从系统的角度审视流程的附加价值，其在医疗领域的应用促进了创新解决方案的形成，这是传统的点改善所无法做到的。

我们甚至在医院、诊所和化验室中，使用 BASICS 模型，通常，在这些医疗机构，我们完整地实施 BASICS 模型需要花费大约 12~14 周的时间。鉴于 BASICS 模型从系统的角度实施改善，其可适用于各个行业，包括服务业。BASICS 模型区分于其他改善方法的不同是 BASICS 模型具有简单性。

1.2　BASICS 模型和事务性流程

在大多数公司中，事务性工作的成本通常是隐藏的，没有被充分地理解和予以重视，但是其仍然被包含在管理成本之内。在传统的损益表中，很多地方都提及了当前的事务性流程能力或者管理费用，然而对当前事务性流程能力或者当前绩效的信息，却知之甚少，甚至没有任何相关的绩效信息。

例如，制造流程和事务性流程中的大部分浪费都被包含在标准工时中。计时员使用官方秒表，测量工时的时代已经一去不复返了。余下的 5 年或者 10 年的标准工时，已经不适合当前的流程了，因为流程中所有的浪费都会随着时间的推移而肆意增长。

例如，在损益表的一般和行政成本部分，我们会经常发现合同、会计集中核算、法律、市场和行政人员等部门所发生的费用。通常，一般和行政成本的费用巨大，而且这些一般和行政发生的费用被认为是固定成本。

现实情况是，考虑购买新车的消费者都不会愿意支付车窗贴纸上题为"一般和行政成本"的选项；然而，这些成本是真实的，它们被隐藏在每家汽车制造商生产的每辆汽车之中。此外，还可能存在于与直接人工相关的间接成本，这些成本显示在损益表上为单独的一行。

每家企业都具有事务性流程，而一些企业，实质上，全部由事务性流程（即银行和保险）所组成。每家企业，如医疗机构、金融服务、政府机构可以运用精益，简化流程，消除浪费。通常，就其本质而言，事务性流程中95%的活动是非增值的。

财务、人力资源、销售和营销等流程，都不是客户愿意支付的活动；但是，这些事务性流程用于保持业务的可行性和有效性。为了维持公司长期经营理念——低成本运营并为客户提供更好的产品和服务，为公司做出实时的和必要的战略决策，这些事务性流程提供了必要的数据。

在实施办公室或者行政管理流程时，我们会得到相同的改善成果：

1）缩短80%的交付时间（交付时间从数周缩短至数日或者从数日缩短至数小时）。

2）减少80%的在制品（WIP）（事务性流程之中的文书件数，有时是电子邮件件数）。

3）提升办公行政效率30%~50%或者更高。

4）缩短（非电子的）80%的步行距离。

5）提升质量10%~20%。

在许多公司，我们可以看到精益节省图表，当我们询问"这些是底线节省吗？"时，我们发现，这些改善成果大多数是流于纸面节省，如释放0.7的人工。在世界级制造的大型改善案例中，我们看到了许多这样的纸面节省。我们认为，除非您能让那名释放人工在其他部门开始高效的工作，否则，这个改善成果不能算作底线节省。高德拉特的同名著作和电影《目标》清晰地强调了这一鲜明论点。

BASICS模型包含50%的科学管理和50%的变革管理。BASICS模型是一个精益问题解决模型，BASICS模型将面向整个事务性流程（如，应付账款流程）或生产线流程进行改善。例如，在医院中，BASICS模型会面向急诊室"系统"或外科"系统"进行改善。

1.3　BASICS 模型

建立 BASICS 模型的主要目的是，为精益从业者和企业经营者展示一张旁征博引、易于使用的精益路线图。这张精益路线图，可以指导他们精益落地的实践、推动企业培育人才、降本增效、打造企业核心竞争力。

BASICS 是一个简单的精益问题解决模型，首字母缩略词 BASICS 中的六个字母分别代表：

1）B——基线。
2）A——评估/分析（研究）。
3）S——建议解决方案。
4）I——实施。
5）C——检查。
6）S——维持。

1.4　实施阶段

在我们的精益问题解决方法中，包含 4 个实施阶段，它们被融合到 BASICS 模型中，包括：

1）实施生产线的改善：包括 BASICS 模型中的基线、分析、建议解决方案和实施的 4 个阶段。
2）实施标准作业和可视化的均衡排产。
3）建立线边仓物料系统和超市物流系统。
4）维持整体系统。

在第 1 阶段结束时，我们已经完成安装、调试生产线并开始运行新生产线。此阶段将会提升生产效率的 80%。在纽约布法罗的一家大型工厂，我们花费了 16 周的时间进行了 14 条生产线的改善，推广和实施 BASICS 模型的第一阶段。根据精益六西格玛大师培训课程的评估标准，其中的 13 条生产线已经被评估为"世界级精益生产线"。总体来说，我们的生产效率提高了 10%~50%，节省了 16 名员工，这些改善成果对该工厂的盈亏底线产生了立竿见影的积极影响。

最初批量生产模式的生产线，在实施了 BASICS 模型后，生产效率（件/h）可以提高 70%。在纽约布法罗工厂的一条世界级生产线上，每名工人每小时提高了 377% 的生产件数，员工人数从两个班次的 10 人降低到仅仅保留一个班次的 2.7 人。布法罗城外的这家工厂仍维持着较高的生产水平，并且在日益发展、壮大自己的营运水平。

位于布法罗的一家拥有工会的工厂，在实施了 BASICS 模型后，其成了美国人工生产效率最高的工厂之一,并且,将海外加工业务带回到了该本土工厂。

此外,我们在点改善的活动过程中运用了 BASICS 模型,以缩短换型时间、实施快速改善和维持改善成果,然而,在点改善活动过程中,我们仍然遵循 BASICS 模型方法论。

1.5 精益和裁员

我们的目标是,永远不会因为持续改善的成果而解雇任何一名有编制的员工,迄今为止,我们已经实现了这一目标。基于改善的成果,我们只解雇了部分合同工和临时工。

这一目标一直是维持改善成果和持续改善的核心驱动因素。如果您因为改善而解雇了任何一名有编制的员工,作业员将会停止帮助您改善。如果由于经营状况和业务合并等原因,裁员迫在眉睫,请务必确保裁员没有与您所从事的精益改善相关联。很多时候,在启动实施精益之前,我们会请总裁发送一封致全体员工的书面信函,其中表明支持这一目标"不会因为持续改善而解雇任何一名有编制的员工"。

1.6 精益从业者原则

不论以何种方式实施精益,重要的是,在运用精益工具时,牢记和遵循精益原则。当我在 2001 年第一次去医院化验室实施精益的时候,除了该医院化验室,没有任何真正的精益标杆化验室或者精益标杆医疗机构可供现场参观学习和借鉴改善经验。我仅仅靠自己来想出我所知道的实施精益医疗的最佳方式。我成功地遵循了这 10 条精益从业者原则,还好,它们还没有让我失望。如果您从这本书中学习和体悟到如何运用精益原则和精益工具,您应该具备了能够改善任何流程的能力。

精益从业者 10 条基本原则

1)基于客户的需求,解决问题。

没有客户,我们就无法生存。一切活动的初衷,都必须从客户的需求开始。您是否真正地了解您客户的需求?客户正在尝试解决什么问题呢?

2)从建立"系统思维"开始,让数据作为您的改善指导。

系统思维是实施精益最基本的思维过程。然而,我们中的大多数人从未接受过系统思维的训练。以系统思维的视角,每件事情都是相互关联的,并且是寻找因果关系的系统循环,而不是把它看作简单的线性关系。因此,作为每一次实施精益或者实施改善的重要环节之一,我们应该后退一步,审视整个系统,并且确定针对系统需要做出的必要改变。

3)我们如何让每一个流程(工序)像组装流水线一样地运行,并且消除批量处理模式呢?这是我在医疗行业实施精益的一个重要原则。在每一个行业的每一个流程中，到处都存在批量处理模式。我们必须消除批量处理模式，尽可能实现单件流。

4）安全：我会让一个家庭成员来做这项工作吗？

我们经常告诉我们的工作伙伴，我们希望看到他们高高兴兴地来上班，平平安安地下班回家，在工作期间，他们的手指、脚趾、视力等，都是安全且毫发无损的。我们必须尽一切可能去落实预防安全事故的思想，并且致力于减少对个人防护装备（PPE）的使用需求。

5）您知道自己不知道什么吗？

您必须学会不断地询问自己这个问题。我们常常认为知道自己的知识盲点，结果却发现我们其实一无所知。

6）质量：永远不要传递缺陷的产品或者错误的信息。您知道如何检查吗？

无论何时，当您加工产品、处理信息或者治疗患者完成一个流程时，请您询问自己这个问题。

7）专注于获得成果的过程：做正确的事情，不管投资回报如何。请不要让完美主义妨碍正确的行为。

这一条，对每个公司而言，都是根本性的转变。但是请您想想看：如果每一个流程都被优化了，那么，还有什么会阻碍我们取得优秀的成果呢？

8）标准化每一个程序、流程、作业、测量方法等（直到其达到有意义的程度）。

想象一下没有标准，生活会是什么样子呢？如果没有计量、货币等方面的标准，我们又要怎么办呢？设定一个标准是达到质量的唯一途径。当我们在公司的任何部门遇到问题时，我们会首先询问"标准是什么呢？"

9）所有工作场所实施可视化管理。

没有可视化管理，您就无法实施管理；您只能对问题做出被动反应。如此，会导致高频救火行为的发生，并形成一个系统性的问题。我们发现，现在很多公司都有必要回归到井然有序的现场管理或者部门管理系统的阶段。

10）为我们的团队成员创造最佳的工作体验。

工作体验不同于工作满意。如果我们为团队成员创造了一个良好的工作体验，并且不断地培育团队成员的工作能力，这将会极大地推动客户完美体验的实现。这一概念彰显了对员工的尊重，关注员工的成长，是发展高绩效团队的有力助推器。

1.7 为什么要实施精益？您正在尝试解决什么问题

BASICS模型的核心是一种问题解决方法，它遵循"计划—实施—研究—行动（PDSA）"循环。PDSA问题解决模型由沃尔特·A. 休哈特所创建，后来由W. 爱德华兹·戴明和日本有识之士修订。戴明博士制定了著名的戴明管理14条原则。

如今，大多数公司仍然在致力于实现戴明管理 14 条原则。

1）持之以恒地改善产品和服务，要努力保持竞争性，做长期经营的打算，提供就业机会。

2）采用新的观念。我们正处在一个全新的经济时代。企业的管理者们必须意识到来自方方面面的挑战，必须领会到他们应该承担的职责，并且在变革来临之际，承担变革领导者的角色。

3）停止依靠大规模检验来获得质量。质量不是来自检验，而是来自植入源头、改善系统过程、消除大规模检验的必要性。

4）结束只以价格为主的采购习惯。相反，应尽量减少总体成本开支。在一个长期的忠诚且信任的合作关系中，一个零件或者服务只选择单一的供应商。

5）持之以恒地改善生产和服务系统。提升质量和生产能力，可以持续减少成本开支。

6）实行岗位职能培训。

7）建立领导力企业管理。管理的目标是帮助人、机器和设备更好的工作。对管理的督导和对工人的督导一样，需要革新。

8）排除恐惧，使每一名员工都可以为公司有效地工作。

9）打破部门之间的壁垒。从事研究、设计、销售和生产的人员必须作为一个团队工作，以便预测产品或者服务可能遇到的生产和使用问题。

10）取消口号、劝告和目标，以及要求全员达成零缺陷和提升至更高水平的生产效率。这样的劝告和目标只会造成敌对关系，因为低质量和低生产效率大部分是由于系统超出了员工个人的能力。

11）取消工厂车间的定额管理，用领导力来代替；取消目标管理。消除数字和数字目标的管理。取而代之的是领导力。

12）取消剥夺计时工以自己手艺为荣的权利。各级领导者的职责必须从单纯的数字目标转化到质量；取消剥夺管理人士和工程人士以管理技术和工程技术为荣的权利。这意味着废除年度排名绩效考核和目标管理。

13）实行强劲的学习和自我提高教育计划。

14）让公司的每一名员工去工作，去实现转变，转变是每一名员工的工作。

戴明博士的 14 条管理原则，体现了问题解决和 PDSA 方法论的精髓（见图 1-1）。值得注意的是，PDSA 总是从"研究"开始。这是因为您在"计划"阶段之后，评估（检查）问题时，已经采取了"行动"。"研究"（检查）的结果发现了与 A3 绩效目标之间的新差距。A3 的意思，是在一张 A3 大小尺寸的白纸上，一步一步地描述如何进行问题解决的故事（见图 1-2）。A3 不仅可用于问题解决，还可用于偏离标准的分析、改善提案、项目状态更新：即新产品开发、工程设计概要等。

A3 报告是采用故事脚本格式的标准化报告表格。A3 有助于组织自己的思维逻

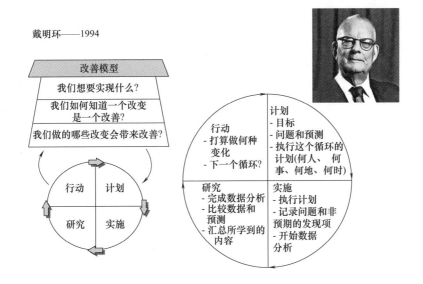

图 1-1 PDSA 循环的基础和历史

（来源：罗纳德·摩恩　美国底特律流程改善合伙人，rmoen@apiweb.org，https://deming.org.）

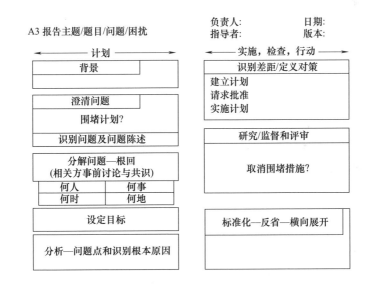

图 1-2 A3 问题解决故事脚本格式案例

（来源：美国佛罗里达州博卡拉顿 CRC 出版社 2008 年出版的德沃德·索贝克和阿特·斯莫利的著作《理解 A3 思维》；马萨诸塞州剑桥精益企业研究院约翰·舒克撰写的《学习型管理》；丰田互联的敏捷主管奈杰尔·瑟洛）

辑，并且有助于让他人参与到问题解决的过程中。通常，需要花费 2~3 年的时间，才能学会正确地解决复杂问题的 A3。对于简单的流程，我们不需要填写 A3 报告表格，但是，我们需要学会运用 A3/PDSA 思维。如此，就可以防止"直接向问题抛出解决方案"的非科学主义行为的发生。

1.8　问题陈述

参与持续改善活动，意味着公司内的每个人都必须学习和理解如何解决问题。解决问题开始于理解问题是什么，并且能够清晰地写下问题或者差距。问题陈述应该清晰地描述问题是什么（与标准或者期望值比较之后的量化差距），以及问题的发生地点和问题的发生时间，问题的基线或者问题的严重程度和问题所造成的成本损失等。上述完成之后，问题陈述可以按照如下进行撰写：

在一定的时间范围内，将某一绩效测量指标从某个基线水平提高到某个目标绩效，以实现既定的绩效，并且提升公司的绩效目标。

1.9　设定目标状态

如前文所述，问题来自现状与标准或者期望值比较之后所产生的差距。当我们确定了差距时，我们就需要设定一个目标状态。在某些情况下，管理层可能会在战略计划中设定全新的改善目标，或者我们发现需要（强制执行的或者公司固有的需要）做得更好。我们可以征求改善提案，这些改善提案可以来自员工、客户、供应商、患者等。这个改善提案是一个目标，从中，我们可以推断出流程一定存在某些方面的差距。

目标是指在一个指定的时间框架内，完成的预期改善成果。目标作为一个判断基准，用以衡量改善进度。我们应该设定可实现的目标，虽然可能需要经过两秒甚至到数年的时间才能实现。

1.10　根本原因思维

当我们识别了差距，我们就需要找出产生差距的原因。为此，我们使用"根本原因分析"或者"A3"思维。

当我们面对一个新问题时，我们的第一步反应应该是后退一步，看看整个系统所起的作用。然后，扪心自问：发生这个问题，是这名员工应该负有的责任呢，还是这名员工所属的系统应该负有的责任呢？

第一步：分析问题，找到问题的所有症状。我们称之为问题点。

第二步：找到每一个问题点的根本原因。在某些情况下，一个根本原因可能是几个问题点的根本原因或者可能有多个根本原因导致了一个问题点。

第 1 条规则：修复症状只会解决表面的问题。
第 2 条规则：责备员工会妨碍找到真正的问题。
第 3 条规则：防错机制可以确保问题不再重复发生。
第 4 条规则：如果不能防止问题的重复发生，则需实施机器或传感器的 100% 检验。

1.11 您是否知道自己不知道什么吗

在我们实践改善流程方法论的每一个步骤中，我们都会充分利用作业员的聪明才智和作业经验。很多时候我们听到这样一句话："作业员是流程专家"，在大多数情况下，这句话或许是正确的，但是情况并非总是如此。在一般情况下，作业员只是知道他们被训练的流程及标准。但是，他们不知道或者不理解机器所能做的一切，甚至不知道最终产品的外观或者最终产品的工作原理。我们建立了下面的图表——将知识划分于四个象限（见图1-3）。

(1) 您知道自己所知道的事情	(2) 您知道自己所不知道的事情
(3) 您不知道自己所知道的事情	(4) 您不知道自己所不知道的事情

图 1-3 四个象限——您是否知道自己不知道什么
（来源：业务改善集团有限责任公司档案）

1）您知道自己所知道的事情：这句话的含义是显而易见的。

2）您知道自己所不知道的事情：这句话的含义是显而易见的。

3）您不知道自己所知道的事情：在很多时候，我们意识到我们知道一些，起初，我们认为自己一无所知。例如，在很多时候，我们没有意识到自己正在做一些与精益关联的工作，或者有的时候，在一个问题的情景下，我们运用了正确的逻辑分析和对策来解决该问题。

4）您不知道自己所不知道的事情：这是最危险的一个象限。很多时候，我们认为我们知道某些事情，事实上，我们对其一无所知。我们称这种"自以为是"的知道最为危险。另一种解释是我们不知道自己不知道什么。我们有必要求教专家，或者继续挖掘和研究一个问题，如此，我们就会了解应该知道什么了。

有时，一些对精益一知半解的人士会比一无所知的人士更具有破坏性。精益的一个巨大障碍是，如何发现或者激发他人去发现，他们不知道自己不知道这件事情。

在每一家公司，当我们开始深入钻研流程和设备知识时，我们会发现员工们并未真正理解流程或者他们不知道为什么要做他们所做的工作。当我们询问这台机器是如何工作的时候，他们对此问题无从回答。接着，当我们询问机器操作手册时，员工们不知道机器操作手册存放在哪里。

例如，在某家公司，当我们询问员工们静电涂装机上的静态值读数是什么意思，为什么他们每隔两个小时需要记录一次静态值读数呢？没有一名员工知道如何回答上述 2 个问题，即使是工艺工程师也不能够对此予以回答。此时，这家公司的机器已经产生了很多质量问题。他们只是不断地把这个静态值读数设定为一个主观认定的数字，且一直以来有人认为这个数字是正确的。他们认为一旦设置了静态值读数，就不应该再次更改它。但是，从涂装到机器的软管长度对静态值读数是起作用的。伴随着时间的推移，维修人员会移动设备，并且延长软管的长度，因此改变了喷涂的静态值读数。

在另一个案例中，质量部门关闭了一台机器的运转，并且拒绝放行机器一天产出的所有零件，原因是扭矩角参数的读数不合格。当我们询问扭矩角是多少时，质量经理表示并不知道扭矩角参数的具体数字。当我们询问她是如何知道扭矩角参数的读数不合格时，她说："是因为控制装置的制造商告诉她扭矩角参数的读数不合格。"经过进一步实地调查，我们发现，当时的报告中的数据是错误的。

在您开始解决问题之前，您要询问自己的第一个问题是，您知道自己不知道什么吗？

1.12　知道如何做与知道为什么做的对比

您有多少次曾经遇到这样的问题：在解决问题时，一次同时调整了几项可能导致问题产生的因素，但是，这样能够快速地解决问题吗？是哪一项可能的因素解决了问题呢？或者当我们车间的测试设备出现问题时，为什么我们轻敲它（或者使用锤子敲打它），设备便会复原而继续工作。有时，我们知道如何去解决问题，却不知道为什么（会发生这个问题）。直到敲击测试设备也不再起到作用了。因此，除了知道如何彻底地解决问题的根本原因，我们还必须学会彻底地调查解决问题的根本原因的技能。

第 2 章

BASICS 模型：基线（B）

我们的 BASICS 模型中的 B 代表基线阶段——确定"现状"流程的基线测量指标。在项目启动前，建立一个真实、可靠的基线是十分重要的，如此，我们便可以确定我们随后的改善幅度是多少（见图 2-1）。

基线
- 启动精益
- 变革等式
- 变革阻力的影响度：消除难度系数（×）
- 培训高级领导者团队
- 组建项目团队，确定项目范围，选择试点区
- 基线测量指标，确定"差距"，设定目标
- 七大浪费
- 价值流图(VSM)
- 确定客户需求和节拍时间(TT)
- 需要理解的重要测量指标
- 改善路径推动创新

图 2-1 精益实施的 BASICS 模型六步法——基线

（来源：业务改善集团有限责任公司档案）

2.1 启动精益

当我们与所辅导的新客户一起启动精益时，我们首先需要了解他们所面临的问题是什么。然后，我们参观工厂现场并立即评估工厂现场的管理水平，正如您将会在下文所读到的一些精益原则，我们评估工厂现状采用的是批量生产还是单件流（小批流）生产，以及具有哪些改善机会可以提高工厂的生产效率或其他效率。对于办公流程或者医院，我们将从绘制一张价值流图开始，以揭示差距（问题区域）。然后，就绩效管理的共同愿景，达成共识，并且期望通过精益改善以实现愿景共识。

如果您的公司正在考虑导入精益，最好的切入点就是选择一个试点区，作为一个启动项目。最重要的事情是，任何一个试点项目都必须确保落地成功。BASICS模型背后的策略是，通过持续地收获微小的精益成功，让每名员工感觉到自己是精益成功团队中的一员，从而建立员工从事精益改善的坚定信心和内生动力。然后，我们会致力于建立问题解决文化，最终，将组织塑造为一个学习型组织。

2.2 变革等式

如果您已经决定在您的组织实施改变，或者至少您想要改变，那么接下来，应该如何做呢？此时，我们使用的第一个变革管理工具称为"变革等式"。通常，我们会在评估阶段，一起与客户进行"变革等式"的评估。变革等式是：

$$C \times V \times N \times S > R_{change}$$

1. R_{change}＝抵制变革

每一个字母之间都用一个乘法符号予以连接的原因是：如果任何一个字母等于零或者没有被妥善地予以解决，我们都将无法克服抵制变革（R_{change}）；这样的话，我们的组织就不会产生有效变革。另外需要强调的是，变革等式中的每一个步骤都需要按照顺序实施。

2. C＝迫切需要变革

我们已经认识到，在大多数公司里，除非感知到需要变革（或者改变），否则一般不会主动实施精益。在这里，我们需要提一个问题：我们是否迫切需要变革？如果我们提问这句话一千次，其实是我们尚未真正透彻地理解变革等式对变革的重要性和必要性。通常，激励变革有两种方式：

1) 第一种方式是组织已经发生了实际的经营危机或某一业务领域的严重问题引发了组织的经营危机，如果不进行变革，组织将无法生存。

2) 第二种方式是制造一个危机，或为组织设定一个更高的经营目标（挑战或者挑战目标），且组织不可能通过一直以来的惯例工作方式来实现这个更高的目标。

我们必须找到一种适合的方法来推动精益变革，并自始至终地致力于每日收集和实施员工的改善提案。我们总结到如果我们实施了员工的改善提案，他们很有可能再提出另一个改善提案。首席执行官（CEO）必须躬身入局——为组织创造迫切的变革需要。这意味着我们不仅要理解和实施变革等式，而且 CEO 必须要确定一种适合的方法，持续往复地实施变革等式循环，并建立一种系统的方法来驱动全员每日持续改善。

3. V＝愿景

变革等式中的下一个字母是 V——愿景。在变革等式中，建立一个共同愿景，是十分重要的。想象一下，如果没有建立团队的共同愿景，您又如何来制定行动路线呢？员工们必须理解共同愿景，以及为什么需要变革来支持共同愿景。共同愿景包括如何变革、何时变革以及员工们做出什么贡献和他们在变革中所承担的角色。这将使得变革更加容易被认可和采纳，从而减少变革过程中的阻力。

沟通和建立适合组织的沟通机制。当您开始部署精益时，团队成员必须沟通和传达组织的共同愿景，以及为什么在组织内需要精益转型，这一点至关重要。

4. N=下一个步骤

N代表下一个步骤。一旦我们知道我们拥有一个迫切需要的变革，并且知道和理解共同愿景，我们就需要决定下一个步骤（行动计划），用以实现共同愿景。下一个步骤或者行动计划基于共同愿景，以评估我们当前所处的位置，然后深刻理解当前位置与共同愿景之间的差距，并且循序渐进地克服这些差距（问题解决）。这些行动计划必须转化为我们的精益路线图。精益路线图会主要描述我们应如何实现愿景。

5. S=巩固

最后一个字母S代表"巩固"。这是变革等式左边的4个步骤中，最为困难的一个步骤。巩固是针对是否具有充分、令人信服的变革理由的一次真正检验，同时，巩固改善成果也是一个"晴雨表"——验证变革等式左边的其他3个步骤是否被正确地实施。

6. 变革有什么好处呢

对大多数员工个人而言，变革或者改变或许是一次艰难的自我修复体验。当一个组织面临全新变革的挑战，尤其面临全体员工针对变革的顾虑和疑惑时，作为一个组织，制定并商定如何答复这些顾虑和疑惑，也是变革沟通的一部分，并且十分重要。同样，这意味着管理层必须引导和激发各级领导者，推动各级领导者传达已经达成共识的变革沟通，确保变革沟通的一致性。下面这些提问，仅仅是在变革沟通初期，员工们经常提出的几个具有代表性的顾虑和疑惑。如果各级领导者答复模糊或者不清晰，会加深员工对变革的顾虑和疑惑，此时，对于员工而言，变革将会变为强压给他们的精神负担，并且使他们惴惴不安、不知所措：

1) 我们正在实施的变革是什么呢？
2) 我们为什么需要实施这项变革呢？
3) 变革将对员工有何影响呢？变革对员工的现在，有何影响呢？变革对员工的未来，有何影响呢？
4) 变革对公司有何影响呢？变革对公司的现在，有何影响呢？变革对公司的未来，有何影响呢？
5) 如果我们实施变革，对员工有什么好处呢？
6) 如果我们实施变革，对公司有什么好处呢？

沟通、分享尽可能详尽的变革实施计划，包括清晰地描述何时、何地及如何实施变革。如果员工们知道公司已经制定了一个变革实施计划，并且知道自己在公司未来所承担的工作角色，他们会倍感安全。员工们最大的关注莫过于"我们从变革中能够获得什么好处，变革将会如何影响我们？"千万不要认为这些是自私和狭隘的想法，相反，这些是员工面对变革所表达的真实和自然的想法。

7. 变革合同

当如何向全体员工推广变革的所有方案达成一致的时候，针对所采取的变革活动，各级领导者应达成共同的认知。为使得各级领导者达成共同的认知，可以采取签订变革合同的方式。从文化的角度来看，变革合同非常有用，可以确保每名员工达成对变革一致的观点，并且让他们在变革合同文档上签字和注明日期。变革合同应该包含愿景、目标和目的、升级报告流程、方法论和承诺。变革合同适用于组织内任何层级员工的任何改善项目。这里强调一个关键的因素，即制定一个可行的升级报告流程，用以帮助精益改善项目团队或者一线主管消除改善过程中所遇到的障碍。升级报告流程应可直接升级报告到首席执行官。

8. 抵制变革

杰拉尔德·扬在其著作《不是现在，也不是永远》（*Not Now Not Ever*）中，将抵制变革划分为两类：

1）逻辑抵制（LBR），其暴露了一个有待解决的问题。例如，一名员工针对某一个改善提案提出了有效的反对意见。然而，这并不意味着这名员工持有消极的改善态度；但是，我们必须想方设法赢得持有反对意见员工的认可，从而得到他们对改善的认可，而且在许多情况下，这将有助于完善改善提案并且更好地落实。这种类型的抵制变革，事实上，是积极的。

2）情感抵制（EBR），其表现为一种有待消除的情感反应。例如，我的一个朋友，在他十几岁的时候，喝了太多的朗姆酒，从那以后，他拒绝再喝朗姆酒。

扬指出，人不是敌人，抵制变革才是敌人。扬建议，在想方设法赢得持有反对意见员工的认可之前，我们必须先消除情感抵制（EBR）。过去，我们把这些具有情感抵制的员工称为"抵制改善的顽固不化者"。此外，针对情感抵制员工，我们经常使用如下描述：

您牵马去喝水。

马可以喜欢喝水。

马也可以拒绝喝水。

如果您能够成功消除情感抵制，并赢得持有逻辑反对意见员工的认可，最终，这位持有逻辑反对意见的员工不仅会认同这项改善提案，而且，他（她）往往还会成为一名改善的积极分子。

此外，扬博士还清晰地指出持有逻辑反对意见和情感抵制的不同之处。

基于多年来的精益实践，我们认识到，对于改变，人们通常持有两种不同的观点：

1）我看到的时候，我就会相信。
2）我相信的时候，我就会看到。

请思考上述两种陈述之间的区别。在许多情况下，对于那些持有陈述 1）观点的人士，我们需要引领和启发他们，如带他们去参观精益标杆公司、鼓励他们阅读精益书籍等，激发他们"领悟"精益所带来的可能的改善成果。当他们看到改善成果的那一刻，您就无法阻止他们去拥抱和追求精益了。

对于那些持有陈述 2）观点的员工来说，他们会使用一种不为人理解的天赋——"直觉"，在他们看到改善成果之前，就能看到甚至知道精益所带来的可能的改善成果。

2.3 变革阻力的影响度：消除难度系数（×）

毫无疑问的是，无论何时实施变革，我们都会遭遇阻力。我们将这些阻力划分为文化阻力、流程阻力和技术阻力。对于这三类阻力，我们进行如下描述：

文化阻力（消除难度系数 100）：在变革过程中，文化阻力表现为员工根深蒂固的行为、习惯和态度。文化阻力的消除难度系数是 100。通常，只有管理层才能消除变革过程中的文化阻力。

流程阻力（消除难度系数 10）：消除流程阻力的最佳方法是组建一支跨职能的项目团队，以改善流程，并且需要得到管理层的大力支持。换言之，实施精益系统级的改善项目或者一些点改善项目是消除流程阻力的适宜项目。

技术阻力（消除难度系数 1）：技术阻力是指某一机器或者某一行业领域的技术壁垒。通常，技术阻力可以由个人或者组建一支跨职能团队，实施技术攻关，予以消除。

欲要消除这些变革阻力，首先，我们需要确认在变革过程中，变革阻力是否确实存在，并且在公司内提问和确认是否具有消除变革阻力的迫切需要。如果公司内共识：公司具有消除变革阻力的迫切需要，则需要将已经存在的变革阻力归类到上文的三类阻力中，并且选择正确的方法或者途径，来消除这些变革阻力。

1. 什么是批量处理

我们将批量处理定义为"在将一个批量（数量多）的零件转移到下一道工序之前，一道工序一次加工一个批量（数量多）的零件。"因此，表现为在一道工序完成整个批量零件加工（无论您加工的零件是什么）后，才会看到这道工序第一个零件的加工完成品。现在，我们有时仍然需要采用批量处理的模式（见图 2-2）。

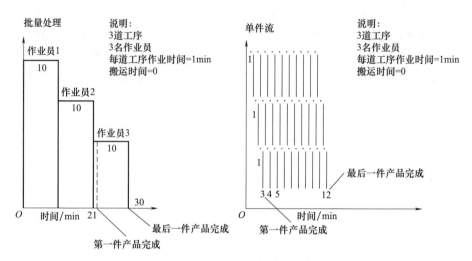

图 2-2 批量处理和单件流对比案例

当我们的加工批量为 10 件产品的时候,第一件产品的完成时间是 21min,单件流的时候,第一件产品的完成时间是 3min;批量处理的时候,最后一件产品的完成时间是 30min,单件流的时候,最后一件产品的完成时间是 12min。在单件流的时候,平均每分钟一件产品离开生产线或办公室流程。

(来源:批量延误降低的影响——1990 年生产力出版社出版的新乡重夫著作《新乡生产管理系统》㊀第 17、116 页,由泰勒 & 佛朗西斯授权使用)

2. 糟糕的批量处理

无论我们在生活中做什么事情,如何正确做事是十分重要的。批量处理会造成效率低下。但对我们许多人而言,这是一个难以接受的概念,因为我们与生俱来就怀有这样的固有观念,即批量处理是做任何事情最有效的工作方法。在名为《单件流与批量处理的对比》著作中,详细探讨了二者的对比。简单地说,批量处理会导致流程中发生各种浪费,从而带给我们所有人各式各样的问题。

我们中有多少人宁可驾驶汽车奔驰于高速公路上,而不愿行驶于每一个十字路口都布置停车标志或者红灯的道路上呢?因为十字路口的停车标志阻碍了我们驾车的通行能力。布置红灯的十字路口被称为某个时间段的批量处理系统,因为其允许批量汽车通过十字路口,在红灯亮起之前,绿灯亮起的时间长短决定了批量汽车通过十字路口的时间。

请思考,当前自己工作系统或者生活系统的状态。我们发现,在大部分工作系统或者生活系统的当前状态中,都充斥着停车标志和红灯。因此,我们认为:"每一个停车标志都是某一个'差距'或者一个有待解决的问题。"

㊀ 原书名 The Shingo Production Management System。——译者注

3. 单件流

精益的一个核心概念是单件流或小批量加工流。单件流是指加工一个零件、一个产品或者为一份纸质文件提供服务，每一道工序一次加工一个零件（一个产品或者一份纸质文件），直到一个零件（一个产品或一份纸质文件）完成全部的加工流程。在医院的情景下，我们将单件流称为"单例患者流"。与批量加工产品或者批量服务相比，单件流或小批量系统中的加工流程总是运转得更加快速、敏捷，会减少发生错误的机会。就本质而言，批量处理使人们成为机器人：他们总是一遍又一遍地重复着细小、相同的加工作业步骤。然而，为了使零件在加工工序中流动，我们必须消除批量处理的原因或者需要。

每当我们识别到批量处理问题时，我们总是会提出这样的问题："我们如何让当前流程尽可能接近组装线的单件流呢？"针对医院情景，我们不得不加注一句提示："……医院的单例患者流，不能称为组装线的单件流。"

现实中，实现单件流不一定是切实可行的，有的时候，我们不得不实施批量处理；然而，我们的最终目标应该始终是，建立从第一道工序（流程）开始到最后一道工序结束，保持产品流动整体布局（或主体布局）的系统。

4. 为什么要批量处理呢

我们研究批量处理行为模式已经超过 30 年了。我们总结出了以下 8 个原因，用以说明为什么人们认为"必须"实施批量处理。

1）固有思维：我们与生俱来就有这样的固有观念，相信批量处理比单件流更加高效。如果我们有机会实施批量处理，我们会照方抓药，实施批量处理，而且我们中的一些人会极力辩解我们批量处理的能力，甚至不惜与反对者进行唇枪舌战。这就是为什么只有 20% 的公司获得了真正的精益成功。

2）准备作业/换型：批量越大，我们批量加工零件的数量或者批量服务的件数就会越多。这是经济定购量（EOQ）的基础。除非我们缩短换型时间，否则我们将无法降低批量大小或在一台设备上实现单件流。但是，为了实现单件流，我们不仅仅只是缩短较长的换型时间，我们也可以在批量处理的设备之前和之后，建立看板拉动系统来实现单件流。

3）波动：我们可以在实现单件流的过程中，处理和解决各种流程波动。然而，推出许多新型号的产品，是各种规模的工厂车间放弃单件流的常见原因之一。

4）步行距离：必须缩短员工在工艺布局中作业时的步行距离，否则员工会实施批量处理。缩短步行距离，意味着机器间必须真正相邻布置。在某些情况下，这意味着需要在设备后面制作一个全新的检修面板或在设备顶部挪动、搬运设备零件（如，泵）。

5）设备：我们可以在设备之前、之后建立标准在制品库。例如，在一台批量洗衣机或者一台批量烤炉之前和之后，建立标准在制品库，来建立单件流。设备选型的目标是，使用合适尺寸的设备，逐渐形成单件流设备。这就是建立所谓的着着线（Chaku-chaku）。

6）流程：我们的目标是，在流程中加工合理的、较小的经济批量，流程的目标是，将产品加工流逐渐过渡到连续流。

7）空闲时间：如果员工空闲并且可以继续生产在制品，他们就会继续生产在制品。因为员工讨厌无所事事。因此，如果员工可以生产子组件，或者拥有可以部分组装的零件，他们就会尽可能多地去生产，或者占用更多的空间来组装。请注意：在单件流中，实施柔性作业可以消除员工的空闲时间。

8）空间：如果空间过于宽大，我们建议缩减到合适的空间，否则员工会用在制品填满过于宽大的空间；如果空间过于狭小，我们需要增加作业空间。如果管理层没有及时增加作业空间，员工会实施批量处理。对于那些实施精益的公司而言，这会是一个棘手的问题，为了实现单件流，他们消减了工位的数量，然后员工又重新开始了批量处理。因为，此时，已经没有放置在制品的空间了。实际上，这种情形已经产生了比原始批量处理流程更加糟糕的后果。

5. 让数据成为您的管理向导

实施精益的秘诀就是，以系统的思维来审视全局，并让数据成为您的管理向导。数据会指引您，应该走哪条路，数据会告诉您需要做什么。数据是一个出色的客观分析工具。通过拍摄流程（加工流、作业流、换型）视频，我们可以收集当前的流程数据。通过回看视频可以解决很多无意义的争论，因为视频消除了人们的主观意见，用事实替代了主观意见。

6. 实施精益系统——不容商量的指导原则

1）我们必须始终致力于实现单件流。消除批量处理的运营模式。

2）建立一个具有均衡排产的拉动系统。

3）避免在工位之间使用传送带。如果必须使用传送带，只能用它来传输在制品，而不是储存在制品。

4）运用交接区域平衡作业（替换作业）。

5）建立站姿作业/走动作业生产线——使用抗疲劳地毯或者作业员鞋垫。

6）建立和使用每日小时产出记录表。

7）所有物料应布置于符合人因工程工作台的有效距离之内——动作经济性、便捷性。

8）建立标准在制品，建立标准化在制品的可视化控制和审核机制。

9）最终目标是消除叉车、起重机或者吊车等搬运工具。

10）最终目标是员工第一次就将标准作业做正确，缺陷流出零（流出到后工序和客户），因此，首先要建立防错机制，其次是建立机器自动化100%外观检验，最后才是使用人工检验。

11）不允许作业员离开生产单元或者生产线。

12）产品在加工完成之前，不允许产品离开生产单元。

13）杜绝逆向加工。产品永远不走回头路。

14）制定标准作业，跟踪和审核标准作业的遵守率。

15）最终目标是零工单缺料。建立、实施物流系统和物流标准作业，防止缺料。

16）积极地实施作业员交叉训练，推动每名员工都具备实施任何作业的技能。

17）生产单元内无垃圾桶，使用可循环容器（重复使用的包装容器），生产单元内没有纸张和硬纸板。最终目标是零垃圾填埋。

18）最终目标是建立一条移动的生产线，被当作加工流的定拍工序。

19）最终目标是没有计划外的机器停机。

20）能够快速地、实时地解决生产线的停机故障。

21）使用物资需求计划（MRP）来推动生产计划的宏观计划指令，而不是使用电子表格。切勿使用MRP作为车间的生产控制系统。

22）使用看板，即使用空箱、空的空间、看板卡系统等触发补料指令，而不是MRP。

23）实施每日例行检查和TPM日常维护——推动质量控制流程检查（QCPC）深入人心，将质量控制流程检查与员工的自我意识融为一体，并通过开展例行的质量控制流程检查，提高质量管理水平。

24）绘制价值流图，清晰地识别持续改善项目和日常改善项目，并且依据优先顺序、分阶段实施改善项目。

25）最终目标是，不应该在车间地面上或车间平台上挖坑。在车间内部安装合适尺寸的设备。

26）不应该要求多人举起产品。

27）任何物品的高度都应该低于1.5m（5ft）。

28）致力于消除检验工序或者检验工作，因为检验意味着您根本不相信这个流程的质量。

29）根据组装主线要求，建立子组装线。最终的目标是，将子组装线内嵌于组装主线或者子组装线直接建立在主线的进料装置入口侧；同样，也可以将子组装线与组装主线平行布置。不应该离线进行批量生产子零件。

30）建立安东系统、质量控制流程检查（QCPC）的实时缺陷反馈系统。当生产线发生任何质量、安全的异常问题，作业员应被授权可以停线、处理异常。

在整个产品的生命周期内，工厂管理层、作业员和支持人员必须坚守以上指导原则。

2.4 培训高级领导者团队

对高级领导者团队（管理层）进行精益培训是改变思维方式的重要方法之一。高级领导者团队的精益培训时间长度不尽相同，但是，通常，针对高级领导者团队，精益总体概述的培训时间需要花费1~2天。通常我们以一个工作研讨会的形式来补充和强化这个精益理论培训，在此工作研讨会中，首先，我们会制定第一个试点区的绩效管理目标，并要求高级领导者团队签订变革合同。随后，我们将对高级领导者团队进行持续地精益培训，并结合参观精益标杆工厂、现场巡视、精益会议等形式，提升他们的精益领导力水平。伴随着时间的推移，所有高级领导者都应该参加5天的精益培训课程。

下一个步骤是针对精益核心团队和试点区项目团队及所有的利益相关方，进行精益培训，他们的思维方式对实施项目的成功与否将起到决定性作用。我们建议各级领导者都参加为期5天的精益培训研讨会。这个为期5天的精益培训研讨会涵盖精益概要讲座、视频，以及完整地展示一个小项目改善案例的实际应用过程。为期5天的精益培训研讨会对精益原则和精益工具做了一些初步的介绍、浅尝辄止，然而，为期5天的精益培训研讨会会激励团队成员持续地去寻找浪费问题并建立实现卓越改善成果的坚定信心。

精益系统的成功完全依赖于组织内各个层级的员工对精益工具和精益方法论的参与、研讨和运用实施，换言之，精益系统的成功依赖于高级领导者团队来驱动组织，实施精益全方位的落地执行。这意味着，对于组织内各个层级的员工实施精益，高级领导者团队都需要躬身入局——亲自动手实践这些精益概念和了解他们团队的改善能力、精神面貌，确保他们团队的改善行动与公司的战略方向、经营理念保持紧密的一致性。我们所见的实施精益的最高成功概率，均是源于高级领导者团队在项目的早期阶段便参与制定团队章程。

2.5 组建项目团队，确定项目范围，选择试点区

通常，我们建议改善从小处着手，用以创造学习机遇。我们先制定一个团队章程，选择一个试点，遴选精益核心团队成员，并且选择试点区。在策划大型精益改善项目时，应该统筹考虑下列的17条因素：

1）输入需要改善的问题陈述及清晰的流程说明。
2）改善一个具体的测量指标。
3）列出精益改善项目团队成员及倡导者、团队领导者、团队成员的名字和他们在项目中担当的角色，并且列出项目引导者的名字。
4）描述精益改善项目如何与客户满意度和公司的战略目标相关联。
5）谁是流程的第一责任者呢？
6）谁是精益改善项目可交付成果影响的主要利益相关方？
7）基线测量指标和目标测量指标分别是多少呢？
8）流程范围是否已经清晰地界定了呢？流程的输入边界：改善流程的起点边界；流程的输出边界：改善流程的终点边界。
9）预算：列出任何可用的预算（如果适用），或者列出可能需要采购或者修

理的工具或者设备。

10）潜在的好处：列出流程改善后期望得到的任何非金钱的好处或者无形收益。

11）项目退出标准：具体列出在什么条件下，判断团队"已经完成了"精益改善项目，换言之，当团队"已经完成了"精益改善项目时，所有的改善成果或正在实施的改善行动都可以交接给生产线班长。

12）精益改善项目团队的授权级别：精益改善项目团队授权的级别是在第几级呢？即，他们是否被授权可以提出改善提案和实施改善提案呢？

13）需要提前做准备工作吗？

14）需要的支持功能：设备维护、IT等部门支持。

15）健康、安全和环境：是否有需要填写环境与安全的检查清单呢？

16）风险规避：我们是否需要评估和规避源自改善所带来的潜在风险呢？

17）精益指导小组、精益评审委员会：列出团队要向哪个精益指导小组作汇报，并且列出汇报频率。

精益核心团队的目标是在精益实施的过程中同舟共济，并借此良机，培育精益核心团队的人员能力，推动他们成为未来的精益从业者。精益顾问的目标是，将精益知识传授给精益从业者。试点区项目团队由来自生产线的员工所组成，包括一线主管，其工作是在精益核心团队退出精益项目之时，能够维持生产线的改善成果。

实施精益试点的目的是，为了实施首次精益试验并探寻一个导入精益的合适切入点。实施精益试点，为团队亲身目睹精益工具是如何工作的，以及可以收获哪些改善成果，提供了一次难得的宝贵学习机会。然后，在下一个区域实施精益改善前，我们从精益试点项目中吸取成功和失败的宝贵经验。我们选择试点区，所使用的标准如下：

1）能够代表公司的大部分区域，对公司的经营业务，具有战略重要性。

2）最有可能成功地导入精益，并且能够维持精益改善成果的工作区。

3）一线主管和员工愿意尝试必要的改善，并且领导该试点区实施全新改善。

4）试点区的员工们对改善持积极的态度。

5）具有进行改善前和改善后对比的测量方法，并且设定改善目标。

6）试点区实施改善，用以检验正在运用的全新精益工具。

7）试点区生产线的解决方案可以转移和复制到其他生产线。

很多时候，公司管理层想要"跳到"和"触碰"最庞大和复杂的问题区域，或者发生重大危机的区域。以上建议的选择试点区标准，并不意味着您不能选择最庞大和复杂的问题区域；但是请记住：在试点区实施精益的最终目标其实很简单，试点区实施精益必须成功！有的时候，最好是选择一个对改善持积极态度的试点区，最好同时是迫切需要变革的区域。

精益改善项目团队应该包括来自试点区域的员工、来自下一个实施精益区域的员工，以及公司正在培育的相关技术领域的主题专家。精益改善项目团队亦称为"精益核心团队"或者"精益推进办（KPO）"。原则上，精益改善项目团队的人数应该在 6~8 人。

然后，我们将选择精益改善项目团队成员和团队领导者。精益改善项目团队领导者，应该具备如下资质：

1) 能够领导一支团队，并且在项目截止日期之前，成功地完成任务。
2) 熟悉业务流程，乐于从事精益改善。
3) 获得高层领导和整个组织的尊重。
4) 具有技术上的好奇心、想象力和洞察力，并且具有充足的常识。
5) 是一位批判性的思考者，敢于问为什么（即使愚蠢的问题）；敢于承认错误；敢于在没有组织的地方建立组织，并且从中发现和培育优秀的人才。
6) 不惧怕冲突，具有良好的沟通能力、表达能力和人际交往能力。
7) 熟知详细的工艺流程知识，其从内部晋升体系中脱颖而出并逐步成长。
8) 能够专心致志的工作，具有忠诚的态度，尽一切努力恪守时间承诺、完成工作。

精益改善项目团队的成员，应该具备如下资质：

1) 具有良好的沟通能力和人际交往能力。
2) 愿意付出 110% 的努力。
3) 能够对自己的工作进行建设性的批判性评估。
4) 具有良好的积极态度，愿意接受改变。
5) 他们是好奇的、空杯心态、不断学习的员工。
6) 他们善于团队合作。

2.6　基线测量指标，确定"差距"，设定目标

首先我们要理解当前流程 QCD 绩效水平与"客户之声（VOC）"之间的差距。然后，在启动分析阶段前，我们就需要清晰地建立项目范围、项目目标和问题陈述。否则，就会给精益改善项目团队带来大量的困惑和挫败感。

此外，在项目计划中还必须建立一个测量的概念，即我们应如何测量新流程的精益改善成功。这将会发生在 BASICS 模型的检查阶段——测量新流程 QCD 绩效水平是否达标。

我们首先定义问题并且建立基线，其中包括测量指标定义、数据来源、测量指标的责任者、更新数据的频率和使用的计算方法等。

然后，我们需要理解并且列出我们当前所面临问题的清单。列出问题清单的行动环节出于两个目的。它可以给员工们"发泄"表达问题的机会，同时，我们也

获得了一个优质的改善机会列表。当我们完成了"实施"的初始阶段，然后返回到这个改善机会列表，审视一下我们解决了多少个问题，更为重要的是，我们需要继续关注尚未解决的问题。

我们头脑风暴、集思广益，设想出 5 年之后这个流程的理想状态。这是建立我们所谓共同愿景，或者真正的切入点。共同愿景，为我们实施精益改善提供了战略方向和战略目标。我们的共同愿景，包括：

1）建立单件流（OPF）。
2）消除流程中的所有浪费。
3）在每一道工序内打造质量保障体系（将质量保障体系内建于工序之中）。
4）制定和实施领导标准作业和作业员标准作业。
5）建立可视化管理系统。

接下来，我们可以确定我们当前流程 QCD 绩效与愿景（目标）QCD 绩效之间的差距。我们需要从系统根源上解决这些"差距"问题。我们发现，大多数公司，即使是已实施精益的公司，也仍然采用批量处理模式。遗憾的是，即便在信息流高度发达的行业领域中，也同样如此。这就是所谓的"推动式"生产模式。批量处理或者推动式系统是我们在后文中将要讨论的七大浪费的根本原因。

1. 为什么收集基线测量指标数据是如此重要呢

收集基线测量指标数据是 BASICS 模型基线阶段中的关键步骤之一。如果不在项目启动之前就完成收集基线测量指标数据，理解当前流程所处的位置，将无法确定我们的改善幅度是多少。

不幸的是，大多时候，我们的工厂现场没有可以利用的测量程序或者现成的测量指标数据。有的时候，是因为测量指标仅仅停留在一个工厂级别的宏观绩效水平或者是因为员工们经常进出不同的生产单元，而无法收集数据。在这种情况下，我们可能需要花费 1~2 周的时间，收集流程现状数据、确定基线测量指标，或者竭尽我们的最大可能，组织全员一起评估当前流程的基线测量指标，并且同时获得每位员工的认可。

此外，当您完成了一个精益改善的时候，肯定会有人质疑新系统是否优越于旧系统。对于那些刚刚开始精益的人士而言，此时，这个质疑可能会是一个巨大的挑战，因为，通常，如果不能展示定性和定量的精益改善结果，人们将不会认可精益，并且将很难为之奋力向前，很难继续参与到持续改善的活动之中。

2. 典型的基线指标

通常，我们收集基线测量指标的数据包括：

1）每小时产出数量。
2）一次通过合格率。
3）流通合格率。

4）每人每日或者每人每小时产出数量（UPPH）。

5）在制品数量和在制品价值。

6）产品的搬运距离和作业员的步行距离。

7）空间大小。

8）当前工位的 EHS 评级——评估人因工程的风险因素。

9）加班时间占产量的百分比。

此外，我们也可以收集任何其他流程或者工业工程数据、图纸、流程程序，以及流程的总体运行绩效测量指标，即准时交货、质量等绩效测量指标的相关数据（见图 2-3）。

组装线——2010年2月

基线测量指标——已平衡的工位		
作业员人数/位(2个班次)	10	
生产单元负责人人数/位(2个班次)	1.5	
每日产出数量/件 2009年11月30日~2010年2月13日	518	
每件产品花费的时间/min(包括加班)	11.72	
生产交付时间/天(工作日)	2.3	
周期时间/min——(按估算的批量)	1.73	
加班小时数 2010年1月1日~2010年2月14日	203	
占用面积/ft² (1ft=0.3048m)	616	
步行距离/ft	84	
在制品数量/件	1562	
每人每日产出数量/件	45	

改善前生产流

2010年实施精益后实际指标数据		
作业员人数/位(取消2个班次)	2.7	73%
生产单元负责人人数/位	0.9	40%
每日产出数量/件	261	49.6%
每件产品花费的时间/min	6.6	43.5%
生产交付时间/天(工作日)	0.1	96%
周期时间/min	1.72	9.9%
加班小时数	0	100%
占用面积/ft²	558	9%
步行距离/ft	42	50%
在制品数量/件	74	95.3%
每人每日产出数量/件	72.5	61%

改善后精益流

生产效率提升61%，取消第2个班次的需求

图 2-3 改善前后绩效测量指标模板案例
（来源：业务改善集团有限责任公司档案）

3. 健康检查

我们使用自我评估工具，对生产线或者区域的员工行为、管理系统和当前文化状态进行评估。评估工具所关注的不仅仅是运用精益工具的成熟度；评估工具必须评估各级领导者的行为，并评估员工们在实施流程改善过程中的参与度（见图 2-4）。

我们经常喜欢说，尽管精益工具需要学习和实践，但是与变革管理部分相比，它们是容易的。精益工具和人的因素之间必须保持一个相对的平衡点。关注人所秉持的精益思想和信念，与关注精益工具是同等重要的。人如果没有秉持坚定的精益思想和信念，精益工具本身注定将无法维持和巩固。

健康检查	评分规则			得分
	最佳实践			4~6
	需要一些改善			2~4
	不够好或根本没有			0~2

	区域	运营经理	如何测量	权重	得分	分组平均值
1	环境	该区域是否已经使用每日小时产出系统	观察	6	2	
2	环境	可视化管理系统是否让所有人能看到绩效	观察	6	1	2.75
3	环境	是否有交叉训练矩阵和培训计划	观察	6	5	
4	环境	交叉训练的评级标准是否符合交叉训练计划的要求	观察/从主管处获得反馈	6	3	
5	运营管理层	经理或组长经常参加生产线早会	观察/从主管处获得反馈	6	6	
6	运营管理层	主管是否清楚完成生产线产量指标可用时间的构成(生产准备时间、休息等)	讨论和共识	6	2	
7	运营管理层	是否有清晰的区域绩效测量指标为项目提供基线(实际停机时间、实际遵守作业的百分比、产出等)注意：这不是期望的绩效，而是实际的	讨论和共识	6	2	3.00
8	运营管理层	主管的角色和职责是否有清晰的定义——每天是否有足够的时间完成全部任务呢？例如是否有主管的标准作业	讨论和评估《领导者的一天》达成率	6	1	
9	运营管理层	如果经理理解他们可用时间的构成，是否与运营经理、主管和14步精益改善团队达成一致	讨论和共识	6	4	
10	主管和班长	主管是否理解标准作业及其重要性(包括在制品上限数量、目标、工时平衡、柔性作业等)	调查	6	2	
11	主管和班长	主管是否每小时更新每日小时产出记录表白板(每小时一次)	观察	6	2	
12	主管和班长	针对降低缺陷产品的防止再次发生，主管是否展示出正确的根本原因分析技能	讨论和共识	6	3	
13	主管和班长	主管是否会检查作业员遵守标准作业的情况(如必要，使用计时秒表)	讨论和共识	6	3	
14	主管和班长	主管是否了解他们的哪个工位是瓶颈工位	讨论和共识	6	4	
15	主管和班长	早会是否有好的会议议程(遵循可视化的早会日程等)	讨论和共识	6	5	3.00
16	主管和班长	主管在生产线现场的时间比率是多少(目标比率：70%)	讨论和评估《领导者的一天》达成率	6	3	
17	主管和班长	交接班期间，是否有结构化的主管交接班会议/检查清单	讨论和共识	6	2	
18	主管和班长	主管是否了解基本的精益理论	调查	6	5	
19	主管和班长	现场是否有好的行为——作业员休息后是否按时返回，班次工作结束前是否会提前离岗	观察	6	2	
20	主管和班长	现场是否可以看到绩效管理指标(清晰的可视化)	观察	6	3	
21	主管和班长	主管遵守商定的人员编制准则(节假日最多出勤人数等)	讨论和共识	6	4	
22	作业员	作业员是否理解他们的生产节拍——每小时产出数量	调查	6	2	
23	作业员	生产线布局设计是否便于作业员高效地统计产出数量	观察	6	2	
24	作业员	作业员是否遵守标准作业	观察	6	2	
25	作业员	当他们的在制品达到上限数量时，作业员是否实施柔性作业，以支援其他工位	观察	6	3	2.17
26	作业员	作业员是否理解持续改善的流程，他们可用在他们的工位解决哪些问题	讨论和共识	6	3	
27	作业员	作业员理解标准作业及其重要性(包括在制品上限数量、目标、工时平衡、柔性作业等)	调查	6	1	
28	通用行为	生产线是否在商定的时间外工作以达成产量目标(如休息时间)	观察	6	2	
29	通用行为	是否有良好的精益参与度——分层审核(A3，标准作业审核等)	回顾绩效测量指标	6	3	
30	通用行为	生产线班组是否有持续改善例会——例会结果和行动计划可见	观察	6	3	2.67
31	通用行为	人员士气是否高(可能受到加班的影响)	调查	6	2	
32	通用行为	例会每周召开	调查	6	2	
33	通用行为	班组内是否有强有力的沟通机制	调查	6	2	
34	支持人员	支持人员的优先级是否与作业员达成一致(如任务的优先级、可以在线支持等)	调查	6	2	2.00
35	支持人员	支持人员是否理解精益生产系统	调查	6	2	
	总计			210	95	

图2-4 健康检查模板案例

我们用这个评估表为刚刚启动精益之旅的公司打分，因为这是他们原有的做法。伴随着公司的精益日趋成熟，我们会取消这个打分，否则他们会太在意"得分"而不是学习工具和改变行为。

(来源：业务改善集团有限责任公司档案)

4. 对于公司，节省一秒钟有何价值呢

每个公司都应该让财务部门计算一秒钟的改进价值是多少。当您有了答案的时候，对所有员工而言，其都会是一个容易理解的概念，同时，您也可以清晰地回答这个问题："我为什么要关注于节省的区区一秒钟呢？"针对任何一个流程，在一年内，将每一次改善后节省的几秒钟累加起来，就是节省数小时，有的时候，累加起来甚至是数天、数周、数月。通过日常精益改善，达成节省数秒、节省数英寸、节省数厘米，意味着节省数美分；我们通过日常精益改善，每一天节省一点小钱，

再将节省的小钱累加起来，便会达成金额不菲的财务收益。我们经常说："不积跬步，无以至千里"。总之，"节省一秒钟"是日常精益的改善之魂，也是建立精益文化的核心理念。

5. 建立存档文件

我们应该拍下今天现场改善的照片和视频。针对今天现场改善的实施情况，您拍下再多的照片和视频，也不为过。当您在持续改善之旅中大踏步前行时，员工们很快就会忘记流程改善前的样子。随后，我们将这些流程改善前的照片、图片，整理到我们的存档文件中，这个文档记录了您遵循BASICS的改善过程及精益改善项目团队的所有改善案例。伴随着改善的持续深入，建立存档文件是十分重要的记录凭证，否则您会忘记很多珍贵的改善记录。

6. 绘制流程的当前状态

我们可以绘制简单的流程图、工艺流程图、泳道图或价值流图（VSM）。通常情况下，为了描述制造业流程的当前状态，我们只需要绘制一张简单的流程图。然而，我们发现，针对可视化信息流和行政、医院、政府、银行及申请保险索赔等事务性流程，价值流图更具有实用性。

2.7 七大浪费

大野耐一针对七大浪费，做出如下描述。七大浪费主要是由批量处理系统或不完善的产品加工流动所导致的：

1）过量生产的浪费。这种浪费是批量处理系统中的第一大浪费。过量生产的浪费表现为两种方式：生产或者采购超过您所需数量的产品；或者是，在您需要产品之前，您已经提前生产了产品或者接收了产品。

2）等待的浪费（空闲时间）。每当员工无所事事地等待时，便产生了等待的浪费。

3）搬运的浪费。搬运人员、物品、纸张或者发生电子交易的活动。

4）过度加工的浪费。我们将此定义为，对零件或文件（电子或者纸张）的作业，超过了满足客户规定的规格和客户感知的质量需求。检验是过度加工的一种浪费形式。

5）库存的浪费。表现为储存的原材料、在制品（WIP）或者成品。例如，食品贮藏柜储存了太多的罐头食品。

6）动作的浪费。一名保持坐姿作业或者站姿作业的员工，每当他（她）不得不伸手去拿取零件或供应品，并超出正常作业时伸手幅度的时候，该员工便发生了动作的浪费。

7）缺陷产品的浪费。制造缺陷产品的浪费包括返工的浪费和缺陷的浪费。

三大额外浪费：

1）人才的浪费（人才是组织中最为宝贵的财产）。通常，当组织未充分挖掘员工的智慧、建议和经验，或者未充分尊重员工的时候，我们就会看到人才的浪费。组织中的人才能够全身心参与到精益改善活动，是成功实施精益的关键所在。通过识别和消除所有浪费，组织中的人才才能够推动创新流程和变革管理。

2）资源的浪费。我们未充分利用可再生资源或者未循环利用可再生资源，或者我们把危险的废物或每日垃圾倾倒至废物填埋场，此时，我们便制造了资源的浪费。

3）语境转换的浪费。当某人尝试同时处理多项任务（批量处理）的时候，就会产生语境转换的浪费。例如，急诊室医生一次批量医治3~4例患者，从而导致了40%~60%的语境转换的浪费。

1. 大多数浪费的根本原因是批量处理所导致的

大野耐一说最糟糕的浪费，是我们看不到的浪费。通常，我们看不到隐藏的浪费，因为它们隐藏在背后或者被其他浪费所掩盖。因此，您必须真正地发现这些隐藏在背后的浪费！这些是最难以发现的浪费，也是最危险的浪费。回看视频是发现隐藏浪费的最佳方式。

2. 改善事务性流程

在实施事务性流程改善时，我们使用 BASICS 模型和 PDSA 模型中的相同精益工具。与其他精益改善活动相似，人不是问题的所在；系统通常是问题的所在。办公室员工和公司内的其他员工一样，总是忙于工作，疲于奔命。但是，他们正在忙什么呢？

就像分析生产车间的生产流程一样，我们拍下办公室（事务性）流程的视频，并且运用与生产实物产品相同的精益分析工具，分析信息加工流。基于所要解决的问题类型和问题的复杂度，我们往往会选用恰当的精益分析工具，用以识别信息加工流中的各种浪费。

3. 事务性流程的十大浪费

1）过量生产的产品或者服务所生成的浪费——制作过量的纸版和电子版报告、批量复印、印刷过量的小册子、表格中的信息发生重复或者呈现不需要的信息。收集、分类和保存的信息多于实际需要的信息。

2）等待（空闲时间）的浪费——信息本身发生等待或是等待接收信息的人员、等待获得（橡皮公章）合同批准、等待设备订购、维修办公室时发生等待、计划外的流程中断时发生等待、作业流不平衡时发生等待、产能不足时发生等待等。

3）搬运的浪费——（不必要的）待处理的文件或发送的文件在迂回的办公室布局间移动、未考虑放置物品的邻近位置、未考虑人员的步行时间、不必要的信息复制、批准文件给不使用文件信息的人员等。

4）过度加工（效率低下）的浪费——实施多次、多余的未规定的审核、批准；或者实施多次审核和检查。使用一个复杂的文件归档系统。

5）动作的浪费——请求返工（修改），如果涉及多人审批，则需要追踪审批进度、搜索信息，使用集中化打印机等。计算机系统错误产生的返工（修改）。

6）库存的浪费——不必要的文件库存、过多的供应品、重复的文件、多次的文件存储、以防万一而储存的物料等。

7）缺陷的浪费——缺少培训文件、捕获公司数据时发生错误、传输数据的错误、错误地订购或者订购错误数量的供应品和设备、错过截止日期、返工（修正）、澄清事实等。

8）人才的浪费——员工们神情沮丧、没有人听取员工们的反馈意见、大材小用、优秀人才放在不适合的岗位上、人才在返工上花费时间、未对修正流程进行管理授权、缺乏流程改善的相关培训、岗位职责不清晰、中断正在执行的任务、同时执行多项任务、未人尽其才等。

9）公司员工造成的浪费——要求同事制作报告资料和持续地要求同事更新数据。有时，我们会收到来自不同职位的公司员工的同样要求。这些员工没有创造价值，然而，他们通过为已经很忙的同事创造新的工作负荷，以证明他们岗位的重要性。

10）集中化处理造成的浪费。

4. 30—30—30"现场观察"训练（大野圈）

大野耐一在丰田汽车公司工作期间，从一名基层普通的机械工程师一步步晋升到了副总裁的位置。在生产车间现场，大野耐一用粉笔在经理们周围画了一个圆圈，并且请经理们站在圈内做现场观察，直到经理们观察到并且记录了他希望经理们观察到的区域的所有问题（浪费）；有的时候，经理们需要花费整个班次的工作时间或者更长的时间，实施"现场观察"训练（见图2-5），大野耐一针对经理们的"现场观察"训练，由此而闻名于世。

图2-5 大野圈

经理需要花费很多时间，有时甚至是整个班次或者更长时间，直到他们看到大野耐一希望他们看到的浪费

今天，大野耐一的"现场观察"训练被称为"大野圈"或者30—30—30"现场观察"训练，即花费30min用于现场观察——观察流程并且捕捉至少30个问题，然后花费30min，运用识别根本原因的方法，解决其中的1个问题，并且该问题必须予以彻底解决——确保不会重复发生。30—30—30"现场观察"训练，对于各级领导者而言，是一个伟大的管理提升起点，训练经理们火眼金睛，识别现场浪费，为组长或一线主管或经理提供了一种基于现场科学主义的管理框架，以实施日常改善活动。

新乡律雄对此表达了自己的观点：工作时间紧张、工作忙碌的高级领导者必须"到现场去、进行现场观察"（而非仅仅看见），观察现场真正发生了什么。我们必须消除批量生产模式，始终致力于单件流的生产模式。

2.8 价值流图（VSM）

价值流图已经成为实施精益改善中的一个重要工具，特别是在理解流程的当前状态和识别流程改善机会方面，价值流图是非常实用的。下面两本著作给予了价值流图技术全面地诠释：《学习与观察》和《综观全局》。

自这些关于价值流图的著作面世以来，许多后续出版的精益著作中，都使用了价值流图，作为精益改善指导的部分章节。本书也不例外。在本书中，价值流图最初是作为基线工具集的工具之一（BASICS模型中的基线阶段），但是，价值流图也可以用作评估工具（BASICS模型中的评估阶段）。

1. 流程的定义

流程的定义：是一种将输入转化为输出的相互关联和相互作用的活动。（见图2-6）。输入可以是来自工厂现场的原材料或者是来自人类大脑贡献的原始素材。然后，输入作为流程的一部分被转换为所期望的输出（或未转换为所期望的输出时，即产生缺陷）。流程可以是物理形态的转换，同样也可以是精神形态的转换；流程可以是制造领域中产品的一道工序，也可以是一系列工序。流程可以将可可粉转换为热巧克力，也可以在添加牛奶或者棉花软糖后，转换为热巧克力，使其更加顺滑、可口香甜。流程可以是信息加工——将特定的输入转换为不同的输出。

2. SIPOC过程图

通常，我们在改善研讨会的开始阶段或者制定团队章程时，绘制SIPOC过程图（见图2-7和图2-8）。针对过程、过程的输入及过程的输出或者客户之间，如果遇到任何模糊不清的边界时，使用SIPOC过程图会非常有用。SIPOC过程图可以帮助精益改善项目团队对过程获得一个"纵观全局"的认知，并且在绘制价值流图（VSM）之前，精益改善项目团队内，要对组成过程的基本要素达成共识。运用SIPOC过程图，可以收获如下清晰的认知：

图 2-6 流程的定义

(来源：业务改善集团有限责任公司档案)

1）定义过程的输入和输出。
2）定义宏观过程及其主要子过程。
3）定义真正的客户及其客户需求。

步骤	供应商	输入	流程	输出	客户
我们希望实现什么呢？完成术前检查的患者档案并让患者准备就绪					
1	外科医生办公室	患者被送去术前检查	挂号——全部或部分自付费(仅限门诊大厅患者)	登记挂号完，准备完成术前检查	患者、外科医生、术前
2	术前检查护士(将患者从等候室带回)	亲自访谈患者，生命特征，PICIC临床问卷评估，核对患者服用药物，HOM系统登录	护理评估	患者决定准备手术，确定需要的辅助检查项目	患者、外科医生、术前
3	术前检查和辅助的医护员工	完成抽血、心电图检查和X射线检查	辅助检查(根据指定的要求)	化验、心电图检查、X光射线检查结果	患者、外科医生、术前
4	术前检查护士(从电话清单中获知患者姓名)	通过电话访谈患者，生命特征，PICIC临床问卷评估，核对患者服用药物，HOM系统登录	护理评估(仅限电话患者)	患者决定准备手术，确定需要的辅助检查项目	患者、外科医生、术前
5	术前检查的医护员工	第二天手术患者的档案，咨询注释，既往病史和身体状况，医嘱	术前检查患者档案完成	患者档案包括所有所需内容，患者已准备好所有术前所需	患者、外科医生、术前

图 2-7 SIPOC——医疗行业案例

(来源：业务改善集团有限责任公司档案)

通常，我们会用流程框，填充 SIPOC 过程图。我们请精益改善项目团队列出流程框，并且尽量做到简明扼要地列出主要流程框。通常，我们列出大约 5 个流程框。接下来，我们请精益改善项目团队列出期望从流程中获得的输出结果及客户。客户可以是公司内部的客户，也可以是公司外部的客户。然后，精益改善项目团队确定并列出 SIPOC 过程图的输入和供应商。鉴于 SIPOC 过程图，仅仅是一张宏观水平的过程视图，因此，随后，无论是绘制价值流图（VSM）还是绘制产品加工流分析图（PFA），我们仍然需要绘制详细的工艺流程图，以对工艺流程进行更加深入的分析。

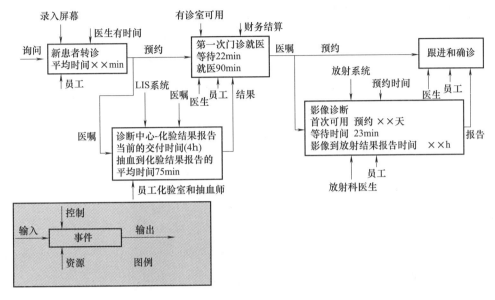

图2-8　企业的患者就诊流程的宏观SIPOC图
（来源：业务改善集团有限责任公司档案）

3. 价值流图（VSM）工具

价值流图比流程图更加实用，价值流图已经成功地应用于各行各业，如制造业、办公环境、服务业、医疗护理行业和政府部门等。绘制价值流图是描述事务性管理流程的最佳工具，事务性管理流程包括订单输入、生产计划、人力资源、采购、销售、市场营销、工程、财务和开发新业务等。

价值流图是一个动态工具，鉴于价值流图沿着价值流横跨各个局部部门（见图2-9），透过价值流图，我们可以很容易看到整个系统，并且我们可以清晰地理解流程的构成部分、子系统及流程工作中相互关联和依赖的关系。

伴随着时间的推移，价值流图可以用以跟踪精益之旅的进步状态（见图2-10）。此外，价值流图还可以帮助可视化跨部门之间的信息流和物料流。为了简化整个组织的流程和提高流程效率，组织应该委任一名高级领导者，使他（她）持续地关注价值流（相关的全部流程）的运转状态，并且与价值流的利益相关方合作，深入探讨和评估价值流的改善机会。

绘制价值流图可以带来下列这些收益：

1）可视化流程，并且关注全局或者关注系统。

2）有助于看到和改善各个局部部门的浪费。

图 2-9　在白板上用告示贴绘制的价值流图（VSM）
（来源：业务改善集团有限责任公司档案）

图 2-10　在主要会议室展示的价值流图（VSM），每次改善后，需要更新
（来源：业务改善集团有限责任公司档案）

3）识别流程的当前状态。
4）有助于强调和确定流程中的浪费源头。
5）为探讨问题和改善，全员提供一种通用语言。
6）可以对流程流动做出必要决定。
7）推动创新——头脑风暴理想状态和未来状态，在引入建立连续流和均衡拉动的同时，消除了制造浪费的流程（工序）。
8）作为跟踪进度的管理工具，价值流图为实施必要改善的战略计划（即改善项目和改善任务），提供了一张依据优先顺序、可视化的精益路线图。
9）使我们有机会能够看到信息系统在什么地方可以相互通信。
10）为员工的评估，设定改善目标。

价值流图的当前状态展示了构成整个系统的"当前"流程，并且关注改善机会。每年更新价值流图，是一个很好的记录学习的方法，并且伴随着时间的推移，可以用来跟踪精益之旅的进步状态。

4. 价值流图的构成要素

价值流图起源于丰田，在当时，是一种非正式的分析工具，很多时候，丰田人在餐巾纸上绘制价值流，用以描述供应链的流程。价值流图包含 4 个构成要素：见

图 2-11 的案例。

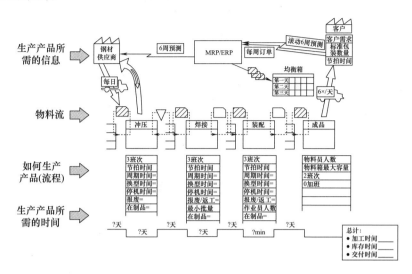

图 2-11 价值流图（VSM）的 4 个构成要素
（来源：业务改善集团有限责任公司档案）

1）第 1 个构成要素是在价值流图中间部分的流程框，它用来描述零件、产品或者信息是如何流动的。

2）第 2 个构成要素是在价值流图顶部的信息系统框，它概述了传递给每个流程的加工信息及与流程框连接的所需信息（无论是电子信息还是纸质信息）。

3）第 3 个构成要素是价值流底部的时间线信息。时间线呈锯齿状，时间线锯齿顶部标注停滞时间，时间线锯齿底部标注流程（工序）周期时间。这些数据合计后，标注在结果数据框中，分别显示为总计停滞时间（非增值的时间）和总计流程周期时间。

4）第 4 个构成要素是从供应商到客户的物料流动。

目前，有许多可供参考的价值流图图标。图 2-12 描述了一些标准的价值流图图标，以及一些显示人工信息流的线条图示，即通过口头或者书面方式传递信息，并通过传真、电子邮件、邮寄信件和电话进行交流。使用彩色线条表示信息流：红色线条表示自动化信息流；绿色线条表示人工信息流；蓝色线条表示邮寄信件、电子邮件、传真、文本等。

5. 如何绘制价值流图

我们绘制价值流图的方法是，尽可能地使价值流图接近流程本身的真实现状。价值流图的流程框还包含一个数据框（见图 2-13）。我们尝试统计准确的流程数据，填充我们能够填充的数据框；但是，整个价值流图是一个动态、实时的快照。虽然一些简单的价值流图可以在一天内完成，然而，我们发现通常需要花费一周时间完成价值流，其中，精益改善项目团队的任务包括：培训价值流团队、收集真实的流程数据、完成价值流的理想状态和未来状态，以及制定与战略规划相关的项目清单等。

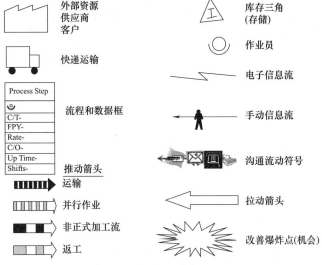

图 2-12 价值流图（VSM）图标
（来源：学会观察和业务改善集团有限责任公司档案）

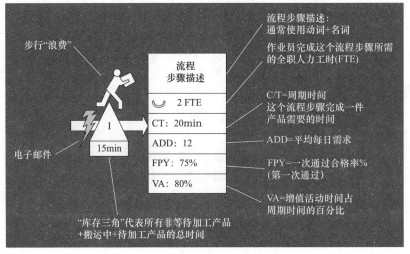

图 2-13 价值流图（VSM）数据框案例
（来源：业务改善集团有限责任公司档案）

6. 价值流图的当前状态

如前文所述，第一步是绘制价值流图的当前状态（见图 2-14）；价值流团队需要现场巡视和观察流程，从产品（或信息）的角度，与一组由一线员工和熟悉流程的员工组成的主题专家，一起穿梭于价值流，观察完整的流程，以充分地理解流程。

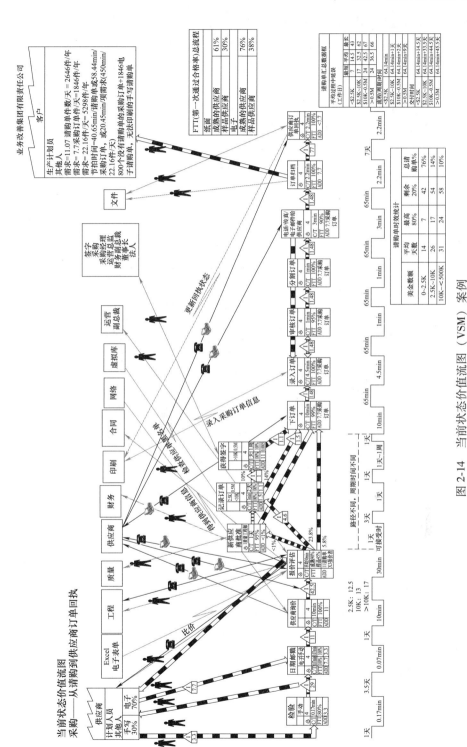

图 2-14 当前状态价值流图（VSM）案例

（来源：图中 K 是指美金千元；M 是指美金百万元）

注：业务改善集团有限责任公司档案。

价值流图，必须真实地描述在流程中发生了什么，而不是公司的管理制度中规定了什么，也不是一线主管或者经理如何相信流程正在运行的状态。价值流图的关键是，必须捕获真实的流程并收集支撑数据，从而能够切实地识别出所描述的浪费和无价值的活动。

我们采用粘贴告示贴的方法，来绘制价值流，粘贴一张告示贴代表绘制一个流程（见图2-15）。如此，完整的流程一览无余、清晰可见；请思考开车时通过红绿灯的场景。您驾车奔驰于公路上，在十字路口红灯开启时，您停车，在绿灯开启时，您驾车通过十字路口。当停止生产或者停止服务的时候，停止之前的活动是一个流程（一道工序）；停止也是一个流程，即停滞；停止后的活动是另外一个流程。

图2-15 在白纸上用告示贴绘制的价值流图（VSM）
粉色告示贴代表信息系统框，黄色告示贴代表流程框
（来源：业务改善集团有限责任公司档案）

在每一个代表流程的告示贴底部，都有一个流程数据框，通常，流程数据框中包含流程周期时间（一件在制品在流程中的加工时间）、换型时间、在制品批量大小、人员配置、班次数量等。绘制价值流图是容易的，但收集数据需要花费时间，因为在宏观价值流图层次结构上，大多数流程数据是尚未被收集的。这意味着价值流团队必须完整、彻底地收集数据。

然后，我们为每个流程数据框添加所需数据，数据来源是多渠道收集的数据：包括源自大型计算机系统采集的数据，或者源自保存在员工口袋里手记日志中所记录的数据等。

接下来，我们绘制物料流及其流动方向，并且在价值流底部添加一条时间线。时间线呈锯齿状，价值流上的三角形图标代表停滞，时间线锯齿顶部标注停滞时间，时间线锯齿底部标注流程周期时间。然后，我们在价值流上面，添加真实的注释，来补充描述流程的现状。

7. ERSC 分析

ERSC 分析是对价值流图当前状态的每一个流程（每一道工序）进行的复查，用以确定下列改善机会：

1）哪些流程活动可以被 ERSC（取消、重排、简化或者合并）。
2）价值流的关键路径是什么呢？哪些流程活动可以采用并行作业方式。
3）有多少位员工接触产品或者信息呢？他们之间是否具有交接之处。
4）同一位员工或者其他员工或者其他部门，是否发生重复的作业活动。

8. 价值流图的理想状态

需要绘制价值流图的理想状态（见图 2-16）。绘制价值流图的理想状态可以采用头脑风暴的会议形式，换言之，在头脑风暴会议中，价值流团队需要做出假设：如果他们即将重新建立崭新的流程，并且消除了所有的障碍，那么流程将会是什么样子呢？就本质而言，绘制价值流图的理想状态，就是为流程设定的目标状态，并思考：从现在算起，5 年后或者 10 年后的流程会是什么样子，假定：

1）消除了所有的"不容置疑的工作方法"的变革阻力。
2）您可以利用世界上所有的金钱。
3）您可以利用世界上所有的新技术。
4）您拥有这家公司，您想赚钱。

图 2-16 价值流图（VSM）的理想状态
（来源：业务改善集团有限责任公司档案）

价值流团队绘制理想状态所花费的时间，应该在 30~60min。这样的目的，是让团队可以进行充分的头脑风暴，让他们的思维跳出条条框框，改变他们固有的思维范例，憧憬各种流程完美的可能性，并且设定价值流图理想状态的目标状态。

9. 价值流图的未来状态

最后一步是绘制价值流图的未来状态（见图 2-17）。最好由同一组的价值流团

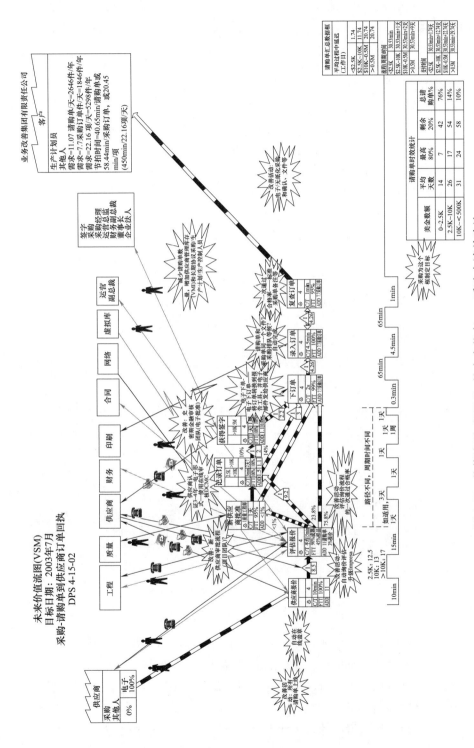

图 2-17 价值流图（VSM）的未来状态——采购申请单确认
（来源：业务改善集团有限责任公司档案）

队的成员,来绘制价值流图的未来状态,通常,基于价值流图的理想状态,以务实的态度评审和共识在未来一年所能够完成的改善项目,关于改善项目的时间跨度,可以酌情扩大至未来2年。

价值流团队画出"Kaizen 爆炸图"(有时也被称为"改善爆炸图")或者标注出潜在改善项目,并且识别能够实施的快速改善(快速实施的流程改善,通常,取消不必要的浪费活动),从而使流程从当前状态转变为未来状态。

当价值流团队评审和设计"价值流图的未来状态"的时候,改善机会(亦即潜在改善项目)会被逐条总结在一张项目清单内。每一个改善机会根据对实现战略规划目标的影响度(见图 2-18)(涉及的影响度包括:后勤保障部、人事部、财务部、临床部、运营部等部门落实的容易性和实施成本等),进行优先级排序。

精益项目选择

建议的项目			评分 1: 影响小 3: 影响中等 5: 影响大	财务视角	内部业务流程视角	提高外部客户/利益相关方认可度的视角	组织赋能视角	未来视角	总分	成本	潜在收益/投资回报
	项目任务	负责人	所需资源								收益
1	改善活动——自动询价评估,(升级Impresa,Oracle更新需要3万美金,Impresa包括在维护合同中)和电子/无纸化采购和确认,文件等	项目	采购	IT	5	3	3	1	5	17	3万美金	改善后的数据收集
2	采购员/计划员/生产控制员	项目	采购	运营,物流&采购	5	3	1	5	1	15		
3	改善活动——评估询价流程的一次通过合格率	项目	采购	跨职能	1	3	1	3	1	9		
4	改善活动——请购单上线	项目	采购	IT	1	3	1	1	1	7		
5	改善新供应商批准流程;调查程序团队,标准模板等	项目	采购	质量	1	1	1	1	1	5		
6	改善活动 史密斯金融审核团队——授权签字	项目	采购	史密斯金融						0		
7	电子下订单——将订单转换到报表工具,并电子邮件发给供应商	任务	采购							0		
8	请购单和采购单同一个文件?采购排队等候?自动完成	任务	采购							0		
9	一次通过合格率——标准采购单备注等	任务	采购	IT						0		
10	减少请购单数量——增加供应商管理库存(VMI)和签订长期协议(LAT)	任务	采购	采购						0		
11	供应商认证期限3~4年,减少纸面工作,在线国防合同审计署审核	任务	采购							0		
12	采购制定周期时间目标/请购单时效盒子	任务	采购							0		

图 2-18 为实现战略规划目标的任务和项目优先级决策矩阵
(来源:业务改善集团有限责任公司档案)

此外,对改善机会进行优先级排序,也是帮助我们理解所提出的每一个解决方案对其他部门的风险和影响。潜在改善机会的项目清单提供了一张路线图,在未来一年,价值流团队基于此路线图,实施持续改善活动和跟踪改善活动的进步状态。

10. **价值流布局图**(有时被称为 SKITUMI 图)

在我们的 VSM 价值流图的教学中,我们一直陈述这样的说法"流程图框表示一个流程，而不是一个地方"。然而，价值流图中的信息流能够帮助指导布局修正、优化流程。通过在现有主体布局的顶部，覆盖流程图框（数据框），"价值流布局图"有效地利用了价值流图中的流程数据（见图2-19，请扫描下方二维码观看细节）。

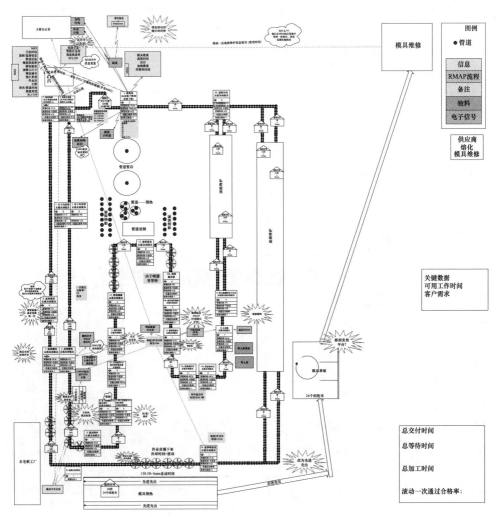

图2-19 SKITUMI图——将价值流图覆盖在CAD布局图上示意图
（来源：业务改善集团有限责任公司档案）

价值流布局图是一种优异的可视化方式，可以让管理层直观地看到他们的整体布局是如何制造瓶颈和浪费的。能够鸟瞰整体主体布局或者公司级的工艺流程框图，由此，可以推动制定宏观的、系统层面的改善方案。

11. 绘制事务性流程的价值流图

我们发现，价值流图作为一个持续改善的精益分析工具，运用于办公室环境的流程改善，也同样具有巨大的优势。通常，观察一个办公室的流程脉络是十分困难的一件事情，因为您在办公室内，能看到的只是办公隔间、电脑和文案工作。现在，办公室流程的浪费可能呈现更为简化的形式［如使用电子邮件、短信和推特（Twitter），而非过去的收件箱或文件柜中的纸质文件］，但这些浪费仍然存在。办公室流程的产品或者服务可能会涉及多方人士，途经办公大楼的各个楼层，穿过若干办公大楼，若干县、若干州、甚至是若干国家。价值流图是一个优质的可视化工具——绘制、评审和探讨在客户流程、供应商流程及贵公司流程之间的连接关系。

12. BASICS 模型中工具的层次结构

当运用 BASICS 模型的各个工精益工具时，必须依据 BASICS 模型中明确的层次结构。原因非常简单：如果在价值流图层次结构上取消了一个流程，就不需要对该流程实施进一步的分析了（包括：加工流分析、作业流分析及换型分析），这会加快改善过程。同理，这一推理也可以应用到加工流分析（PFA）中。如果我们可以在加工流分析层次结构上取消一个加工流工序，那我们就不必实施下一步的分析了，即我们已经自动取消了针对该加工流工序的作业流分析，或者在某些情况下，我们也同时取消了换型分析。

13. 在办公室流程中，针对客户的增值工作是多少呢

当价值流团队绘制完成价值流图的当前状态时，他们应该询问自己一个问题：我现在所做的工作是否为客户增加了价值？增值工作必须符合下列 3 个标准：

1）这项工作是客户所关注的吗？他们愿意为这项工作付钱吗？
2）这项工作是否以某种物理方式改变了数据包的内容呢？
3）这项工作第一次就正确实施了吗？

在价值流图理想状态的头脑风暴会议中，我们询问团队，假设他们自己管理这张价值流图中的流程或者假设他们拥有这家公司，他们将如何建立流程呢？结论是，即便办公室流程加工电子信息或加工纸质信息，办公室流程也需要尽可能接近于组装线的单件流，如此，公司才能赚钱！为此，在价值流图理想状态的头脑风暴会议中，我们必须使员工们的思维更加活跃，跳出条条框框。

首先，员工们会提出有关 IT 系统方方面面的改善提案。价值流团队收集这些有关 IT 系统的改善提案，进行记录，并将其标记为备选改善项目。通常，有关 IT 系统的改善提案都非常出色，然而，它们适用于远期规划，完善 IT 系统往往造价不菲，并且会涉及员工培训，因此，有关 IT 系统的改善提案，需要很长时间才能在 IT 任务排队中予以落地和实施。但是，这并不意味着我们要阻拦员工提出有关 IT 系统的改善提案。

接下来，向价值流团队询问不花钱的改善创新提案。为了消除这个流程中的浪

费问题，我们自己能够做些什么呢？换言之，这个改善创意提案的方向，首先是不花钱，然后再是寻求自动化解决方案。

14. 绘制价值流图的关键点

1）您必须现场巡视和观察流程！其同样也适用于绘制办公室的价值流图。绘制价值流图时，切勿坐在会议室里、计算机旁或坐在自助餐厅单独进行。[精益专家建议从价值流图的最后一个流程（最后一道工序）开始现场巡视，换言之，从与客户有最直接联系的地方开始现场巡视，沿着价值流的反向流动顺序，观察流程。如此，会引发出更为深入的思考过程]。

2）当您绘制价值流图时，您必须从产品的角度，观察完整的流程，以充分地理解流程。确保每位价值流团队成员都清楚您在跟踪什么（产品），否则每位价值流团队成员都会感到困惑和挫败感。

3）通常，我们从手绘价值流图起步，与价值流团队的每位成员达成共识后，可以将手绘价值流图输入计算机中，保存价值流的电子版文件。

4）绘制价值流的当前状态或者基线状态的最佳方法是，关注整个价值流，而非仅仅关注价值流的局部流程及其细节。

5）请不要混淆增值时间和流程周期时间，二者是不同的。在价值流图的层次结构上，流程周期时间包括增值时间和非增值时间。

6）不要害怕每一年更新价值流图。最佳做法是，邀请价值流的利益相关方，一起评审价值流图并对其进行及时更新，同时，定期跟踪价值流在一年中的进步状态。

7）请务必确保价值流图尽可能接近流程本身的真实现状。相比于测定流程时间（我们称为流程的"实时快照"），收集准确的历史数据能更加接近真实地描绘价值流图现状；然而，有的时候，我们别无选择，只能使用流程的"实时快照"。

8）让流程责任者负责主导价值流的改善活动，并且按时完成在价值流的改善活动期间内所共识的改善行动。

15. 可视化精益成熟度的成长路径

当我们对整体流程实施改善的时候，我们应该定期返回到整体流程的格局，更新价值流图（VSM）。因为伴随着价值流一年又一年的更新和演变，价值流图可以作为一种优异的可视化方法——可视化精益成熟度的成长路径，并完整地跟踪精益之旅的进步状态。

2.9 确定客户需求和节拍时间（TT）

1. 均衡生产

计算节拍时间是从理解客户需求开始的。鉴于客户的需求可能只是全月总计需求数量，此时，我们使用被称为"均衡生产"的精益工具。理解客户尽可能低的需求水平，是十分重要的，特别是针对具有淡旺季的业务，需求周期具有的极大波动性；再比如说，患者每小时急救室的访问量，也同样具有极大的波动性。

当我们开始将需求与所实施的生产（或服务）活动联系起来的时候，我们必须能够依据需求的方式和需求的时间来分析需求，换言之，如果一个客户每月需求1000件产品，而我们拥有20个工作日，那么每日的需求数量是1000件产品除以20个工作日，等于每日需求数量50件产品。这被称为均衡生产或平准化生产。

2. 需求高峰

一些公司可能会在一个班次、一天、一个月或者一年的不同时间段，遭遇需求数量急剧上升的折磨。我们的目标是完全地均衡需求数量，然而，在某些情况下，均衡需求数量可能是不可能实现的任务。

因此，为了建立一个成功实施精益的范例，我们需要考虑生产系统（或服务系统）所能够应对的最大工作负荷。我们称这种需求波动为需求高峰。通常，我们会使用需求高峰情况下的节拍时间，而此时，我们不能够在生产系统内实施均衡生产。

3. 可用工作时间

我们需要计算得出可用工作时间。一般而言，可用工作时间等于一线班次人员的实际工作时间。可用工作时间的计算方法是，用班次的总计出勤时间减去整个工作场所的停工时间，停工时间包括休息时间、会议时间、清扫时间、午餐时间（如果午餐被包括在8h内）。

在铸造行业或者政府、医疗环境等具有连续化生产流程的行业中，它们的工作场所不会发生停工时间，因为员工和经理会在休息时间出勤，所以这些行业的可用工作时间等于班次的总计出勤时间。

在以下的例子中，我们假设班次的总计出勤时间是8h或者480min。我们减去下列的停工时间，包括：

1）20min——2次10min的休息时间。

2）10min——上午工间操5min；下午工间操5min。

3）5min——清洁时间。

4）10min 每日+QDIP 白板例会或10min 碰头会议。

将上面各项停工时间累加之后，意味着我们在每个工作日会损失45min停工时间，所以我们的可用工作时间等于435min（=出勤时间480min-45min停工时间）。

4. 节拍时间的计算方法

许多人虽然熟悉"节拍时间"（TT）一词，但却不能够脱口说出节拍时间的计算公式。节拍时间让我们有机会去审视一个流程或者一组活动，并且根据客户需求和可用工作时间，决定与时间相关联的流程运行速度。节拍时间的意义，对事务性流程和工厂现场流程而言是相同的。节拍时间是单件产品或者单件服务所需要的可用工作时间，等于生产产品或者提供服务的可用工作时间或者使用实际工作时间除以可用工作时间内的客户需求：

节拍时间（TT）= 可用工作时间/客户需求

请参考下面一个例子（见图 2-20）。

可用时间		客户需求
一个班次	480min	如果客户每月的需求是8700件产品，我们将其除以每月工作天数（此案例每月工作天数为20天），得到每日需求为435件/天。如果只有一个班次，我们需要生产435件/班次。 节拍时间= 435min可用时间÷435件/天=1min/件
休息	20min	
工间操	10min	
打扫卫生	5min	
每日会议	10min	
总计	435min	

图 2-20 节拍时间案例

（来源：业务改善集团有限责任公司档案）

5. 如何解读节拍时间

图 2-20 的计算表明我们必须每分钟生产 1 件产品以满足客户的需求。然而，节拍时间到底表示什么意思呢？假设生产 1 件产品需要 5min 的总工时。如果节拍时间 1min，那么许多人一开始肯定会认为，我们不能满足节拍时间，因为生产 1 件产品耗时超过 1min。然而，事实并非如此。如果生产 1 件产品需要 5min，那么，我们为生产线配置 5 名员工，这样一来，每名员工的作业工时为 1min，我们便可以满足节拍时间。

鉴于节拍时间并没有真正地测量任何实质东西，那么，考虑一下：节拍时间到底在计算什么呢？通过计算之后，我们得到的节拍时间是每分钟生产 1 件产品，意味着节拍时间关注的是，客户的精确需求——"既不多，也不少"。无论是在工厂现场还是在办公室，节拍时间描述了生产系统完成 1 件产品所要求的时间或者服务系统加工 1 份文件所要求的时间，节拍时间不考虑其他因素。

2.10 需要理解的重要测量指标

1. 流程导向的测量指标

BASICS 方法论主要关注于流程内打造质量和消除浪费。为此，我们建议使用流程导向的测量指标而非结果导向的测量指标。

流程导向的测量指标包括流程增值工作的百分比、作业员人数、总工时（直接人工和间接人工）、一次通过合格率、安全、产品的搬运距离、作业员的步行距离、在制品（WIP）库存、生产交付时间、周期时间、换型时间和生产效率，即每人每小时产出件数和每台耗时小时数。

应该注意的是，我们不区分直接人工和间接人工。在计算生产效率时，生产一个零件所需要的总工时，包括间接人工，都应该被纳入考虑。

2. 期望周期时间与实际周期时间

大多数公司不了解他们客户的实际需求，所以我们经常使用所需周期时间（期望周期时间）。周期时间有不同的计算方法，但是计算结果应该是相同的。通常，周期时间包括 2 种类型——期望周期时间和实际周期时间。

期望周期时间等于可用工作时间除以工厂需求（而非客户需求），而实际周期时间由下列内容确定：

1) 生产线上每名班次人员/作业员都能够达成的作业时间。
2) 如果均衡分配作业，每名作业员完成被分配作业的实际花费时间。
3) 由总工时除以作业员人数而计算得出（假定均衡分配作业，作业员无空闲时间）。
4) 两个完成品离开生产线末端的时间间隔或者两个完成品离开生产流程（工序）的时间间隔。这个数据是真实周期时间或者实际周期时间。
5) 由生产线环境中最慢的机器或者最慢的作业员的作业时间所决定。

在精益改善活动初期，清晰地明确周期时间的当前状态，为作业活动或者流程提供了一个重要的基线测量指标。周期时间是一个非常重要的数据点，因为，它是流程导向测量指标，而不是结果导向测量指标。

3. 交付时间：一个关键的测量指标

交付时间是测量产品从流程起点到流程终点的时间。我们描述的交付时间是产品、纸张或者某种产品从原材料阶段转变到成品发货或者成品阶段所需要的时间。交付时间是产品、患者或者信息在流程中花费所有时间的总和。这意味着交付时间包括流程中的所有等待或者排队时间。在沃马克和琼斯合著名为《精益思想》的著作中，统计和描述了一罐汽水，从开采矿石到交付到客户手里的时间为 319 天

交付时间，有的时候被称作"交货周期时间——接单到交货的周期时间"，或者总计周期时间，用于描述产品在流程中的时间长度。交付时间是测量从您选择的输入（流程起点）到输出（流程终点）的时间长度。

每一位经理都应该理解，每增加一秒钟的交付时间都会增加产品的成本，这可以用多种方式予以诠释。交付时间很少作为一个正式的关键绩效测量指标来予以跟踪，而且其大多数被隐藏在传统的成本核算方法之中。通常，所有的绩效目标都应该与缩短全年交付时间相关联。

请记住，交付时间反映的是您流程中的物流速度。交付时间表示您对客户需求或者患者需求的响应速度。交付时间直接关系到库存周转和现金流，并且将影响您公司的现金流和营运资金。

在医疗领域里，医疗交付时间指标意味着救治患者的响应速度所导致的生与死的区别。患者或者产品在医疗价值流中滞留得时间越长，花费的相关医疗资源就越多，发生缺陷的机会也就越多。在医疗领域里，我们将发生缺陷的机会称为医院感

染风险。

4. 作业人机比

在您的车间现场，作业人机比是多少呢？您测量过作业人机比吗？作业人机比是您的关键绩效测量指标吗？世界上大多数公司认为，如果他们的一名作业员操作 2 台机器甚至 3 台机器，他们便已成为世界级的精益标杆生产线。然而，与下面所展示的丰田作业人机比的统计数据相比，上述作业人机比数据显得相形见绌：

1）1896 年，丰田自动织布工厂平均每名作业员操作 50 多台织布机。

2）在 20 世纪 40 年代，丰田汽车（Toyota Motors）公司平均每名作业员操作 5 台机器。

3）1993 年，丰田汽车（Toyota Motors）公司平均每名作业员操作 16 台机器。

在稍后的下文中，我们将探讨一个的精益工具——"自働化"，"自働化"使得践行丰田汽车公司的作业人机比成为一种可能。

5. 每名员工的销售额

对于公司而言，销售额或者营业收入本身可能是一个误导性的测量指标，因为产品的收费价格或者产品组合可能在每一年或者在一年之内，都会发生变化；然而，对于实施精益的公司而言，每名员工的销售额是一个适宜的总体测量指标。每名员工的销售额是一个结果导向的滞后测量指标。每名员工的销售额等于一定时期的销售收入除以公司在岗员工人数。

此外，对于实施精益的公司而言，每名员工的贡献毛利或者毛利润也是一个适宜的总体测量指标。每名员工的贡献毛利是每名员工对公司贡献的一个宏观评估，我们应该对这个测量指标设定一个百分比目标，并致力于每年提高这个百分比目标。

6. 生产效率、效率和有效性的对比

我们的精益原则致力于运用最佳的方法，使用人、机器、方法和物料等资源。我们称这些使用的资源为"4M"。在我们分析一个系统的时候，理解下列的相关定义，是十分重要的。

1）生产效率：生产效率是指在一段时间内，一定数量的人工生产一定数量的产品。产品可以是有形产品或者事务性的服务产品，例如，处理发票或者写互联网博客。生产性是指把工作做完，所获得结果或者达成目标，并且以每个投入单位（人工、设备和资金）的产出来予以衡量，例如，每人每班/每日的产出件数。

2）效率：效率是基于一个人完成产品或者服务所花费的精力及时间。例如，我们都知道学习曲线。一个人实施新任务的次数越多，他（她）每一次实施任务的表现就会越发出色。当一个人实施任务变得更加有效率的时候，他（她）就会感觉压力剧减并且可以更加准确地完成任务。当一个人在更短的时间之内，能达成同样甚至更好的准确性，并完成更多的任务，换言之，他（她）花费更少的精力，

获得了更好的工作成果,因此,他(她)就达成了效率。

3)有效性:有效性是达成既定目标或者目的的能力,通常,有效性从产出和影响两个方面来予以判断。

举一个空调的例子。夏日炎炎,空调会让我们感觉凉快,此时,对于我们乘凉避暑,空调是具有效率的,然而如果同时打开窗户,这就不是一种有效性的方法了。

一条生产线可以被认为是高产的,但是如果它采用批量加工模式,它或许不是具有生产效率的生产线,或它或许不是具有产出有效性的生产线。

2.11 改善路径推动创新

如果您仔细地思考一番,所有的改善都可以被认为是一种创新形式,所以每日的改善也可以被认为是每日的创新。不管改善路径如何,企业要想进步,就必须持续地改善。

约翰·哈维·琼斯爵士曾经指出:"如果您没有与时俱进,那么您就是正在倒退,因为世界上的其他人都在反对您。"我们的业绩越成功,就会越容易自满。无论我们的业绩多么成功,我们必须建立一个系统,用以防范自满情绪滋生。

MIT高级工程讲师史蒂文·斯皮尔表示:"他们(丰田汽车公司)总是担忧行业竞争对手会赶上来,如果他们想不出应该担忧哪个竞争对手迎头赶上,那么他们就会担忧他们无法找到竞争对手。这就是为什么丰田作为一个组织,总是担忧未来之路,并将'没有问题视为一个最大的问题!'作为改善的告诫。丰田这种持续的担忧被称为一种持续、健康的偏执,目的是防范自满情绪滋生。这就是为什么丰田汽车公司成为全球汽车销量第一的时候,丰田并没有高调地举办一个盛大庆功宴的原因。"

制定全新的绩效目标或者发现流程现状的问题或者"差距",可以触发精益改善的需求。当我们识别到"差距"时,我们就需要一个改善的流程,以解决这个"差距"。

正如保罗·阿克斯在他的著作《2秒钟精益》中所描述的那样:改善流程可以很简单,也可以更加复杂,例如,在未来三年内,产品的"三包"服务成本降低50%。

不论是简单的还是复杂的改善流程,改善的思考过程是一样的。即使是一个2秒钟的精益项目,也同样涵盖基线、目标状态和差距。因此,无论改善规模的大小,我们仍然必须充分考虑和遵守改善流程,或者,如果必要,将大型项目的改善流程记录于文件中,并且妥善保管,以备不时之需。

第 3 章

BASICS模型：评估/分析（A）

BASICS 模型中的 A 代表评估和分析，本章的学习目标是，介绍评估和分析的工具和方法论，以便理解流程的当前状况或者我们所说的"当前"状态。评估和分析的目的是，记录和质疑每一个加工流中的每一道工序，评估是否可以取消、重排、简化或者合并这些工序，以帮助作业员的工作更加轻松、容易（见图3-1）。

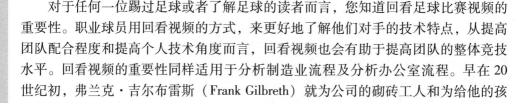

图 3-1 精益实施的 BASICS 模型六步法——评估/分析
（来源：业务改善集团有限责任公司培训资料）

无论问题是如何产生的，这本书后面的篇章将会介绍一种结构化的方法，来进行问题解决。您不必使用每一种精益工具，然而，您必须找到问题的根本原因，才能彻底地解决问题，使问题不再重复发生。

3.1 视频的重要性

对于任何一位踢过足球或者了解足球的读者而言，您知道回看足球比赛视频的重要性。职业球员用回看视频的方式，来更好地了解他们对手的技术特点，从提高团队配合程度和提高个人技术角度而言，回看视频也会有助于提高团队的整体竞技水平。回看视频的重要性同样适用于分析制造业流程及分析办公室流程。早在 20 世纪初，弗兰克·吉尔布雷斯（Frank Gilbreth）就为公司的砌砖工人和为给他的孩子们做扁桃体切除手术的外科医生，用摄像机拍摄了他们的作业视频［在原版电影《儿女一箩筐》（*Cheaper by Dozen*）中，对此有相关描述]。在我们看来，摄像机是有史以来最伟大的工业工程工具，但是几乎从未被使用过。

1. 为什么使用视频呢

现场观众不可能从足球场的边线或者看台上，观察到足球比赛中所发生的一切（见图3-2）。否则，我们就不需要即时回放和回看视频了。有多少次，我们在足球场现场观看了同场的比赛过程，结果却发现，在即时回看的视频中，我们的判断是真的错了。当然，承认这一点是另外一回事。

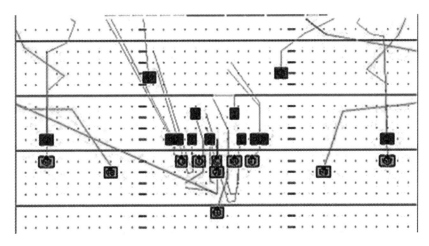

图3-2　足球比赛的案例
（来源：业务改善集团有限责任公司档案）

同理，制造业也是如此。如果您正在现场巡视和作业观察，用铅笔填写一张通常使用于点改善的主要观察表，那您不可能捕捉到和完整地记录作业员在1s内，或者0.1s内所发生的全部作业细节。

当然，这些并不意味着您不能通过作业观察来实施改善。然而，不通过拍摄作业视频且同您拍摄的作业员一起回看、分析视频，仅仅通过作业观察或者即便是真正地熟悉作业流程，一个人也不可能完整地识别出一个较为复杂流程中的全部浪费。

拍摄视频是推动作业员和一线主管参与到精益变革的最佳方法之一，同时，也是推动他们随后认可所制定的标准作业的最佳方法之一。在办公室和工厂现场，我们都将使用拍摄视频、回看视频的方法，用以进行加工流分析和作业分析。

在已经成立工会的工作场所中，需提前联络、告知工会关于拍摄作业视频的事宜，并且从所在工作场所的高级领导者团队中，遴选一位高级领导者加入到精益改善项目团队中，和您一起从事精益改善。因此，最佳的方法是，先制定一个沟通计划，请人力资源部和工会从精益改善项目的开始阶段就参与进来。此外，在启动任何拍摄视频或者启动任何改善活动之前，邀请所有的利益相关方都参与进来。鉴于上述提及的利益相关方早期便参与到变革管理中，我们在已经成立工会或者未成立工会的工作场所中,拍摄视频、实施精益改善活动,从来没有遇到过任何阻力。

2. 拍摄产品加工流视频的指导原则

1) 切勿在拍摄中关闭摄像机。

2) 一些必要的信息,必须采用人工收集的方法。拍摄产品加工流视频时,必须使用一些基本的工艺常识。如果作业员将批量在制品放入清洗机,此时,您需要拍摄下一个加工流工序,而不是拍摄清洗机。

3) 跟踪和拍摄产品加工流而不是作业员的作业流。请您确保从始至终地拍摄产品是如何被加工出来的。

3. 分析工具的层次结构

如前文所述,当我们分析一个流程的时候,我们会按照如下顺序,关注于流程的三个层次结构,依次使用下列的三个分析工具:

1) 产品(加工流分析)。

2) 作业员(作业流分析)。

3) 换型(换型分析)。

3.2 加工流分析或 TIPS 分析(见图3-3)

3.2.1 实施步骤

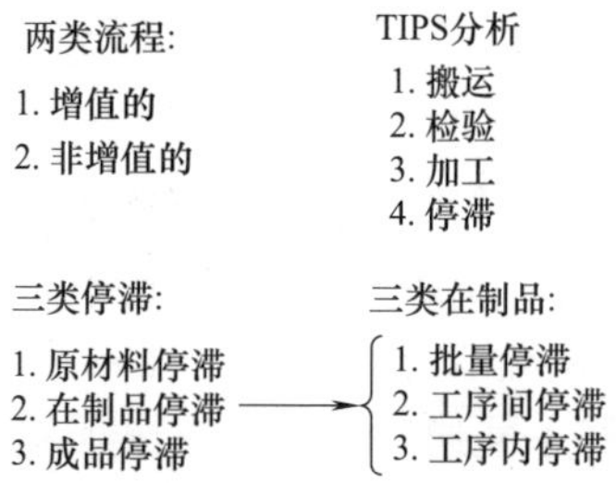

两类流程:
1. 增值的
2. 非增值的

TIPS分析
1. 搬运
2. 检验
3. 加工
4. 停滞

三类停滞:
1. 原材料停滞
2. 在制品停滞
3. 成品停滞

三类在制品:
1. 批量停滞
2. 工序间停滞
3. 工序内停滞

图 3-3 加工流分析(PFA)的分解

(来源:业务改善集团有限责任公司档案)

1) 拍摄加工流视频。

2) 分析产品加工流工序。

3) 遵循 ERSC 过程(有时被称为优化过程,因为我们优化了加工流工序、更新了"未来"状态或更新了未来状态的估计时间)。

4) 重排加工流工序。

5) 确定总计交付时间。

为了有效地实施加工流分析,我们必须从产品的角度,观察流程中的加工流工序,这件"产品"可以是制造业的一件产品、一例医疗患者、一位政府机关的办事员或一份信息（纸质信息或者电子信息）。

有效地实施加工流分析，听起来容易，然而，事实上，有效地实施加工流分析却是一件十分困难的工作。加工流分析相比于价值流图分析，会更加详细。以往，我们大多数人总是在车间现场，关注作业员操作了什么，而不是关注产品本身的加工流。当我们关注产品加工流时，我们不需要关注作业员在操作什么。此时，并不意味着我们不关心作业员作为一名员工的权益保障，而是在此时，作业员不是我们加工流分析中的一个关注因素。此时，我们仅仅实施加工流分析。

加工流分析关注产品流经加工流中的每一道工序。这些工序包括针对一件产品或者一件信息（纸质）的搬运、检验、加工或停滞。在加工流分析过程中，我们关注每一道工序所花费的时间和每个产品的搬运距离（此时，暂不关注作业员的步行距离）。

3.2.2 工序的四种现象

如果您期望在任何流程中改善物流或者信息流的流动性，建议您去实施我们推荐的 TIPS 分析。TIPS 指的是在产品加工流中，描述工序的四种现象：搬运（Transport）、检验（Inspection）、加工（Process）、停滞（Storage）。

1. 搬运（T）

当产品从一个地方被转移到另外一个地方时，就会发生搬运。搬运是非增值的工作，我们应该致力于取消每一次搬运或者尽可能地减少搬运次数的发生。在我们的加工流分析中，我们测量、记录搬运时间和搬运距离。这就是为什么我们不遗余力地取消叉车、起重机、传送带的原因，我们甚至致力于取消从工厂或者办公室一个区域到另一区域的简单搬运。

2. 检验（I）

不论出于何种原因，当产品或者信息（书面信息或者电子信息）被审核的时候，就会发生检验。很多的时候，作业员（也可能是一名高级领导者正在审阅即将提交的报告）甚至没有意识到他们正在从事检验。

我们认为新乡重夫将检验分离出来（检验被认为是非增值的工作），是因为无论何时您需要检验流程的部分信息，就意味着您不相信这个流程的质量可靠性，因为这个流程不能够第一次就正确地改变产品的物理形态。

检验意味着您根本上不信任流程。我们应该经常询问一个基本问题：我们如何确保不将缺陷产品从一道工序传递到下一道工序呢？精益的目标不是达成六西格玛质量水平；而是在工序内打造质量，实现零缺陷或者达成一次通过合格率100%。

3. 加工（P）

（1）加工中的增值 加工分为两种类型：增值的和非增值的。在美国管理协会录制的名为《时间——质量的下一个维度》短片中，针对增值的加工工序在制造业领域的定义，给出了清晰地描述。任何增值的加工工序，需要满足下列三个增值的评判标准：

1）客户必须关心此加工工序，并且愿意为其支付金钱。

2）不管是针对一个零件还是针对一条信息，加工工序必须改变加工流在制品的物理形态。加工工序必须改变产品的形式、适合度、形状、大小或者功能。在医疗领域，医疗的增值表示为："必须从身体上或者从情感上改变患者至更好的状态，并且，患者能够感知到这种更好的状态。"

3）加工工序第一次就实施正确。

有些加工工序满足三个增值评判标准中的一个或者两个，但不能够同时满足三个增值评判标准。我们称这些加工工序是非增值但是必要的工序。

（2）客户之声（VOC）——是客户关注的价值吗 当我们实施精益改善时，我们总是关注于我们能够做些什么，用以增加我们客户的附加价值。这里的客户包括我们的外部客户，当然，也包括我们的内部客户。

当我们访问一家公司时，大多数情况下，员工们会告诉我们客户的期望；然而，当我们稍微探究一番后，我们发现员工们传达的期望并不是真正的客户期望。这些期望是员工们认为客户所期望的价值。通过客户的视角，而不是通过员工的视角，来理解是什么造就了良好的客户体验是十分重要的。我们必须清晰地定义客户的期望，确保组织实施满足客户期望的生产（或服务）活动。非满足客户期望的活动都是浪费！

（3）改变物理形态 一个流程包括输入和输出，在产品或者信息以某种物理方式改变的过程中，总会发生一些转变。换言之，在产品加工流或信息加工流的过程中，正在发生一些物理形态或者精神形态的转变。

（4）第一次就实施正确 缺陷和返工不被视为是增值的工作。流程必须确保第一次就实施正确。这使我们再一次追溯到我们零缺陷的目标。

4. 停滞（S）

我们将停滞（等待）细分为三种类型：原材料停滞（RS 或者 RM）、在制品停滞（WIP）和完成品/已完成工作停滞（FS）：

1）原材料是没有增加任何直接人工待加工的材料或信息。

2）在制品是指已经增加直接人工所加工的原材料。

3）成品定义为已经完成加工的产品/工作，可以随时出售给客户。

（1）在制品停滞的类型 我们将在制品停滞分为三种类型。

1）工序间停滞。

2）批量停滞。

3）工序内停滞。

在使用 leanEdit® 精益分析软件的时候，需要添加"在制品停滞三种类型"子类型，用以实现客户定制化功能，因为它们目前未被包含在默认功能列表内。

（2）工序间停滞（B） 工序间停滞定义为，一件产品或者一个完整批量的产品，等待下一道工序开始加工，在两个连续的工序之间，所发生的任何延误、等待或空闲时间。

（3）批量停滞（L）　批量停滞是指我们正在等待批量的剩余部分或者我们的"伙伴"，全部完成加工或服务。我们亲切地称它们为"伙伴"（在加工流分析过程期间，我们从产品的角度，观察完整的流程，以充分地理解流程），是因为我们觉察到，按照"伙伴"的称谓方式，人们更加容易记住我们是批量模式中的在制品。批量停滞是"一个批量"的延误，因为无论我们是第一件"产品"还是最后一件"产品"，在从一个工序进入到下一个工序之前，我们一直等待整个批量完成加工或服务。

（4）工序内停滞（W）　上文介绍的"工序间停滞"和"批量停滞"都是工业工程学科中的标准定义和分类。在2003年，查理·普罗茨曼（Charles Protzman）在为医院进行精益咨询的时候，他创造了"工序内停滞"的概念。查理发现有一种在制品停滞，既不适用于"工序间停滞"的评判标准，也不适用于"批量停滞"的评判标准。

当工序启动加工在制品或加工批量在制品后，由于某种原因，工序被中断，继而，发生交付产品、为人员提供服务或者加工批量的延误（等待），这种延误（等待）被称为工序内停滞。举例说，工序内停滞，可能是由员工午餐休息导致机器加工中断；由于机器故障导致机器加工中断；又由于工具钻头失效，导致机器加工中断，此时，修理机器期间导致在制品不得不等待。工序内停滞也可能是有人被困在电梯内，从而导致流程中断；或者是有人正在递交申请，导致流程的中断。工序内停滞，可能是不得不停止加工工序，以检查不同MRP屏幕或者窗口中某零件或者另一个零件的库存状态。工序内停滞，可能是医生接到一个电话，导致诊断患者流程的中断，此时，患者不得不等待。

（5）为什么将在制品的三种停滞分离出来呢　为了真正获得产品加工流或信息加工流的最快速度，我们需要理解流程的性质和流程中的哪一道工序存在浪费。因此，我们必须对从原材料到成品发货的产品加工流中的每一道工序进行细分和分析。再一次提示您，加工流分析（包括产品加工流或和信息加工流）及后续改善对策，可以帮助您提升现金流速度，或避免患者在医疗流程中发生等待。

3.2.3　加工流分析的角色

在实施加工流分析过程中，我们需要将加工流分析的角色分配给精益改善项目团队成员。包括：

1）绘制产品加工流的点到点图。
2）列出产品加工流中的主要设备和所需的公用基础设施。
3）列出任何改善提案。
4）跟踪、记录产品的搬运距离。

为了简单地说明加工流分析，下面，让我们用制作咖啡的加工流分析过程作为案例。请记住,第一步需要决定您跟踪的产品。如果您尚未决定跟踪的产品,在加工流分析过程中,您会遭遇困惑和挫败感。

在制作咖啡的加工流分析过程中,我们跟踪咖啡杯,此时,作业员正在煮两杯咖啡。

1) 拿起两个咖啡杯——搬运 1/2ft (1ft=0.3048m): 1s。

2) 把咖啡杯放下——工序间停滞: 1s。

3) 拿起咖啡壶是什么工序现象呢?你们中的很多人一定认为这道工序是搬运。但是,实际上,"拿起咖啡壶"仍然是工序间停滞: 2s。

4) 将咖啡倒入第一个咖啡杯内——增值加工: 2s。

5) 将咖啡倒入第二个咖啡杯内——批量停滞: 2s。(注:这道工序是一个批量停滞,因为将咖啡倒入第二个咖啡杯的时候,第一个咖啡杯正在等待中。)

6) 放回咖啡壶——工序间停滞: 2s。

7) 将咖啡递给需要的人,首先将咖啡递给第一个人——搬运 5ft: 5s。

8) 递给第二个人——批量停滞: 5s。

9) 品尝咖啡。毫无疑问,这是增值的或检验咖啡的温度。

制作咖啡是一个简单的加工流分析的案例;其也证明了 TIPS 分析工具可以适用于任何行业的加工流。我们也可以使用添加奶油和食糖的附加工序,来扩展说明制作咖啡的加工流分析。

3.2.4　ERSC 分析——优化过程和改善提问

请思考如何改善加工流。您有什么改善提案呢?如同我们在绘制价值流过程中,针对每一个流程所做的 ERSC 分析,我们带领精益改善项目团队,完成以下四个提问,我们称为优化过程。审视加工流并且质疑每一个加工流工序,提问可否实施下列的改善机会。

1) 取消:如果我们能够取消某一个加工流工序,我们就不需要对该加工流工序进行作业员的作业流分析了,并且在无需添加任何额外作业的情况下,我们可以立即加快该加工流的运行速度。这就是我们在本章前文提到的,我们说:我们可以提升生产效率,甚至不再需要进行作业流分析了。

2) 重排:如果我们不能够取消某一个加工流工序,我们会审视该加工流工序是否被布置在正确的加工顺序,是否合理,是否有助于产品顺畅地加工流动。

3) 简化:如果我们不能够取消某一个加工流工序,或者不能重排该加工流工序,我们的下一个改善方案就是尝试简化。通过消除加工流工序的复杂度,我们来暴露加工流中的浪费并且简化加工流工序。

4) 合并:下一个改善方案是,将一个加工流工序与另一个加工流工序合并,假设我们可以找到一个更好的改善方案,来缩短加工流工序的周期时间或提高加工流的流动性。

3.2.5 现场巡视

首先,您需要邀请生产运营总监和部门经理,一起参与到现场巡视,告诉他们您要到某生产区域,并且可能会中断部分作业员的作业。

然后我们需要决定,我们将从产品中哪一个零件的角度,来跟踪加工流过程。通常,我们会尝试找到一个贯穿整个加工流的零件,且加工流起点最好始于从货车卸货的零件接收。如果您选择在加工流过程中的某一个工序开始的零件,那么,您必须清晰地定义产品加工流从起点(输入边界)到终点(输出边界)的范围。如果您是第一次实施加工流分析,我们建议加工流起点始于零件接收,加工流终点为成品发货。这样一来,您将会得到工厂某一个产品加工流的总计交付时间。针对办公室加工流分析,我们建议加工流起点始于订单接收,加工流终点为收款。

3.2.6 加工流分析表

我们使用加工流分析表,以记录每一个加工流工序(见图3-4)。我们针对所记录的每一个加工流工序,对其进行分析和判断,并且归类到 TIPS 分析中工序的四种现象。我们将每一个加工流工序区分为增值的、非增值的,如果加工流工序是在制品停滞,我们将会确定该在制品停滞属于哪种停滞类型。此外,我们将产品在每一个加工流工序中花费的时间和搬运距离累加起来。

我们应该质疑加工流的每一道工序:提问我们为什么要做、我们所做的加工工序是什么及我们是否确实需要做。然后,我们识别加工工序的改善机会——运用取消、重排、简化或者合并的分析方法。最后,只剩下对加工流的改善前和改善后的对比分析,其会呈现出每个产品加工流分析(TIPS)中当前状态和未来状态的加工流工序数量和时间的对比。相比于批量加工环境,加工流分析可以将整个流程的生产效率提升 20%~40%。

3.2.7 视频分析软件 leanEdit®

目前,市面上有多种精益分析软件包可供使用,但是,leanEdit® 是第一个专门针对我们 BASICS 分析方法论和方法的精益分析软件包。leanEdit® 是我们使用的一个软件程序,旨在简化视频分析,从而,帮助用户快速编辑和快速分类上文提及的加工流工序。

用户只需要将自己拍摄的视频(单个视频或合并的多个视频)上传到软件中,选择合适的精益分析工具,如加工流分析、作业流分析或缩短换型时间分析,然后由 leanEdit® 软件实施分析。leanEdit® 软件有桌面版本、web 版本和服务器版本,leanEdit® 软件功能包括编制"收藏"剪辑、搜索功能、剪辑下载、生成标准作业和电子表格导出功能等。leanEdit® 利用"云数据"来推动用户之间的合作,使用 leanEdit® 软件比人工精益分析方法的速度,大约快 50%~60%(见图3-5~图3-7)。

步骤编号	优化	流程编号	流程符号	描述	每次开始时间/s（可选）	累计时间/s	基线时间/s	基线时间/min	精益改善后预估时间/s	距离/ft	改善后距离/ft（优化后）	机器	部门
							这些列的总计分别是基线交付时间和精益改善后交付时间						
1	rm			收到电子邮件				0	0	0			客户服务
2	b			等待打开电子邮件			21600	360	21600	0			
3	b			打开电子邮件			1	0	1	0			
4	nv			打开附件			2	0	2	0			
5	nv			在打印机上打印			10	0.2	10	0			
6	l			当其他采购订单打印时，在打印机排队等待			270	5	270	0			
7	b			等待凯西走到打印机			10	0	10	0			
8	t			打印件被拿走			1	0	1	2	2		
9	nv			整理纸张，确保没有拿错			3	0.1	3	0			
10	t			回到办公桌			10	0.2	10	30	30		
11	nv			装订			2	0	2	0			
12	l			等待其他装订完			13	0	13	0			
13	b			等待oracle打开			5	0	5	0			
14	b			检查是否有库存可用，及其状态			120	2	120	0			
15	b			等待查询"机会编号"，将文件存到SMART软件团队文件			1800	30	1800	0			
16	b			等待创建工程行动报告，并将附件下载到工程行动报告			2100	35	2100	0			
17	b			等待工程行动报告发送电子邮件给工程			30	1	30	0			
18	b			等待工程行动报告发送到工程电子邮箱			28800	480	28800	0			工程
19	b			等待工程行动报告申请数据被复核			300	5	300	0			
20	b			等待申请型号程序执行			600	10	600	0			
21	b			等待分配零件编号(p/n)			300	5	300	0			
22	b			等待执行模拟程序和orifi设计			900	15	900	0			
23	b			等待counter-drill计算			300	5	300	0			
24	b			等待图纸和solidworks建模			900	15	900	0			
25	b			等待在SMART软件团队建立设计文件夹			300	5	300	0			
26	b			等待图纸文件夹与工程行动报告链接到一起			600	10	600	0			
27	b			等待图纸文件夹与工程行动报告链接到一起			480	8	480	0			
28	b			等待增加零件编号			180	3	180	0			
29	b			等待将"工作小时"更新到工程行动报告，并将零件编号发给凯西			60	1	60	0			

图 3-4　加工流分析（PFA）表案例
（来源：业务改善集团有限责任公司档案）

图 3-5　leanEdit.com 网页版本主界面
（来源：Ⓒ2017 leanEdit 有限责任公司）

图 3-6　leanEdit® 桌面工具选择屏幕

（来源：©2017 leanEdit 有限责任公司）

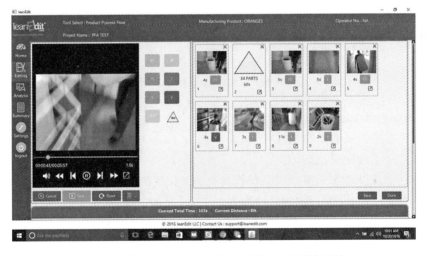

图 3-7　使用 leanEdit® 桌面加工流分析工具剪辑视频

（来源：©2017 leanEdit 有限责任公司）

3.2.8　点到点图

点到点图（见图 3-8）用于呈现产品在区域布局的流经路径。点到点图与我们用于分析作业员步行距离的意大利面图不同。点到点图会对产品流的每一道工序进行编号，以识别产品流经每一道工序的路径。

我们制定未来的布局将会依据于加工流分析，所以，为保证产品在未来的加工流布局中始终向前流动，点到点图是非常有用的。

在您绘制产品加工流的点到点图时，如果任何一个工位发生故障，该工位的异常情况，会立即暴露出来。

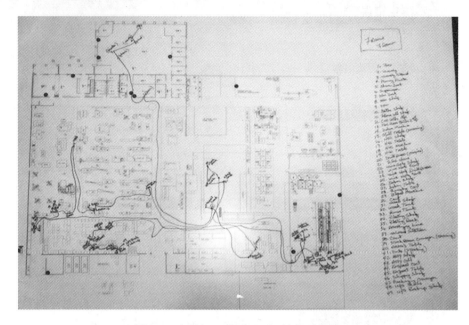

图 3-8　产品加工流（PFA）的点到点图
（来源：业务改善集团有限责任公司档案）

绘制点到点图后的一些提问如下：
1）产品是否具有平滑的连续流。
2）产品是否随时逆向加工。
3）在产品流经布局时，产品是否具有交叉往返的地方。
4）是否一次流动一件产品。
5）生产线上是否具有多余库存或发生员工空闲。

3.2.9　事务性流程的改善

1."当前状态"

事务性流程的工作效率往往比制造业的工作效率低，我们观察到：发生在办公室的过度加工的浪费比发生在制造业的过度加工的浪费，要多得多。

数据包在事务性流程中的流动与产品在生产线中的流动是相同的；但是，我们很难看到事务性流程的加工线。产品在事务性流程生产线的流动是，通过纸张、文件、电子邮件、文本、扫描仪、计算机报告、作业流工具、进出数据库管理和进出其他类型的存储系统的。产品在流经事务性加工流的过程中，几乎总是从一种形态转变到另一种形态，通常，会产生大量的纸质形态的信息或电子形态的信息。

对事务性流程的许多改善都是通过授权令、公司要求或者法律要求而予以实施的。全新的计算机系统要求员工跟踪屏幕输入，这些输入可以强制执行改善，但是不一定能够防止错误输入。很多的时候，我们都能发现事务性流程的定义，然而，对于角色和责任，我们还不是很清晰。

大多数新近使用计算机系统的事务性组织，缺乏足够的培训资金，因此，许多时候，当员工们尝试学习和使用全新的计算机系统的时候，组织会损失无数的工作时间。

由于计算机系统效率低下而丢失的订单，在损益表或者会计科目表中，都没有被予以记录。在汤姆·彼得斯录制的名为《速度就是生命》的视频中，他谈到了0.055 规则，他指出："实际上，在公司的价值交付系统中，大多数产品和服务仅仅使用 0.05%～5%的时间用于创造价值，这意味着 99.95%～95%的时间是没有用于创造价值。"

《与时间竞争》一书的作者列举了一家保险公司处理新的保险申请，需要花费 22 天的案例。彼得斯接着说："在这 22 天处理新的保险申请的日子中，仅仅干了 17min 的工作……这是世界上最伟大的好消息和坏消息。好消息是，如果您深受 99.95%时间没有创造价值的困扰，痛定思痛，您会开始关注改善流程——取消、缩短无价值活动所消耗的时间；坏消息是，如果在您关注改善流程之前，竞争对手就已经开始关注改善流程和提升工作效率，此时，您的公司会很快地陷入经营困境。这样一来，摆在公司面前只有两个方向：要么加快改善流程——求生存，要么公司继续陷入经营困境——最终破产！"

改善事务性流程的挑战是横亘的、层出不穷的变革障碍，变革障碍的表现形式多种多样，例如，员工们面对改善，持有抵制情绪，他们会说"这是我们一直以来的工作方式"；此外，工作系统中的所固有存在"不容置疑的工作方法"等，也是变革阻碍的表现形式之一。

克服变革障碍的最佳方法是，首先，创造最高管理层的变革牵引力，并且组建一支跨职能的精益改善项目团队，与精益从业者一起实践 BASICS 模型。每一个事务性流程，即使是办公室流程，都应该建立一块安全、质量、交付、库存和效率（+QDIP）的绩效管理白板，其与工厂车间的绩效管理白板的形式和功能完全相同。

提高净利润率和客户满意度的最大机会是，无论是制造业流程，还是事务性流程，从设计开始，就将所有流程设计为精益流程。如果在公司建立之初，就具备出色的工程设计能力和信息系统，工厂的浪费就会大大地降低。

2. 事务性流程墙图

一个非常出色的描述事务性流程的精益工具叫流程墙图。为了制作事务性流程墙图（见图3-9），我们首先在墙上张贴、布置活页纸或一卷纸。然后，决定我们将在流程中跟踪什么（产品）或者成为什么（产品），因为从产品的角度，观察完整的流程，可以充分地理解流程。我们在会议室召开改善研讨会，邀请一线办公室职员参与到改善研讨会,并且请他们在黄色告示贴上,写下他们在事务性流程中一步一步的工作步骤。

图 3-9 订单录入(事务性)流程墙图:收集订单录入流程所需的每一张纸,
订单录入流程包含从报价到发货,到收到现金
(来源:业务改善集团有限责任公司档案)

流程墙图:

1)展示事务性流程的产品流动。

2)展示产品流经事务性流程的每一道工序的所有细节,包括加工、搬运、停滞和检验,无论该工序有多么的微不足道(TIPS 分析)。

3)展示工序数量和每一道工序所需的时间。

4)展示接触产品和作业的每一道工序的人员。

5)展示整个事务性流程的长度(交付时间),每粘贴一张黄色告示贴,就代表一道工序,并注明工序的时间周期。

3. 如何制作事务性流程墙图

首先,将事务性流程的一线办公室职员职位用黄色告示贴放置于流程墙图的左手边。其类似于泳道图工具,但是,相比于泳道图工具,流程墙图会采用更为详细的展示方式。

然后,我们请每名办公室职员使用记号笔和不同的告示贴,按照他们作业顺序,写下每一道单独的工序。当他们写下第一道工序,例如,"把文件整理好"之后,我们就请他们将该工序(举例:如一个大桶)分解成更为精细的作业单位(大桶颗粒度)。例如,将"把文件整理好"分解为下列的作业单位:

1)将收货文件夹和发票文件夹放到办公桌上(搬运)。

2)接收新邮件并且放到办公桌上(搬运)。

3)打开所有邮件(非增值的加工)。

4)等待打开其余邮件(批量停滞)。

5)整理供应商收到的发票(非增值的加工)。

6)等待完成分类其余邮件(批量停滞)。

7)在收件人文件夹中进行搜索,直到找到与发票匹配的收件人(非增值

8）将发票和收件人装订在一起（非增值的加工）。
9）等待其余发票和收件人装订完成（批量停滞）。
10）等待无法匹配的发票被放入发票文件夹（批量停滞）。

注释：通过与工厂作业员一起现场巡视或者与办公室职员一起现场巡视，观察"在制品"流经加工流中的每一道工序（包含完整的各个作业单位），以跟踪加工流，这是十分重要的分析过程。不管这位作业员或者办公室职员的工作做得多么出色，当您只是在会议室里列出加工流工序时，总会遗漏一些加工流工序。有时，我们会沿着加工流图中的终点工序，逆流而上，走到始点工序，以确认我们是否已经记录了所有的加工流工序。

4. 黄色告示贴的图例

现在，加工流的每一道工序都记录在一张黄色告示贴上（见图3-10）。然后，我们针对加工流的每一道工序，归类于前文提及的TIPS分析中工序的四种现象。此外，我们还补充了下列三点分析信息：

1）谁来操作该工序。
2）操作该工序需要多长时间（周期时间）。
3）操作该工序时，产品的搬运距离是多少。

图3-10　流程墙图：加工流的每一个步骤都记录在黄色告示贴上
（来源：业务改善集团有限责任公司档案）

5. 事务性流程墙图的 ERSC 分析方法

当制作完成事务性流程墙图后，精益改善项目团队对其做出如下评审（见图3-11）：

1）哪些事务性加工流工序可以被ERSC（取消、重排、简化或者合并）。
2）哪些加工流工序可以并行作业。
3）事务性加工流工序的关键路径是什么。
4）有多少位办公室职员接触产品或信息。
5）办公室职员（参与者）之间的交接之处（错误、等待）在哪里。
6）同一位员工或其他员工或其他部门，会在哪里重复事务性加工流工序。

步骤编号	优化(X)	产品步骤描述	基线时间/s	精益改善后预估时间/s	距离/ft	改善后距离/ft（优化后）	机器	接触者（工作分类）
1	X	零件设定为棒料	14400	0		0		
2		森精机	125	125		0	森精机	埃里克
3	X	将零件放入森精机的托盘	16	0		0		
4		拿到手边检查	3	3	1	1		
5		检查	19	19		0		
6		车床加工	80	80	5	5	车床	
7	X	放到车床上——无先进先出	1260	0	2	0		
8		到齿轮铣刀	3	3		0	齿轮铣	
9		齿轮铣	300	300				
10		放到独立格子的箱子里	29	29		0		乔

标注为"X"是优化过程分析后，将被优化的加工流步骤，其估算时间设定为0

图 3-11　使用优化流程进行加工流分析
（来源：业务改善集团有限责任公司档案）

6. 制作事务性流程墙图的理想状态

下一步，通过消除事务性加工流的流动障碍，制作事务性流程墙图的理想状态。

1）请思考：事务性流程墙图（事务性加工流）的理想状态，将会是什么样子。

2）假设您拥有这家公司或如果您初创这家微型企业，您将如何打造事务性加工流的理想状态。

3）假设您在事务性加工流的理想状态下，必须立刻完成一次事务性加工流，会发生什么。

4）列出妨碍您实现事务性加工流的理想状态的主要因素。

5）确定您改善事务性加工流的真正目的。

6）我们是否真的需要这个事务性加工流。

7）将事务性加工流的理想状态付诸实施，需要什么资源，花费多长时间。

7. 识别改善项目和决定优先排序

在完成评审和设计事务性流程墙图的未来状态后，请做下列分析：

1）列出在事务性流程墙图理想状态下，所讨论的所有改善提案和机会，用以加快事务性加工流的速度。

2）筛选每一个改善提案，首先，确定改善提案是改善任务还是改善项目。如果是改善任务，应该被分配一名实施责任者，并规定完成任务的截止日期。如此，确保了改善任务的实施责任者的职责和联络人，一并安排到位。将改善任务的实施责任者和截止日期记录到改善项目的行动项。余下的改善项目，通常需要组建一支跨职能团队来予以完成。接下来，考虑可用资源的数量和战略规划目标，并确定每一个改善项目的起止计划时间。换言之，改善项目可否在一年之内完成。

3）改善项目是在2~3年后完成吗？还是5年后完成。

4）然后，列出1年内可以完成的改善项目清单，包括预期成果和预期的项目成本。

5）使用决策矩阵图，对每一个改善项目进行分类，并根据公司的战略规划目标，对改善项目进行优先排序（见图3-12）。我们应该优先实施哪一个改善项目，答案是，我们应该优先实施低成本、高收益的改善项目。

	建议的项目或任务描述	评分 1：影响低 3：影响中等 5：影响高 项目/任务	财务影响	实施的难易度	客户满意度	对周期时间的影响	对业务发展的影响	总计	状态
1	5S手术室设备存放区域	T						0	75%完成
2	5S手术室走廊	T						0	开放状态
3	发送到集中灭菌处前打开所有手术工具	T						0	100%完成
4	取消手术工具容器的清洗流程	T						0	100%完成
5	改善术前患者信息一次通过合格率	P	5	3	5	5	5	23	开放状态
6	常用手术器械的供应与需求匹配	P	3	5	3	3	3	15	
7	手术室排程流程	P	3	1	3	3	3	13	开放状态
8	提升7:30手术按时开始的占比率	P	3	1	3	3	3	13	开放状态
9	术前、麻醉后护理病房和术前检查员工的交叉训练	P	3	1	3	3	3	13	开放状态
10	评估麻醉阻滞时间的有效性	P							开放状态
11	手术器械推车装车流程标准化	P	1	5	1	3	3	13	90%完成
12	针对不同的服务线、手术器械类型、患者类型，均衡手术排程	P	3	1	3	3	3	13	开放状态
13	术前检查需求和人员配置需求的再评估	P	1	5	1	1	3	11	开放状态
14	流程(KPI)的可视化控制	P	1	5	1	1	3	11	开放状态
15	手术室库存的标准化	P	1	5	1	3	1	11	100%完成
16	集中灭菌处需求和人员配置需求的研究	P	3	3	1	1	3	11	100%完成
17	减少不必要的手术器械快速灭菌	P	3	3	3	1	1	11	进行中（新设备采购）
18	使外科器械、物料的供应区域和资源地图保持一致(首选卡)	P	1	5	1	1	1	9	80%完成(存储容器位置已经被识别，需要通过外科信息系统更新)

图3-12 决策矩阵，按照战略计划目标确定优先级

（来源：业务改善集团有限责任公司档案）

6）确保提前考虑每一个改善项目对其他部门的风险和影响。

7）最后，制定改善项目实施计划和行动清单（见图3-13），并制定按月逐步实施改善后的预期成果。

\multicolumn{10}{c}{机械加工车间改善项目实施计划和行动清单}
产品单元：			机械加工车间						
班长：			乔						
编号	行动	任务/项目	对问题的影响(A)	潜在的防错装置(B)	实现的难易度(C)	优先级数(A×B×C)	评分(按优先级升序排列)	负责人	截止时间	状态
			评分1~10 1：影响低 3：影响中等 5：影响高	评分1~10 1：影响低 3：影响中等 5：影响高	评分1~10 1：影响低 3：影响中等 5：影响高				
1	专人负责前期换型	任务	10	10	10	1000		Joe	8/15/2012	进行中，识别负责人，在08/09待发布
2	制定可用于所有订单的计量清单模板。添加到类似工具表。这是工作的"诀窍"	任务	10	10	1	100		Mike		
3	为所有贯穿于车间的加工流步骤的物料，制作看板物料箱	任务	5	1	10	50		JIm		
4	确定用于车间的抽样计划。决定最后一件产品是否仍需要检验，如果需要，是否可用在下一批产品开始生产后的检验，以将其变成外部时间	项目				0		Joe	进行中	第一批产品转给质量检查员(QC)以制定检验规程(08/03)

图 3-13 机械加工车间改善项目实施计划和行动清单。缺失了什么？
（来源：业务改善集团有限责任公司档案）

8. 事务性流程的加工流分析

与制造业流程一样，对于事务性流程而言，每一秒都很重要，我们浪费的每一秒都会降低我们公司的竞争力。当我们在管理型流程中跟踪产品（使用 TIPS 分析）时，我们发现，95%的事务性加工流中的工序是非增值的，其中大多数工序是停滞和检验。这个结论听起来有些刺耳，然而，在我们制作的几乎所有的事务性加工流中，对于最终客户而言，仅仅包含少于 5%的工序和 1%的时间，是增值的工作。

大多数的管理型流程是关于工厂和服务业的支持性工作，虽然是必需的工作，但是，它们并非严格地符合经典的增值定义（即改变物理形态，第一次就实施正确，客户愿意为此流程付钱）。在我们精益咨询的过程中，所遇到的管理型流程的改善基本情形是：仅仅通过取消管理型流程中的停滞工序数量，我们便可以从整个流程的内部交付时间（或交付时间）中，缩短至少 50%或更长的时间（不包括涉及外部供应商交付时间等大量外部时间的流程）。管理型流程，如工厂的生产流程一样，应该不断保持流动。

leanEdit® 精益分析软件包含一组特定的代码，这些代码是办公室环境所特有的，用以支持事务性流程。此外，您可以创建适用于自己的客户定制化功能。图 3-14 是视频编辑屏幕的一个例子，视频编辑可以创建短至 1s 的视频剪辑，可以选择作为收藏，用于随后使用或者与他人共享（见图 3-15）。

3.2.10 制作工艺流程框图

当初始分析完成之后，便开始制作工艺流程框图。基于产品加工流分析（PFA）未来状态的输出结果和作业流分析（WFA）未来状态的输出结果，来制作

图 3-14　视频编辑屏幕，剪辑短至 1s 的视频
（来源：© 2017 leanEdit 有限责任公司）

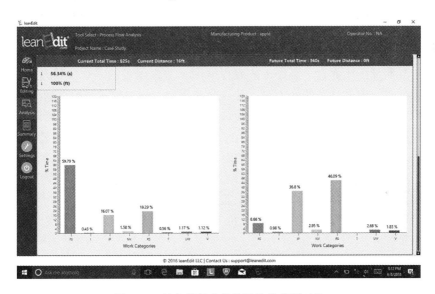

图 3-15　每个代码改善前后的柱状图对比
（来源：© 2017 leanEdit 有限责任公司）

工艺流程框图，并将二者有机融合为一个流。在一线主管和作业员出席改善专题研讨会、参与讨论和达成共识的前提下，一起制作工艺流程框图。制作工艺流程框图为工位设计和工位布局奠定了坚实的基础（见图 3-16）。

　　首先，我们在一块大白板或者一张白纸上，按照正确的产品工艺路径来布置加工流工序，加工流工序涉及组装加工、机械加工，或者二者兼而有之。此时，不需

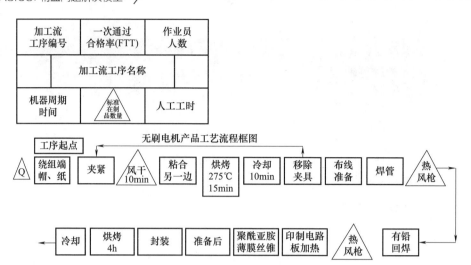

图 3-16 启动绘制工艺流程框图。列出工艺流程的当前状态。三角代表在制品的停滞
（来源：业务改善集团有限责任公司档案和安德鲁·麦克德莫特）

要担心当前使用的工装约束、夹具约束、布局约束及每一种产品尺寸的大小或者产品型号的大小，也不需要担心是否有充足的生产空间、设备、作业员等。我们只需要确保每一道工序都按照正确的产品工艺路径予以排列。

对于某些加工流而言，制作工艺流程框图是非常困难的一个决策过程，因为，我们决策加工流未来状态的样子时，往往会受到加工流当前状态的影响。通常，生产一款产品，具有多种的产品工艺路径选项。例如，组装一款产品，可以从下到上进行组装或从一边到另外一边进行组装。我们需要讨论所有的产品工艺路径选项。当完整的加工流工序粘贴到大白板上的时候，我们需要提问如下问题：

1）加工流是否可以流动，加工流是否覆盖了所有的产品型号，为了使加工流变得更加简化，我们是否可以改善加工流。

2）从零件或者产品的角度来看，每一道工序是否都真地按照正确的产品工艺路径予以排列。

注释：针对子组装线（或预组装线），我们提问如下问题：

1）子组装线是否按照正确的组装工艺路径予以排列。

2）子组装线是否可以并入组装主线。

3）我们是否需要拿取子组件，用于生产线组装，如果我们不拿取子组件，是否可以使用简易自动化装置，将子组件送到生产线（采用重力滑道传送）。

4）是否有方法可以直接将子组件组装到产品上。

5）是否有方法，如重排或合并加工流工序，使加工流工序更加合理或使作业员更加轻松组装。

6）改变加工流工序的工艺顺序，是否有助于建立防错机制。

7）简化加工流工序，是否有助于建立防错机制。

对于混流生产线的工艺流程框图，我们需要审核每一种产品型号的加工流工序，并且根据需要，在每一种产品型号工艺流程框图中，添加任何独特的加工流工序（使用不同的颜色予以区分）。很多时候，只有极少数的工艺流程框图需要添加独特的加工流工序。

3.2.11 质量悖论

在产品加工流分析过程中，我们可以取消或简化加工流工序，从而消除了该工序发生缺陷的机会。取消或简化加工流工序大概率会提高流程质量。这样一来，导致了一个经常被人嘲笑的悖论：取消或简化加工流工序可以加快作业速度，同时，还可以拥有更好的质量。

在分析或评估任何领域流程的时候，应着重强调产品加工流与作业流分开的重要性。只有这样，在任何情况下，在任何工作环境中，甚至在居家生活的环境中，改善流程才能够成为可能。此外，加工流与作业流都为精益改善难题，提供了不同维度的分析方法。

新乡重夫发现了"产品加工流"和"作业流"（亦即产品和作业）是编制起来的网状结构，虽然理解起来很容易，然而，这是一个真正了不起的伟大发现。当我们传授学员"产品加工流"和"作业流"网状结构的时候，学员们才意识到新乡重夫的发现对精益改善有巨大的影响。

针对精益改善的优先顺序，无论是生产车间流程还是行政办公室流程，第一步，我们实施产品加工流分析；第二步，我们实施作业流分析；第三步，如果涉及卸载和装载等准备作业，我们将会实施换型分析或结合作业员的作业流分析，进行缩减换型时间改善分析。

3.2.12 针对机器加工，实施加工流分析

我们也可以针对机器加工，实施加工流分析或作业流分析，我们跟踪产品在机器内加工的过程。我们从挑选第一个零件、上料开始，记录每一个加工流工序。如果机器涉及外部装载和批量处理，我们会发现很多工序间停滞的在制品和批量停滞的在制品。

3.2.13 我们从单独进行产品加工流分析中，收获了什么

据我们所知，还没有相关的专家学者将三个分析工具（加工流分析、作业流分析、换型分析）予以分开和单独进行分析，并与精益思想所涵盖的精益改善元素相关联。我们对此研究了数年，最终得出结论：每一个分析工具（加工流、作业流、换型）都为精益改善难题提供了不同维度的分析方法。

产品的加工流分析关联于下列的精益改善元素：

1) 总计交付时间。

2）持续流动。

3）布局和工位的位置及设备和供应品的正确布局顺序。

4）标准在制品（WIP）存储位置（医院候诊室的所处位置）。

5）机器的加工时间（在制品在一台机器内的加工时间）。

6）产品流经的工艺路径或者患者流经的医疗路径。

7）产品加工流中搬运、检验、停滞等非增值的活动所占的比例，以及增值活动所占的比例。

8）产能分析（将加工流分析、作业流分析和换型分析结合使用）。

9）产品的搬运距离。

3.2.14 总计交付时间

产品加工流分析的主要目标之一（见图 3-17）是确定流程的总计交付时间。总计交付时间是流程导向的测量指标。总计交付时间是产品、患者或信息流经产品加工流中的全部工序所花费的总计时间。使用利特尔法则，我们可以用总计交付时间除以流程周期时间［一件在制品在流程（工序）中的加工时间］，计算得出系统中在制品库存数量。

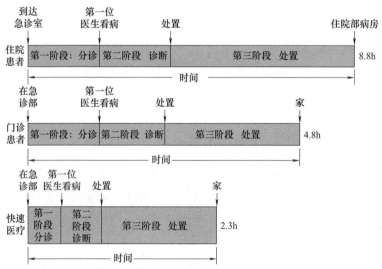

图 3-17 急诊部医疗交付时间详细分析

（来源：业务改善集团有限责任公司档案）

3.2.15 世界级及产品加工流（PFA）

世界级管理水平的产品加工流的目标是：（产品）总计交付时间是增值时间的 3 倍。

3.3 成组技术矩阵

成组技术矩阵（group technology matrix），有时也被称为加工族矩阵（process-family matrix），是指识别加工流和每一种产品工艺特征的过程，然后，基于产品流经的加工流工序或产品工艺特征和产品配置，将产品加工流划分为一类的加工族或者类似的加工组别、服务过程。

首先，确定产品的工艺路径。我们在产品流经的工艺路径上标注一个×（见表3-1）。当某些产品流经相同的工艺路径，使用相同的设备，或以类似的工艺路径，流经相同的加工流工序时，这些产品可以被视为一类产品族。然后我们把设备排成一行，为产品族建立一个生产单元。有些产品可能会跳过若干台机器而加工，但是，它们仍然在生产单元的加工流中，被予以加工。大多数车间会建立至少一个生产单元，在通常情况下，一个车间会建立多个生产单元。不适合任何生产单元的产品，或者只是不能够实现单件流或小批量流的产品，都会被归入我们所说的特殊产品或特殊型号的生产单元，及一些可能必须实施跨单元生产，这意味着，我们仍然需要将产品在生产单元之间，进行批量搬运和批量生产。

表 3-1 成组技术矩阵案例

编号	机器1	机器2	机器3	机器4	机器5	机器6	机器7	机器8	机器9	机器10	机器11	机器12
产品1				×	×	×		×		×		
产品2				×	×	×				×		
产品3				×	×	×				×		
产品4				×	×	×				×		
产品5				×	×	×				×		
产品6				×	×	×				×		
产品7				×	×	×		×				
产品8				×	×	×	×		×	×		
产品9				×	×	×	×		×	×		
产品10				×	×	×			×	×		
产品11				×	×	×			×	×		
产品12				×	×	×			×	×		
产品13				×	×	×			×	×		
产品14				×	×	×			×	×		
产品15				×	×	×			×	×		
产品16				×	×	×			×	×		
产品17				×	×	×			×	×		
产品18				×	×	×			×	×		
产品19				×	×	×			×	×		
产品20			×		×	×	×			×		
产品21				×	×	×	×			×		

来源：业务改善集团有限责任公司档案。

成组技术矩阵，由成组技术矩阵表格所组成。在成组技术矩阵表格的最左侧一列中，列出所有的产品编号，在表格顶部第一行，列出所有的加工工艺、机器、作业步骤、客户需求数量等。成组技术矩阵工具甚至适用于如何分配医院外科手术室。在某些情况下，如果包含数千种的产品，可以使用帕累托图 8020 法则，我们仅仅需要关注产品族的 20%，其比例却能达到生产总数的 80%。

一家公司正在规划生产线的总体布局，并且绘制了成组技术矩阵（见表 3-2）。我们通过运用数据透视表，以多种呈现方式，对数据分类汇总和分析，来判断是否能够确认一类产品族。此时，某些产品族，确实可以跃然纸上，但也会引发一些提问。您会提问哪些问题呢？我们提问的问题如下：

1）抛光和硬质滚压有什么区别呢？

我们被告知，产品工艺路径可以流经抛光和硬质滚压之中的任何一个加工工艺。如此，便可以立即忽略抛光机工艺了。

2）两台磨床之间有什么区别呢？

我们被告知，一台磨床机器的直径更大一些。基本上为手工切断。

3）为什么第 14 号产品的没有流经两个研磨机之中的任何一个加工工艺呢？

我们被告 14 号产品由供应商研磨，并交付标准尺寸。

表 3-2　成组技术矩阵

产品编号	无心磨床1	无心磨床2	熔炉	切断	抛光	磨圆	硬质滚压
产品 15		×	×	×		×	×
产品 16		×	×	×		×	×
产品 17		×	×	×		×	×
产品 22		×	×			×	×
产品 54		×	×			×	×
产品 59		×	×	×		×	×
产品 65		×	×			×	×
产品 70		×	×	×	×	×	
产品 71		×	×	×	×	×	
产品 14			×	×		×	
产品 7	×		×	×		×	
产品 10	×		×	×		×	
产品 11	×		×	×		×	
产品 27	×		×			×	
产品 8	×		×	×		×	
产品 9	×		×	×		×	

(续)

产品编号	无心磨床1	无心磨床2	熔炉	切断	抛光	磨圆	硬质滚压
产品60	×		×	×			
产品61	×		×	×			
产品62	×		×	×			
产品63	×		×	×			
产品64	×		×	×			
产品38	×						
产品39	×			×			
产品40	×			×			
产品41	×			×			
产品42	×			×			
产品43	×			×			
产品44	×			×			
产品45	×			×			
产品32	×	×	×	×			
产品33	×	×	×	×			
产品34	×	×	×	×			
产品35	×	×	×	×			

注：一些产品族一目了然，但同时也存在一些疑问。此时，您会问什么问题呢？
来源：业务改善集团有限责任公司档案。

由此，我们提出以下几组流程族的可能性：
1）磨床2、熔炉、切断、磨圆、硬质滚压。
2）磨床1、熔炉、切断，磨圆。
3）磨床1和磨床2、熔炉、切断。

我们收集成组技术数据，运用成组技术矩阵分析，将产品加工流划分为一类的加工族。如果我们拥有充足的设备台数，那我们就可以为每一类加工族都建立专用生产单元，如此，便可以缩短换型时间，通常情况下，建立专用的生产单元可以显著地缩短换型时间。下一步，我们按照一类产品族或工艺族，布置机器或加工流工序，来建立一个生产单元。最后，我们运用单件流或小批量流模式，在生产单元中加工产品，请注意：每一种产品不一定流经加工流的每一道工序或每一台机器。表3-3同表3-1是同样的成组技术矩阵，但其增加了平均每日需求数量乘以机器运行时间，考虑了机器每日所需总计开动小时数，且并未考虑换型的影响。

表 3-3 增加了平均每日需求数量乘以机器运行时间的成组技术矩阵

机加工中心	99722	99723	99721	99720	96201	99017	24600	91630	91620	533A1	533B1	533C1	533A1	533B1	533C1	53519	53514	53925	53924	91640	54231	24802	26412	26501
产品/机器	机器1	机器2	机器3	机器4	机器5	机器6	机器7	机器8	机器9	机器10	机器11	机器12	机器13	机器14	机器15	机器16	机器17	机器18	机器19	机器20	机器21	机器22	机器23	机器24
产品1					0.004	0.033		0.039		0.024			0.024			0.031		0.031			0.004			
产品2				0.188	0.107	0.499		0.613		0.492			0.492							1.022	0.112			0.424
产品3				0	0	0		0		0			0							0	0			0
产品4				0.244	0.102	0.681		0.823		0.527			0.63			0.761		0.761		1.396	0.107			
产品5				0.064	0.018	0.186		0.219		0.104			0.104						0.03		0.019			
产品6				0.012	0.004	0.033		0.039		0.024			0.24						0.007	0.067	0.004			
产品7				0	0	0		0		0			0						0	0	0			0
产品8				0.02	0.008	0.056	0.047		0.103	0.044			0.055					0.063			0.009			
产品9				0.549	0.231	1.531	1.289		2.837	1.199			1.511					1.728			0.243			
产品10				0.006	0.003	0.017	0.015		0.032	0.014			0.017					0.02			0.003			
产品11				0.008	0.002	0.023	0.017		0.042	0.014			0.019					0.017			0.002			
产品12				0.283	0.082	0.822	0.602		1.494	0.484			0.689					0.616			0.086			

产品														
产品13		0.007	0.002		0.019	0.014			0.035	0.011		0.016		0.14	0.002
产品14		0.014	0.005		0.04	0.032			0.073	0.029		0.039		0.39	0.006
产品15		0.632	0.237		1.789	1.433			3.299	1.302		1.765		1.769	0.254
产品16		0.015	0.006		0.042	0.033			0.077	0.03		0.041		0.041	0.006
产品17		0.001	0		0.002	0.002			0.004	0.002		0.003		0.002	0
产品18		0	0		0	0			0	0		0		0	0
产品19		0	0		0	0			0	0		0		0	0
产品20	0.001	0	0		0.002	0.001	0.002					0.001	0.002	0.002	0
产品21		0.007	0.003		0.021	0.017	0.025		0.012	0.012		0.012	0.02	0.02	0.002
产品22	1.65		0.689		4.603		5.561		3.571		4.258		5.152	5.152	0.689
产品23		0.091	0.035		0.256		0.309		0.186		0.237		0.263	0.263	0.037
产品24	0.001		0		0	0.002	0.002		0.001	0.001		0.001		0.002	0
产品25		0.235	0.079		0.671		0.793		0.469	0.469		0.591	0.591	0.591	0.086
	6.87	6.32	5.3		34.07	8.79	42.24		34.86	11.02		51.02	68.53	68.02	12.27
	5.95										0.32	0.32	0.89	3.48	1.37
13.22								24.19		24.06				51.19	7.47
														0.521	15.38

来源：业务改善集团有限责任公司档案。

1. 建立成组技术矩阵

针对技术方面而言，成组技术是介于批量生产（处理）和单件流之间的一个折中，通常，会导致分割式批量生产（分割式批量生产采用单件流：生产100个A产品，然后生产100个B产品；分割式批量生产不同于纯粹混流生产；纯粹混流生产：先生产一个A产品，紧接着生产一个B产品）。建立成组技术矩阵的一个例子，即我们使用相同的工装，并使用有限数量的零件和工具，建立用于加工一类产品族的生产单元；因此，在不受换型时间影响的情况下，我们运行这一类产品族的生产单元。

伴随着时间推移，成组技术矩阵必须实时更新，特别是针对小批量、多品种的机械加工车间，因为各台机器和客户需求会随着时间变化而发生变化。

2. 跨单元生产的问题

跨单元生产产品的第一个迹象是，当一类产品族中的某个产品必须离开其产品族的生产单元，并且需要在另一个生产单元中的另一台机器，予以加工。这便被称为跨单元生产，其结果是将产品分批搬运到生产单元外部。跨单元生产的产品越多，我们就需要越快地重新访问该类产品族，并越快地更新该类产品族。一定会有不适合任何产品族的产品出现，通常情况下，我们会建立一个特殊型号生产单元，用以加工这些特殊产品；某些产品不论建立哪一类产品族，其只能实施跨单元生产。

3. 成组技术矩阵的改善成果

图3-18展示了运用成组技术改善后建立的生产单元。我们辅导的这家公司，正在申请采购几台无心磨床。我们用时不到3h，运用成组技术分析和改善后，建立了产品族生产单元，腾出了两台机器，并将换型时间缩短到零。随后，这家公司取消了采购额外机器的申请，节省了200万美元的投资金额（成本规避）。他们将腾出的机器，用于TPM改善。此外，我们还缩短了机器的装载时间和卸载时间，使产量增加了1倍。即使面对高速运转的加工流程和机器，运用精益分析工具，可以推动组织挖掘持续改善的机会。一家公司（见图3-19）使用大量的序列化机器生产信用卡。在当时，作业员们生产一张信用卡的作业工时需要花费8.75s，然而，在我们辅导该公司使用BASICS精益工具完成改善后，作业员们生产一张信用卡的作业工时缩短到了3s。

在下面事务性流程的案例中，这家公司的应付账款部门会接收来自世界各地的发票。不幸的是，伴随着业务的发展，每种发票的处理流程都发生了轻微的变化。leanEdit® 软件设计者里迪安·罗奇制作的成组技术矩阵（见图3-20）呈现出处理发票遵循不同的处理流程，具体取决于发票的来源国家，以及该国发票占发票总额的百分比。来自美国的发票百分比最高，为40%，但是，拉丁美洲发票的处理流程最具代表性。不论涉及产品数量大小或者产品批量大小，成组技术矩阵均会帮助我们对产品族，进行有效分析和归类。成组技术矩阵的目标是，确定覆盖哪些类的产品族及这些产品族所涵盖的产品范围。我们已经建立了覆盖30个产品的成组技术矩阵，此外，我们还曾建立过一个成组技术矩阵，其覆盖了数千个产品。

图 3-18　运用成组技术改善后建立的生产单元
（来源：业务改善集团有限责任公司档案）

- 作业时间从8.75s缩短到3s，提升30%的生产效率。
- 机器的加工效率提升超过50%。
- 包装和装运的周期时间从2min降低到33s，生产效率提升72.5%。

图 3-19　在一家信用卡制造公司的改善成果
（来源：业务改善集团有限责任公司档案）

4. 将成组技术矩阵转换为看板和产能规划模型

成组技术矩阵首先从标注×s 开始，换言之，在产品流经的加工机器或者加工流工序上，标注×s。然后，我们将×s 转换为每一个产品的机器加工的周期时间（见表 3-3）。如果您将这些机器加工的周期时间乘以平均每日需求数量，我们将会计算出：每台机器每日装载加工产品所需的总计小时数（产能）。伴随着项目的进展，相同的成组技术矩阵，同样适用于制定每一种产品的看板大小（看板收容数或一个容器的标准包装数量）（见表 3-4）。

表 3-5 是与表 3-1 相同的成组技术矩阵，我们现在可以使用表 3-5，进行产能分析，产能=平均每日需求数量乘以机器加工的周期时间［=每日加工产品（不含换型）所需的总小时数］。

成组技术—流程家族矩阵

来源地	登录	获得拷贝	处理	审核	批准	付款	文件	%
拉丁美洲	X	X	X		X	X	X	30
欧洲	X		X	X	X	X		15
美国			X		X	X	X	40
亚洲			X		X	X		15

流程家族矩阵是一种用于事务性流程的分析工具,有助于在面对多流程或多流程类型时确定关注重点。这是一个成组技术矩阵的案例,通常,流程家族矩阵会在绘制价值流图或产品加工流分析活动前使用。将流程步骤及相关的量化数据记录在矩阵中,使用户在做决定的时候考虑一个具有代表性的流程可能是什么样子。

在上边的表格中,X公司的应付账款部门收到来自世界各地的发票。不幸的是,伴随着业务的发展,处理每种类型发票的流程也略有不同。流程家族矩阵显示了发票将遵循的不同流程,这些流程取决于发票的来源地及该国所占发票总额的百分比。美国的发票比率最高,占比40%,但是拉丁美洲处理发票的流程最具代表性。如果绘制美国处理发票的价值流图,可覆盖55%的发票流程,因为美国处理发票的流程也可以代表亚洲。如果绘制拉丁美洲处理发票的价值流图,换句话说,也包含了美国和亚洲处理发票的流程,占比发票总数的85%。

当然,在确定一个流程的关注重点时,我们经常还会考虑其他因素,并且在应用此工具时必须始终应用常识。

图 3-20 应付账款成组技术矩阵

(来源:业务改善集团有限责任公司档案)

表 3-4 增加了看板分析的成组技术矩阵

产品编号	热处理前的产品库存数量	热处理前零件编号	每次加工总计产品数量/件	看板大小/个(容器收容数)	容器数量/个	流程中容器数量(现有)	换型间隔周数	每个容器的产品可以使用的工作日
工作中心								
产品 1	1172057	1118548	1010.92	3661.80	0.28		7.2	36.2
产品 2		1118835	15330.65	2365.05	6.48		2	1.5
产品 3		1118835		2365.05				
产品 4		1118861	20944.94	3509.98	5.97		2	1.7
产品 5		1119051	5731.91	4771.05	1.2		2	8.3
产品 6		1119064	1004.46	3719.73	0.27		7.4	37
产品 7		1119065		4339.06				
产品 8		1122090	1709.37	3322.36	0.51		3.9	19.4
产品 9		1122090	47091.85	3321.72	14.18		2	0.7
产品 10		1122090	535.75	3321.09	0.16		12.4	62
产品 11		1122110	706.48	4675.56	0.15		13.2	66.2
产品 12		1122110	25262.22	4674.59	5.4		2	1.9
产品 13		1122110	590.21	4673.60	0.13		15.8	79.2
产品 14		1122120	1222.59	3849.07	0.32		6.3	31.5
产品 15		1122120	55001.30	3848.30	14.29		2	0.7
产品 16		1122120	1283.79	3847.52	0.33		6	30

来源:业务改善集团有限责任公司档案。

第3章 BASICS模型：评估/分析（A）

表 3-5　增加了根据成组技术矩阵得出的产能分析

可用时间/h	16.5	16.5	16.5	16.5	16.5
每台机器的节拍时间/min	5.45	2.86	11.21	4.3	3.24
每台机器平均周期时间/min	3.2	1.75	3	3	3
所需的机器工作时间/(h/天)	9.69	10.10	4.42	11.51	15.28
换型时间按3次/周计算（单位：平均每日小时数）	1.2	1.2	1.2	1.2	1.2
每日所需时间，含机器运行时间和换型时间/h	10.9	11.28	5.61	12.71	16.49
检验带来的损失时间（内部时间）/h					
每日总所需时间，含检验损失、换型时间和机器运行时间/h	10.9	11.28	5.61	12.71	16.49
每日剩余产能/h	5.6	5.22	10.89	3.79	0.01
每日总所需时间与可用时间之比（%）	66.0	68.4	34	77	100
每日生产数量/件	181.7	346.2	88.3	230.2	305.6
每日理想产能/件	309	566	330	330	330
每日生产数量与理想产能之比（%）	58.7%	61.2%	26.8%	69.8%	92.6%
不计换型时间和检验时间每日生产数量/件	159.15	305.01	64.31	206.23	281.56
每日每台机器可额外生产的数量/件	150.22	260.70	265.69	123.77	48.44

来源：业务改善集团有限责任公司档案。

5. 成组技术矩阵和布局

当我们实施成组技术矩阵分析，将产品加工流划分为一类的加工族（产品族），据此便可以建立一个加工族生产单元，然后，针对生产单元中的产品，我们实施加工流分析（PFA），以确保按照正确的产品工艺路径，加工产品（见表3-6）。

表 3-6　改善后的加工流分析

步骤编号	优化（X）	产品步骤描述	基线时间/s	精益改善后预估时间/s	距离/ft	改善后距离（优化后）/ft	机器	操作者（工作分类）
1	X	零件设定为棒料	14400	0		0		
2		森精机	125	125		0	森精机	埃里克
3	X	放到森精机的托盘上	16	0		0		
4		拿到手边检查	3	3	1	1		
5		检查零件	19	19		0		
6		车床	80	80	5	5	车床	
7	X	放到车床上，未遵守先进先出（FIFO）	1260	0	2	0		
8		到齿轮铣	3	3		0	齿轮铣	
9		齿轮切割	300	300		0		

(续)

步骤编号	优化(X)	产品步骤描述	基线时间/s	精益改善后预估时间/s	距离/ft	改善后距离(优化后)/ft	机器	操作者(工作分类)
10		放到齿轮铣刀上	29	29	0			乔
11		检查齿轮切割	11	11	0			
12	X	放到有独立格子的箱子中	300	0	1	0		
13		去毛刺	51	51	8	8		约翰
14		车床去毛刺	45	45	1	1	车床	
15		研磨	22	22	5	5	研磨	
16	X	放到有独立格子的箱子中	11520	0	2	0		

来源：业务改善集团有限责任公司档案。

很多时候，即使加工相似的产品，不同的工艺路径也会遵循不同的加工顺序。通常，这些是因为不同的工艺工程师设计出来不同的工艺路径所导致的。大多数情况下，可以修正工艺路径中的加工工序，确保相似产品的工艺路径遵循相同的加工顺序。加工流分析（PFA）和点到点图（绘制了产品流经生产单元布局中的每一道工序的搬运路线）是最佳的精益分析工具，用以复查生产单元是否使用正确的设备/机器，并且复查它们是否按照正确的产品工艺路径，予以布置和安装。当我们完成成组技术矩阵分析、加工流分析和点到点图分析之后，我们便可以获得加工流分析中的改善前和改善后的对比结果（见表3-7）。

表3-7 改善前后的加工流分析

总结	基线	精益改善后预计	降低	降低
总计步数	16	11	5	31%
s	28184	688	27496	98%
min	469.7	11.5	458.27	98%
h	7.8	0.2	7.64	98%
天数	1.1	0	1.05	98%
周数	0.2	0	0.2	98%
距离/ft	20	20		0%
人数/位	3	1	2	67%
机器台数	5	5		0%
增值（%）	1.8699	76.6	−74.73	
非增值（%）	0.34	13.95	−13.61	
停滞（%）	97.66	4.22	93.45	
检验（%）	0.11	4.36	−4.25	
搬运（%）	0.02	0.87	−0.85	

来源：业务改善集团有限责任公司档案。

3.4 作业流分析（WFA）

1. 跟踪作业员

我们第二个分析步骤，是对产品加工流分析的补充和延伸——作业流分析（WFA）（见表3-8）。虽然作业流分析的工作有一些乏味，但是，彻底地分析和记录作业流中的每一个作业步骤是十分重要的。精益改善项目团队与现场作业人员一起对作业流视频进行分析，并且对作业流的每一个作业步骤，提出质疑，此举会有助于在组织内，建立迫切的变革需要。很多时候，我们会识别出来各种改善机会，用以提升生产效率和事务流程的工作效率。我们发现，大多数的作业步骤，或许在一段时间之内是必要的，然而，伴随着创新技术的发展，这些作业步骤，可能不再是不可或缺的。

表3-8 作业流分析（WFA）

作业步骤	优化（X）	描述	质量和安全的要点	分析代码录入 VA、RW、PW、MH、UW、R T I	当前作业时间/s	预计作业时间/s
1		打开森精机的机器门	Mori	RW	1	1
2	x	按按钮		RW	2	0
3		取钳子		RW	3	3
4		取出棒料		RW	2	2
5		关闭森精机的机器门		RW	2	2
6		按开始按钮、机器运转		RW	1	1
7		打开机器成品料盒		RW	1	1
8		取出产品		RW	4	1
9	x	拿取千分尺		RW	2	0
10	x	检验		RW	2	0
11	x	放下千分尺		RW	1	0
12	x	取千分尺		RW	1	0
13	x	检验		RW	13	0
14	x	放下千分尺		RW	1	0
15		搬到车床	车床	RW	2	2
16		从卡盘移走		RW	1	1
17		伸手取软管		RW	1	1
18		吹掉		RW	3	1
19		放下软管		RW	1	1
20		伸手去毛刺		RW	1	1

来源：业务改善集团有限责任公司档案和安康齿轮。

2. 作业流分析（WFA）的步骤

1）拍摄作业视频。

2）分析作业流的作业步骤。

3）遵循（ERSC）过程（有时被称为优化过程，因为我们优化了作业流步骤、更新了"未来"状态或更新了未来状态的估计时间）。

4）重排作业流的作业步骤。

5）确定总工时（TLT）。

6）制定作业员标准作业，并制定一线主管标准作业。

拍摄作业流视频的最佳方式，是选择作业技能最为娴熟的作业员，并实地拍摄他们的作业视频，有的时候，我们分别选择作业速度最快的作业员、作业速度最慢的作业员及作业速度介于二者之间的作业员，进行拍摄。除了极少数个别情况，在拍摄作业视频时，请注意切勿与作业员交谈或让他们与您交谈，在拍摄作业视频时，让作业员们保持无干扰、顺畅的正常作业，是十分重要的。

3. 第一步：拍摄作业视频

第一步是拍摄作业视频。我们拍摄作业视频的目标是，采集生产一件产品的总工时或者采集完成一个事务性流程的总工时。如果现场作业员正在进行批量处理，在一个批量处理作业完成之前，请您的摄像机一直保持工作状态。另一种拍摄作业视频的方式是，要求现场作业员，从流程起点到流程终点，对一件产品或一件事务性信息，进行作业，同时，我们拍摄这个单件流的作业流视频。

如果现场作业员正在进行批量处理，那么我们只针对每一个批量的第一件产品，进行作业流分析，然后针对第一件产品之后批量的每一件产品的总工时（如10次周期作业分析）进行评审和对比分析。如果我们发现某次循环作业的总工时存在巨大的波动，我们会复查该次循环作业的视频，对这次循环作业的加工流过程，进行深入地和详细地分析。

4. 第二步：分析作业视频

在会议室或者车间现场（如果现场条件允许的情况下）举行作业流分析会议，并且将作业流视频投影到墙壁上。我们邀请现场作业员、一线主管、工程师和不熟悉流程的利益相关方，一起参加作业流分析会议。然后，我们将下列的作业流分析任务分配给每位与会的每位成员，包括：

1）绘制意大利面图。

2）存档一份作业流所用的作业工具清单。

3）存档一份作业流分析的产品清单。

4）存档一份改善提案清单。

5）核实每一名作业员的步行距离。

6）根据作业流视频，检查当前作业标准等文件，并且针对作业标准文件，寻找当前作业的不符合性和作业标准的改善机会。

通常，我们首先在壁挂活页纸上，完整地记录作业步骤和作业时间，使所有参与人员开始熟悉和习惯于这个作业流程。然后，我们使用 leanEdit® 软件中的"工时分析"工具，进行作业分析。leanEdit® 软件的优势是将作业视频和作业分析片段整合到一个无缝界面。在作业视频地分析过程中，我们推荐一种有效的方法，即确定作业视频的各个片段，方便日后作为最佳实践或者浪费的案例，来予以查阅和参考。就传统而言，寻找视频剪辑是一件烦琐的工作，同样，耗时耗力的视频编辑，也是一件烦琐的工作。leanEdit® 软件通过将视频剪辑保存到"收藏夹"的功能，自动执行寻找视频和编辑视频的过程，允许用户在分析作业视频时，实时地遴选、识别和编辑这些视频剪辑。为了方便使用，用户还可以合并这些"收藏夹"的视频剪辑。更多相关信息，请您访问 leanEdit.com（见图 3-21）。

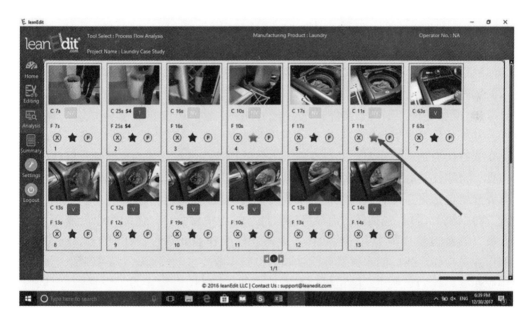

图 3-21　在 leanEdit.com 网页版上寻找到一个"最佳剪辑"

（来源：© 2017 leanEdit 有限责任公司）

当我们回看作业视频的时候，首先，我们需要关注的是，任何不安全的作业隐患，或导致任何不符合人因工程的作业姿势。我们再一次强调，作业员出席并参与到作业视频分析，对作业员而言，是一次极其重要的分享个人改善想法、学习精益的宝贵机会。如果作业员没有参与到作业视频分析，他们便失去了在回看视频的过程中，讨论现场作业改善的学习机会，很多时候，我们是真的不知道作业员正在做什么或他们为什么要做他们正在做的事情。对此，新乡重夫博士称之为"知道是什么",而不是"知道为什么",对此,我们会在下文中做进一步讨论。

当产品流经系统中的各个工序时,细化到以秒为计量单位时,我们便开始针对作业步骤,进行作业流分析。通常,我们将作业步骤划分为两类:

1)增值作业。

2)非增值作业。

针对增值的定义,我们采用与产品加工流分析中相同的增值定义,参考如下:

增值作业指的是:

1)客户必须关心此作业步骤,并且愿意为其支付金钱。

2)作业步骤必须改变流程在制品的物理形态(形式、适合度、形状、大小或者功能)。

3)作业步骤第一次就实施正确。

我们分解、细化作业单位到下面的作业要素,有时,依据作业流程还会分解到其他的作业要素。最终,我们分解和细化到动作研究中提及的吉尔布雷斯的动素(18个基本动作元素)。

1)准备零件、工具、文件(P)。任何伸手去够、抓取和拿起零件、工具或文件,并将其移动到组件的作业要素。当零件被立即放入组件时,这个准备零件的作业要素被认为是增值作业。准备零件、工具的作业要素包括伸手去够到立即使用的工具、将零件装载到工具上或者将工具装载到零件上。此外,准备零件、工具的作业要素也包括将零件装载到夹具上或者将零件装载到机器上。

2)检验(I)。包括任何由最终检验员、过程中检验员、认证作业员或相邻作业员(连续检验)等实施的检验作业要素。检验作业要素包括任何正式或非正式的作业员检验。我们的永恒目标就是取消检验作业要素。然而,为了实现取消检验作业要素,我们必须建立防错机制或者使用机器100%检验(光学识别),用以取消人员检验的必要。

3)物料搬运(H)。当作业员拿到一个零件,但是没有立即将其放入组件,或作业员拿到一件工具,但是在使用这件工具之前将其放下,这两种情况下所发生的作业要素是物料搬运。当我们改善后,发生物料搬运的时间应该是0s。判断是否属于物料搬运作业要素代码H的试验方法如下:这个作业要素是否可以交接给水蜘蛛(物料员)为生产线进行补料呢?作业员是否可以将零件直接放在组装生产线吗?作业员拿起工具后,是否立即使用工具呢?

4)非增值作业(NV)。在当前条件下,非增值作业是不符合全部三个增值作业的判断标准(即发生寻找或过度加工的浪费)!有时,我们对寻找过度加工的浪费,一无所知,作业员也不知道他们为什么这么做。在事务性流程中,表现尤为显著,如,在发票上圈出信息以便输入数据,或在已由计算机系统分配任务的发票上，注明应付账款日期。

例如，在组装线区域，您看到作业员坐下来，并开始大规模地整理他们的工位区域，搬搬这个，搬搬那个等，他们所做的这些非增值作业，只是为了让自己安定下来，为启动生产做好准备。

判断是否属于非增值作业的试验方法如下：当我们改善后，非增值作业的工时应该等于0s（即改善后，我们已经取消了非增值作业）。如果不能够取消非增值作业，这些作业就会被判断为非增值但是必要的作业。例如，如果作业员必须更换螺丝枪上面的钻头或更换夹具，由于作业员只拥有一把螺丝枪或一台杠杆式冲床，所以更换螺丝枪上面的钻头或更换夹具是必要的作业，因为在当前条件下，更换螺丝枪上面的钻头或更换夹具是必要的作业。

1）空闲时间（IT）。空闲时间表示作业员除了坐着或站着无所事事和等待，什么也不做。作业员寻找零件不应该归类于空闲时间。作业员寻找零件应该归类于物料搬运（如果我们不能够立即取消）或者非增值作业（如果我们能够立即取消）。作业员不应该拥有空闲时间。

2）装载机器（L）。将零件装载到设备上或机器上。

3）卸载机器（UL）。从设备上或机器上，卸载零件。

4）启动机器（A）。启动机器。

5）对准（AL）。对准设备上或机器上待加工的零件。

6）换型（CS）。实施从一个产品切换为另一个产品的工位准备作业。

7）步行（W）。作业员的步行时间。

8）其他（O）。不属于任何其他类别的作业要素。依据作业分析，其他作业要素可以适用于某一特定的作业步骤。

5. 办公室的作业要素

针对办公室的作业流分析，我们需要建立的作业要素类别包括：操作计算机时间、整理文件、电话交流等。办公室的作业要素可以使用上述"其他（O）"类别的作业要素，来予以分类。当使用leanEdit® 软件中的"行政管理"模式时，作业要素代码L、UL、A、AL和CS将被替换为一般设备类别（E），因为在办公室的工作环境下，存在极少的细分设备活动。如果需要细分设备活动，您可以建立自己的作业要素代码。

6. 作业流分析的案例

让我们重温制作咖啡过程中跟踪咖啡杯的分析案例。

1）拿起两个咖啡杯——必要的作业（RW）：1s。

2）把咖啡杯放下——必要的作业（RW）：1s。

3）拿起咖啡壶——必要的作业（RW）：2s。

4）将咖啡倒入第一个咖啡杯内——增值作业：2s。

5）将咖啡倒入第二个咖啡杯内——必要的作业（RW）：2s。

6) 放回咖啡壶——必要的作业（RW）：2s。

7) 将咖啡递给第二人——必要的作业（RW）：5s。

8) 品尝咖啡——增值作业或检验作业：1s。

当您评估现有作业流时，您必须弄明白改善后的全新作业流的样子，并且与参与者达成共识，然后对作业的周期时间和您遴选的其他作业测量指标，进行比较、分析，用以预测如何进行改善。

当作业流分析完成后，我们必须确定全新的作业流，并制定和记录标准作业。

标准作业包含作业顺序、覆盖要点和要点的理由、周期时间和每次作业的标准在制品（基于节拍时间）。标准作业改善完毕之后，最重要的一点是，进行跟进检查，确保将标准作业改善的具体内容（作业步骤、作业顺序、要点及其要点的理由等）完整地传授给其他的作业员。在改善事务性流程的标准作业时，建立或修改《职责分配矩阵》（简称为《RACI表》），是一项常见的举措。很多时候，《职责分配矩阵》中的某个决策或活动的流程责任者（负责人）并不是十分清晰的，因此，根据正在改善的流程对谁的利害关系影响最大，来确定流程责任者。

7. 作业流分析到秒

运用作业流分析，不要走捷径。如果您用大于1s的作业步骤进行作业流分析的话，您可能合并了若干个不同作业要素代码为一个作业步骤，如此，会影响到作业的真实内容，并且最终对根据作业流分析而生成的标准作业，造成负面影响。

为了向我们的车间现场员工和行政管理员工，提供安全和符合人因工程的工作，我们邀请员工参与到重新设计工位和取消多余动作的改善活动中，由此，我们可以提升生产效率、员工士气和工作满意度等绩效测量指标，通常，提升这些绩效测量指标会给企业带来更加丰厚的利润。

8. 拍摄作业流视频的指导原则

1) 提前与所有员工沟通关于拍摄作业流视频的事项（见图3-22）。让员工们事前知道：他们会被邀请回来，一起回看和分析作业视频。没有员工会因为视频播放的内容而被"记入报告"中。我们关注的是作业流程，而不是某一位作业员。在回看作业视频中，如果发现任何违规作业行为，这不是作业员的过错，而是管理层的失职。

2) 如果可行，不要让拍摄成为自愿的。在贵公司的人力资源表格中添加一项条款，让人们接受录像作为被录取的期望职责和条件之一。

3) 务必清晰地把握您在作业视频中所关注的对象是什么，是产品还是作业员呢？很多时候，拍摄人员会忘记拍摄所关注的对象或感到不知所措，他们继续拍摄机器的加工，而忘记了跟踪和拍摄作业员的作业步骤。

拍摄作业视频时，不要将作业员的作业动作和加工流混为一谈

图 3-22　视频的力量
（来源：业务改善集团有限责任公司档案）

4）切勿关闭摄像机。有时，作业员会在作业过程中犯错误，请求您关闭摄像机，因为他们不得不去拿取某件工具，以解燃眉之急。此时，切勿关闭摄像机。只有当作业员去洗手间的时候，我们才会关闭摄像机。当我们与作业员一起回看作业视频的时候，如果需要删除某一个多余的作业步骤，需要提前向作业员说明，如果他们必须去拿取工位外的任何东西时，那么，这个异常作业正是视频所需要捕获的关注点。我们需要在作业视频中，看到、捕获到我们（管理层）每日让员工所做的不合理的作业。另一个需要注意点是，切勿将模拟时间转换为数字格式。因此，我们知道真实时间的唯一方法，就是一直保持摄像机开机。

5）拍摄作业视频的地方尽可能距离作业现场稍远，但也要保持适度的距离，以便能够准确地拍摄到作业员的双手正在操作什么。与传统的时间研究相比，准确地拍摄到作业员的双手正在操作什么，是拍摄作业视频的优势之一。因此，在拍摄作业视频时，您不必效仿传统时间研究时，需要您站在秒表计时员的旁边的情况，通常，您可以在距离作业现场稍远处拍摄作业视频，但您仍然能够看到作业员的双手正在操作什么。甚至有时，作业员已经忽略了正在稍远处拍摄作业视频的您。

6）请记住：拍摄作业视频时，您可以制造趣味性，但是切勿过度制造趣味性。当您拍摄作业视频时，有的员工喜欢被拍摄，也有的员工确实讨厌被拍摄。请事前意识到这个不争的事实，并且对那些不喜欢被拍摄的员工，表达您的同理心。理解他们的感受，但是仍然坚持拍摄作业视频。此外，一些作业员在工厂里到处寻找他们需要的工具，实际上，他们是想要逃避拍摄视频。其他作业员会

开玩笑，戏称被视频的作业员是电影明星，并戏称想要视频的版权和版税等。总之，一些插曲是无法避免的，然而，太多玩笑的言语可能会导致部分员工沮丧。

7) 与所有员工们通报和沟通：最终全体员工都会被拍摄作业视频。第一次拍摄是最为艰难的工作。当员工们看到每位员工都被拍摄作业视频时，他们很快会对拍摄视频习以为常，甚至会忽略拍摄视频的存在。在某些情况下，他们会主动来找我们，甚至要求重新拍摄平衡生产线（针对平衡工位）的视频，以展示流程中的异常问题，或突出展示某一位没有作业的员工。

8) 拒绝不断地放大焦距和缩小焦距（近景拍摄和远景拍摄），如果需要不断地放大焦距和缩小焦距，请慢慢调整焦距。没有什么事情比回看某人拍摄的第一段视频，更为糟糕的了。在回看某人拍摄的第一段视频时，您会由于画面的切换和晃动而感到头晕。

9) 确保跟踪和拍摄作业员的双手正在操作什么，当作业员的双手处于可及视线之外的时候，您会发现自己正在移动头部，来争取看到作业员的双手正在操作什么。如果您询问作业员他们的作业内容，他们多数都不记得自己的作业内容。

10) 当您拍摄作业视频的时候，尽量不要让作业员与您交谈。与您交谈会使作业员放慢作业速度，有时，他们会因为交谈而疏忽了作业步骤。此外，如果作业视频中展示作业员与您交谈，则其并不能够代表作业常态，换言之，其未展示每日现场真正发生的作业常态。

11) 切勿预先警告作业员，即将对他们拍摄作业视频。通常，此举会导致作业员为拍摄作业视频，而预先做足准备，他们会取回所有的用到的工具、零件等，如此，破坏了整个拍摄作业视频的初衷。尤其是针对换型作业，切勿预先警告作业员，即将对他们拍摄作业视频。

12) 当对一个作业区域，进行移动拍摄的时候，正如漫步在婚礼红地毯上一样，慢慢地移动拍摄。当我们启动生产单元精益改善的时候，我们需要拍摄数码照片和移动拍摄视频，用以记录该生产单元区域。往往员工们会很快忘记该生产单元改善前的样子。因此，我们已经收集了改善前的视频和照片，当生产单元精益改善完成后，我们便可以进行改善前和改善后的对比和分析。

9. 每次邀请作业员参与视频分析的全过程

每次邀请作业员从视频的最开始，就参与到回看和分析作业视频的全过程。切勿在回看和分析作业视频途中，才邀请作业员加入。这是每位员工都会落入的陷阱。通常，下列两个消极因素会导致这类陷阱的发生。

1) 第一个消极因素是消极的思维：工程师们工作太忙了，因此没有时间回看视频，我们应该从作业视频中找出问题，然后转交给工程师们，让他们提供解决对策。然而，此举几乎不会发挥任何作用。如果您没有邀请工程师参与回看和分析作业视频的全过程，他们就不可能直接听到作业员针对作业流程的改善想法或直接感受到他们在作业流程中的痛点。我们一直主张工程师们到车间现场，并依据他们设计的生产工艺，建立和改善作业流程。作业员喜欢与工程师们在车间现场讨论作业流程的改善想法！

2）第二个消极因素是，我们被告知，管理层负担不起从车间抽出几名作业员，参与回看和分析作业视频，同时，生产订单的交付压力太大了。我们会反问到，"通常情况下，如果作业员生病、请病假时，您怎么办呢？"如果贵公司不想投入资源和花费时间，彻底地解决作业流程的浪费和问题，贵公司将永远无法脱离"救火"的状态。每一次，当我们陷入这个话题争论时，就会不可避免地影响整个改善项目的质量和成果，而且由于作业员没有参与到视频分析的全过程，作业流程的改善成果变得更加难以维持和巩固。

在作业视频分析的全过程中，如果没有作业员陪伴您回看和说明，您不可能理解他们正在做什么。您会错过某些作业步骤、您会错过班组小集体的部落文化、您会错过了解班组自己发明的小工具、您会错过作业流程中的所有其他问题。如，由于发生质量、计划或者工程的问题，导致作业中断。此外，您会错过了解作业员为什么要做他们正在做的事情或他们现在的作业方式。由于作业员参与作业视频分析所造成的产量损失，往往，很快就会得到补偿，然后在精益改善成果达成后，还会再补偿一些损失。我们总是说：

"您可以为作业员实施改善、制作标准，也可以和作业员一起实施改善、制作标准！"

10. 计算生产一件产品的总工时

我们在实施作业流分析后的一个重要交付成果是，计算得出总工时（TLT）：作业员在生产一件完成品的流程中所实施的增值作业和非增值作业的人工工时量或作业量。

一些人称之为总工时为触摸（产品）时间。机器加工时间不包含在人工工时内。这也是"人机分离"的指导原则之一。

计算得出总工时（TLT），将会给您一个清晰的认识，需要多少名人工，以及最终需要多少名作业员或员工，以完成一件产品的加工工作或完成一件事务性的信息服务工作。

11. 第三步：实施 ECRS 优化过程（ERSC：取消、重排、简化或者合并）

优化过程对作业流分析过程是十分重要的，我们必须确保与作业员一起实施优化的全过程。如果我们能够取消某一个作业步骤，那么该作业步骤的作业工时就缩短到零。如果我们不能完全取消某一个作业步骤，我们将该作业步骤的作业工时更新为最新的估计工时。

作业员参与到优化的全过程，是给予精益改善的最大支持：贡献他们对作业流程的改善想法，实时地了解改善团队到达了全面改善的新阶段。在作业员参与优化的全过程中，作业员不仅贡献了他们的改善想法，而且还贡献了最新的估计工时。

例如，当我们不能取消某一个作业步骤时，如果我们认为我们能够改善该作业步骤，我们会询问作业员，"您认为改善后，这个作业步骤需要多长时间呢?"当我们将总工时（TLT）最终缩短了30%～50%的时候，作业员已经完全理解了缩短总工时的原因和计算方法，并且会欣然接受缩短总工时后的改善预期成果。然后，我们会按照同样的方式，邀请作业员参与到制定本班组标准作业的全过程，换言之，制定标准作业也是在作业流分析后，一个水到渠成的结果过程。下一步是评审和质疑每一个作业步骤，针对每一个作业步骤，提问是否可以：

1）取消。
2）重排。
3）简化。
4）合并。

通常，作业流分析被认为是耗时费力的，但是，我们能够很快地完成作业流分析。事实上，在短短6h内，我们已经完成了所有的作业流分析环节，并建立和运行了一个全新的生产线布局。

正确地实施作业流分析就是作业流分析地全部价值所在。我们希望在可能的情况下，对每一个作业步骤持续地进行ERSC（取消、重排、简化或者合并）提问。所有参与者，在动作研究和质疑每一个作业步骤的讨论中，都可以学到很多作业流程的知识。最终，作业流分析生成了我们的作业指导书和标准作业，用以训练、监督和改善作业员的现场作业。

在leanEdit® 分析页面中，用户可以通过输入全新的目标作业工时，用以取消、优化或改善某一个作业步骤（见图3-23）。

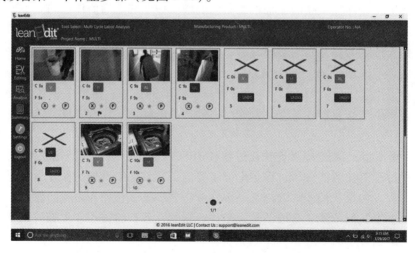

图3-23　使用© 2017 leanEdit 分析屏幕，分析作业步骤
（来源：© 2017 leanEdit 有限责任公司）

实现改善的行动项目清单，连同可选项目的首字母缩略词写和完成日期，一起被采集和输入到 leanEdit® 软件中。leanEdit® 软件应用程序的摘要页面，通过配置"编辑""移动"和"添加"功能，可以实现建立初步的标准作业（见图 3-24）。leanEdit® 软件还可以生成作业流分析的电子数据表、汇总表及饼图，如果需要，可以将它们导出到 Excel® 文件（见图 3-25）。

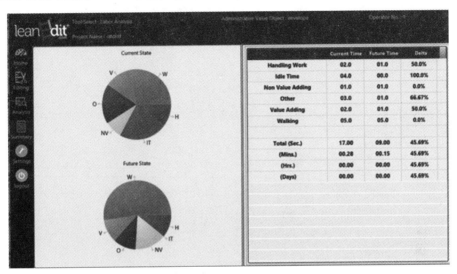

图 3-24　桌面版本汇总界面

（来源：© 2017 leanEdit 有限责任公司）

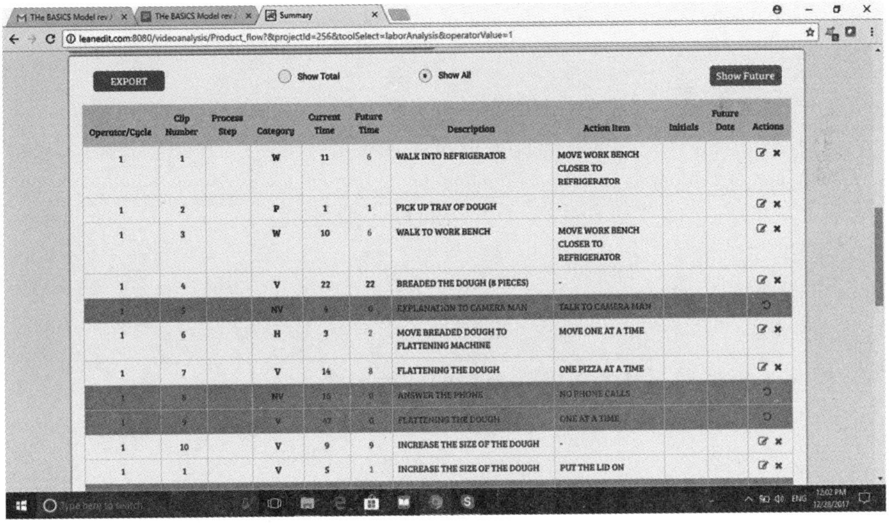

图 3-25　网络版本汇总界面

（来源：© 2017 leanEdit 有限责任公司）

12. 意大利面图

意大利面图（见图3-26）的线条轮廓类似于点到点图的线条轮廓。点到点图跟踪产品流经每一个加工流工序的搬运路线，而意大利面图则跟踪作业员或员工实施每一个作业流步骤的步行路线。意大利面图是通过跟踪作业员一个完整的作业循环，予以绘制完成的。通常，通过跟踪车间作业员或办公室员工的步行路线，我们便可以绘制意大利面图，或我们回看和分析作业视频，然后，绘制作业员或办公室员工的意大利面图。

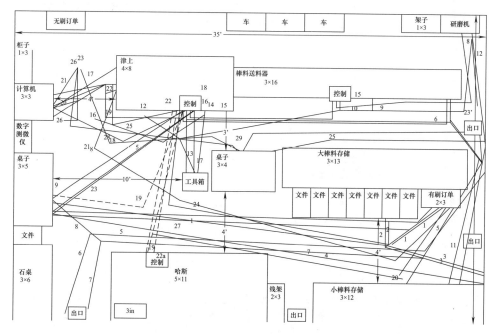

图3-26 意大利面图

（来源：© 2017 leanEdit 有限责任公司）

基本上，制造业作业员在工作于下列四种作业环境：
1）组装。
2）机械加工（或自动化）。
3）事务性。
4）组装、机械加工或者事务性流程的某种组合。

在医疗领域，作业员工作于下列四种作业环境：
1）人员（患者）。
2）无菌处理部门（SPD）的机器、外科作业机器人、实验室自动化机器。
3）事务性流程。
4）人员、机器或事务的某种组合。

13. 更新工艺流程框图

接下来，我们需要评审我们在作业流分析过程中所列出的清单，用以确定需要哪些零件、设备、治具、工具、夹具、工装等，并针对粘贴于白板上的每一个加工流工序，列出需要的零件、设备、治具、工具、夹具、工装等清单。请注意：在需要用电的地方，不论什么类型，我们都需要使用空气（高压或低压）及其他气体，并进行安全、质量检查等。

现在，我们需要确定哪里需要标准在制品（SWIP）及需要多少件标准在制品。然后将总工时添加到工艺流程框图中加工流的每一道工序中。您可以制作改善前和改善后的工艺流程框图，用以对比分析。

工艺流程框图的目标状态之一是，杜绝产品在流经加工流的过程中，发生逆向加工。此时，我们需要确定需要哪些额外的工装和设备，以及我们是否有充足的资金和客户需求，来证明我们采购的固定资产是十分合理的。

在80%的情况下，我们不需要额外的资金投入，或者可能需要投入少量的工具或设备的采购费用，但不需要大量的资金拨款，虽然，也存在例外情况。如果需要大量的资金用于采购固定资产，我们会分阶段完善生产线——即分为购买额外设备之前和之后的两个阶段，用以分析投资回报。

当工艺流程框图完成后，我们便返回到之前所做的工艺流程分析：评审加工流分析和作业流分析。我们审视、分析最新的工艺流程框图的改善机会：重排加工流工序，删除已经取消的加工流工序，并制作全新的产品加工流未来状态的文本文件。

加工流分析电子数据表可以预测收获的改善成果。相同地，作业流分析电子数据表也可以预测收获的改善成果。当作业步骤在作业流分析中被重排后，我们便可以确定工艺流程框图中的每一道工序所需要的人工工时，并在框图中记入这些人工工时。根据客户节拍，作业流分析电子数据表将会预测所需的作业员人数，这将成为我们稍后制定标准作业文件和产能分析的基础。

14. 世界级的精益标杆

通过与作业员一起实施精益改善，我们的目标是通过持续地测量流程导向指标和实施改善，努力达成世界级的精益标杆（工厂或服务机构）。虽然这个宏伟的目标看似不可能达成，然而，这种与世界级的精益标杆进行对标，为组织提供了一种预防自满的方法，并为持续改善流程提供了源源不断的动力。

我们的目标应该始终是减少作业员的人数，同时，不断地培育作业员的作业技能和改善技能，并且将他们轮岗至新的工作岗位。我们必须在公司内部对员工知人善用，调动员工的工作积极性。我们应该始终致力于减少直接人工和间接人工，尽可能地将管理岗位转换为一线岗位，最终，停止区分直接人工和间接人工。

机械加工、事务性或服务业的世界级精益标杆的作业流程，具备下列特征：

1）（产品）总计交付时间是增值作业时间的3倍。

2）余下的作业步骤是非增值但是必要的作业。

3）空闲时间占比0%。

自动化生产线的世界级精益标杆的作业流程，具备下列特征：

1）增值作业时间占比0%（备注：机器加工增加价值）。

2）非增值但是必要的作业时间占比100%。

3）空闲时间占比0%。

事务性流程的世界级精益标杆的作业流程，具备下列特征：

1）增值作业时间占比0%（因为事务性流程的本质是非增值的作业）。

2）非增值但是必要的作业时间占比100%。

3）空闲时间占比0%。

与严格地实施批量处理作业流相比，作业流分析应该使整个流程的生产效率提高20%~40%。除了采集和输入工时数据，步行距离的基线和未来状态也被采集和输入至电子文件内。

15. 我们从作业流分析的精益改善元素中，收获了什么

作业流分析同如下精益改善元素关联：

1）生产一件产品或小批量产品的总工时。

2）增值作业时间占比。

3）非增值但是必要的作业时间占比。

4）作业员空闲时间占比。

5）一线主管标准作业。

6）所需的作业员人数。

7）结合加工流分析，进行产能规划。

8）柔性排产/柔性安排班次的数量和所需加班的时间。

9）作业员步行路线和步行距离。

10）作业员对改善的认可和作业员士气。

11）作业员所需的标准在制品——基于加工流分析，计算在制品总计库存数量。

12）所需文件及文件在生产单元中的传播方式。

13）均衡作业负荷。

14）合适的工具和物料展示。

15）人因工程/安全/疲劳机会。

16）作业标准。

17）动作研究。

18）10次周期作业分析。

19）作业员的作业区域。

20）交接区域（替换作业）。

21）工作分解表和标准作业。
22）金牌班组作业视频。
23）每一个作业步骤的要点和要点的理由。
24）流程中每一个作业步骤的作业周期时间。
25）管理费用与直接人工的百分比。
26）建立防错机制的改善机会。
27）减少波动改善机会。

3.5 动作研究

到目前为止，如果您认为您已经竭尽全力——已经完成了全部流程改善，或许您的结论为时过早，针对其他潜在的改善机会，我们需要再次思考。我们使用弗兰克·吉尔布雷斯的"动作研究"，用以暴露更多的浪费和展示其他潜在的改善机会。动作研究的对象是几分之一秒我们所做的动作。吉尔布雷斯的动作研究，是20世纪早期工业革命中科学管理运动的组成部分。下面列出了吉尔布雷斯动素（见图3-27和图3-28）。

分类	编号	名称	符号	描述
1	1	装配	#	组合4划为"井"字形状
	2	拆卸	##	井字去掉一横
	3	使用	U	U用于"使用"，或垂直放置的杯子的形状
2	4	空手搬运(伸出手或收回手)	⌣	张开的手掌的形状
	5	握取	∩	手抓住的形状
	6	持物搬运	⍵	用手搬运物体的形状
	7	释放	⌒	手心朝下放物品的形状
3	8	寻找	⊙	搜索的眼睛的形状
	9	发现	⊙	找寻后眼睛看到某个物品的形状
	10	选择	→	手指指向所选择的物品的形状
	11	检查	○	镜头的形状
	12	预对准	9	用指尖重新抓取物体的形状
	13	持住	∩	手握住棒子的形状
	14*	准备	8	球杆直立的形状
4	15*	考虑	8	手扶着头思考的人的形状
	16*	休息	⧖	坐在椅子上休息的人的形状
	17	不可避免的延误	⌒	绊倒在地上的人的形状
	18*	可避免的延误	⌒	躺在地上的人的形状

备注：星号代表在正常作业中通常不出现的动素。

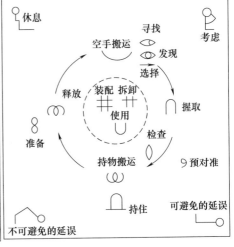

图 3-27 吉尔布雷斯动素[一]

（来源：© 1911 年弗兰克·吉尔布雷斯出版的《动作研究》[二]）

第1级：作业的本质（最高价值）：

[一] Gilbreth's Therbligs；Therbligs 是 Gilbreth 的逆向拼写。
[二] 原书名 *Motion Study*。——译者注

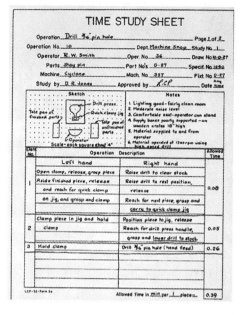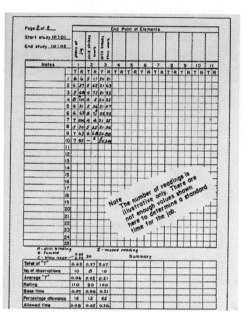

图 3-28　时间和动作研究表示意图
（来源：业务改善集团有限责任公司档案）

1）装配。
2）拆卸。
3）使用。

第 2 级：准备动作或者跟进动作：

1）伸手。
2）握取。
3）搬运。
4）释放。

第 3 级：偶然发生的动作：

1）寻找。
2）发现。
3）选择。
4）检查。
5）预定位或再定位。
6）持住。
7）准备。

第 4 级：尽可能取消的动作：

1）思考或计划。

2) 休息以克服疲劳。
3) 不可避免的延误。
4) 可避免的延误。

请注意：增值的动素，仅包括装配、使用，有时也包括拆卸（即在重新制造的场景下）。

1. 作业员动作研究的观察发现

下文列出的作业员动作研究的观察发现，主要源自两方面的出处：一方面源自吉尔布雷斯和他的学生拉尔夫·巴恩斯的合著《时间和动作手册》；另外一方面源自兰维尔·辛格·拉索尔在硕士论文中特别提及的结论——动作经济原则：

1) 双手动作应该以相反和对称的方向进行作业，并且，双手同时进行作业。
2) 避免突然改变动作的方向。
3) 使用自由的、无约束的动作。
4) 动作的方向和距离，会对单手动作和双手同步动作的速度和精确度，产生显著的影响。
5) 避免做出不自然的姿势和动作——这些动作可以提高或降低身体的重心。
6) 不要将手用作固定装置（或夹具）。手是身体最方便和最有用的动作肢体。尽量保持双手在自由状态下，同时进行作业。
7) 不要用手完成用脚就可以完成的作业。

2. 人类的100%效率

从一个纯粹的精益分析或动作研究的角度来看，一名同时使用双手和双脚的作业员具有100%的效率（一名钢琴演奏者或者一名鼓手就是很好的例子）。通常情况下，我们认为同时使用双手具有100%的效率，但是，就技术方面而言，其仅仅具有50%的效率，因为我们未同时使用双脚。

一名作业员工将一只手当作夹具，握住一件在制品而使用另一只手，加工这件在制品，此时，具有25%的效率，这也就是为什么类似作业不能分配给两名作业员的原因。

3.6 缩短换型时间

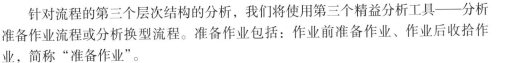

针对流程的第三个层次结构的分析，我们将使用第三个精益分析工具——分析准备作业流程或分析换型流程。准备作业包括：作业前准备作业、作业后收拾作业，简称"准备作业"。

1. 换型分析

SMED（单分钟换型或换型）的定义是一个缩短设备换型时间的系统。换型的原理是，将准备作业或换型的内部作业（机器停止时执行）转换为外部作业（机器运转时执行），并简化和优化其余的作业流程。"换型"这个工业工程术语由新乡律雄予以命名，他的灵感源于父亲新乡重夫在高尔夫球赛所得分数。新乡律雄告诉父亲：任何低于10的数字或个位数的数字，都是一个难以逾越的障碍。因此，缩短换型时间的目标是，将其减少为分钟的个位数（即换型时间小于10min）。

2. 换型定义

我们对换型的定义是：

从卸载最后一件合格产品到完成下一批量的第一件合格产品。

这是一个严格的换型定义，旨在推动最大的改善机会。这意味着，当您卸载完最后一件合格产品时，如果您必须记录一些文件，或在MRP系统中变更工作状态，但您关闭了机器，这些操作时间，都会被计入换型的内部损失时间。

3. 计时时间与工时的对比

在精益换型分析的过程中，我们将计时时间和工时区别开来。

1）计时时间是换型所需的内部时间。

2）工时是换型过程中，使用人工的总工时。

例如，在纳斯卡（NASCAR 美国赛车协会）赛车的比赛过程中，赛车在加油维修站（加油或更换轮胎等）实施维修的计时时间为14.7s（见图3-29）。

图3-29 赛车在加油维修站（加油或者更换轮胎）
（来源：业务改善集团有限责任公司档案）

4. 工时

为了计算换型总工时，我们需要复查在换型前、换型期间和换型后，使用了多少名作业员。如果有7名作业员实施换型作业，用7乘以14.7s（计时时间），计算出工时等于102.9s，此外，我们还需要追加为赛车在加油维修站实施维修所做准备作业的工时，以及在赛车返回赛道后所做作业的工时。如果追加作业员人数，并且均衡地分配换型总计作业量，那么，我们就能够缩短换型时间。在YouTube®网站上面，有一段一级方程式赛车在加油维修站（加油或者更换轮胎等）实施维修的在线视频，他们使用22名作业人员，使一级方程式赛车维修所需计时时间为1.9s。

5. 成功换型的特征

以下是成功换型的一些特征，它们推动了赛车快速维修概念顺利实施：

1）每名作业员都知道自己的职责和作业内容。

2）持续实践。
3）他们专注于特定的换型作业任务。
4）使用多名作业员（赛车维修人员）。
5）并行作业。
6）每名作业员实施标准作业。
7）大量作业训练。
8）在换型前、换型期间和换型后，彻底地实施现场5S——万物在其位。
9）持续地表达对当前换型时间的不满，直至换型时间缩短到零！

6. 内部时间

内部时间是机器的停机时间。在加油维修站的案例中，赛车在加油维修站，实施任何维修所花费的时间都被认为是内部时间。例如，更换轮胎或加油。在我们的机械加工换型流程中，当机器停止时，实施任何作业所花费的时间，都是内部时间。

7. 外部时间

回到我们的加油维修站案例，当赛车在赛道上风驰电掣地绕圈行驶时，我们实施的任何作业都被认为是外部时间。例如，我们可以提前准备好轮胎，并将轮胎放置于加油维修区的正确位置上。在机械加工换型流程中，我们提前收集和备齐所有的工具，预先设置模具或预热模具等。此外，当我们预先设置机器时，直到预先设置成功，基本上寸步不离机器。

8. 内部时间和计时时间

您仔细想想，在加油维修站实施维修的计时时间14.7s，仅仅是内部时间的测量结果，并不包括驶入或驶离加油维修站的时间。14.7s也不包括任何的外部时间。为什么我们要关注内部时间呢？因为内部时间是机器、人员或资产无法使用的时间；在加油维修站的案例中，赛车没有在赛道上风驰电掣一般地绕圈行驶，而在加油维修站实施维修，这一段维修时间是内部时间；同理，生产线机器停机后的一段维修时间，也是内部时间。因此，实施单分钟换型（小于10min）或准备作业，指的仅仅是内部时间。

9. 换型的四种作业类别

换型分析的下一步是，将每一步换型作业步骤归类于4种换型作业类别之一。对此，新乡博士在他的著作《制造业革命：SMED系统》中，予以了描述。我们将下列4种换型作业类别和4种换型作业代码，运用到缩短换型时间的分析之中：

1）准备和组织（P）。
2）拆卸和安装（R）。
3）校准、定心、标注尺寸、对齐、测量和测试（A）。
4）试运行和调整（T）。

10. 换型（SMED）的改善步骤（ICE）

我们运用新乡博士提出的换型改善方法论，实施换型分析，换型改善方法论包

含3条指导方针,换型改善方法论的首字母缩略词——ICE:

1) Identify——逐条确认所有的换型作业步骤:逐条区分它们是内部时间的作业步骤(简称:内部作业),还是外部时间的作业步骤(简称:外部作业)。当第一次实施换型时,在机器停止后,才开始实施所有的换型作业步骤。

2) Convert——尽可能多地将换型的内部作业转换为换型的外部作业。

3) Eliminate——运用优化过程:取消、重排、简化或者合并所有剩余的换型作业步骤。

11. 换型分析步骤

1) 拍摄换型作业视频。通常,我们使用多台摄像机同时拍摄换型作业视频,如此,才能跟踪和拍摄到每名作业员的换型作业,在遵循《拍摄作业流视频的指导原则》的同时,我们必须能够每时每刻拍摄到作业员双手正在操作什么,使用换型计时器计时间(见图3-30)。

图3-30 换型计时器和用于记录改善想法的活页纸
(来源:业务改善集团有限责任公司档案)

2) 与换型改善团队和一线主管一起回看换型作业视频。

3) 根据换型的4种作业代码,将换型作业分解为换型作业步骤,将附有换型作业代码和作业时间的每一个步骤,划分为内部作业或外部作业。

4) 运用换型改善方法论(ICE):尽可能多地将换型的内部作业转换为换型的外部作业。

5) 分配员工在换型分析的角色,包括:绘制意大利面图、记录步行距离、记录丢失的工具名称或作业员必须寻找的夹具名称、存档改善提案列表等。

6) 制定全新的换型作业流程。有时,需要在一块白板上列出所有的换型作业步骤,或建立一个矩阵表——记录每一步换型作业步骤及时间,然后,将换型作业步骤重新分配给每名作业员,以平衡作业负荷(见图3-31)。

第3章 BASICS模型：评估/分析（A）

工位	区域	换型类型1（非必要利非必要作业步骤）	换型类型2（必要作业步骤）	换型类型3（必要利非必要作业步骤中间）	机修工的换型作业步骤	作业员还是机修工	换型作业步骤	描述	基本的人工时间/s	内部作业还是外部作业	第一次通过标准作业时间/s	第一次试验开始的实际时间/s	第二次试验开始的实际时间/s	目标50%	标准作业已完成	备注
1	区域1	X		1		作业员	1	装载并替换传感器	170		214	210	207	−22%	是	将调试传感器转换为外部作业
2	区域1	X	X					压力机传送带-不适用-不调整								预估600s-几乎不需要
4	区域1	X						气体燃烧								
5	区域1	X		2	2	作业员	2	调整传送带	177	内部	120	111	122	31%	是	
7	区域1	X		4	4	机修工	12	调整传感器	180	内部	28	28	150	17%	是	
8	区域1	X		6	6	作业员	4	按按钮	91	内部	25	34	35	62%	是	
9	区域1	X		5	5	机修工	13	测试产品	235	内部	120	120	120	49%	是	
27	区域1	X		3	3	作业员	3	S-夹具	160	内部	81	80	93	42%	是	
13	区域1	X		7	7	作业员	6	冲压机	56	内部	28	107	129	−130%	是	
14	区域1	X	X			作业员	5	更换颜料	1270	内部	471	107	48	20%	是	
15	区域1	X		8	8	机修工	8	3个铆钉	220	内部	314	314	0	100%	是	从不需要调整
15	区域1	X		8	8	机修工	9	3个铆钉					399	−81%		从不需要调整
16	区域2	X						传送带卸载								
17	区域2	X						条码阅读器-从不需要调整								
18	区域2	X		9	9	机修工	10	移动把手	129	内部	152	176	229	−78%	否	未来门应该是保持开放
21	区域2	X				机修工		按一下标签							是	不做
24	区域2	X		10	10	作业员	7	轨道-更换导轨	996	内部	410	309	765	23%	是	作业员可以支援
24	区域2	X		10	10	机修工	11	轨道-更换导轨	996	内部	841	841	330	67%	否	作业员可以支援
24	区域2	X		10	10	作业员	13	打孔装置		内部		359	330			
3	区域3	X		15	15	机修工	5	R-夹具	199	内部	54	104	87	56%	是	
6	区域3	X				机修工	4	R-托盘	34	内部	17	58	24	29%	是	
28	区域3	X		14	14	机修工	3	C-托盘	118	内部	35	51	72	39%	是	
10	区域3	X		13	13	机修工	2	磁管	420	内部	79	77	92	78%	是	

图 3-3-31 换型矩阵案例

（来源：业务改善集团有限责任公司档案）

7）制定换型标准作业（见图3-32）。

换型作业步骤	优化	操作描述	换型类型代码	当前（内部作业/外部作业）	未来（内部作业/外部作业）	改善后的估计时间/s	实际时间/s
总累加时间						372	372
1		移除背板（参见图A）	m	i		6	6
2		将冲程推杆旋钮旋转到打开位置	m	i		2	2
3		将滑臂向前拉	m	i		2	2
4		拿取6mm扳手	m	i		2	2
5		拧松芯棒螺栓	m	i		5	5
6		旋转90°，拔出芯棒，并放到架子上(参见图B)	m	i		4	4
7		拿取另一个芯棒	m	i		4	4
8		测量砂轮长度	m	i	e	3	3
9		将齿轮加工装置从芯棒取出	m	i	e	2	2
10		在3点钟水平位置插入芯棒，并顺时针拧到6点钟位置紧固（参见图C）	m	i		5	5
11		拧紧6mm螺栓	m	i		4	4
12		调整行程长度到砂轮长度的95%	m	i		15	15
13		通过顺时针调整砂轮送料旋钮到最小位置，将零件放到芯棒上。把零件放上去，然后转动送料旋钮，慢慢增大送料旋钮，转动送料旋钮(参见图D)，逆时针旋转，直到在测量仪表指示器上的白色部分读到零上5行	m	i		33	33
14		将指示器贴在冲程器进料臂上，并将EC标识朝上，以便作业员读取。移动指示器操纵杆到释放状态（从锁定状态）	m	i		5	5
15		将指示器调整到零件的上方。下面有两个凸块的部分	m	i		11	11
16		调整指示器，使其读数为零，通过转动指示器左侧标记为A的旋钮	m	i		1	1

图A 移除背板

图B 移除芯棒

图C 安装芯棒

图D 调整砂轮送料旋钮

图3-32 搪磨机换型标准作业案例

（来源：由安康齿轮提供）

12. 换型或准备作业的改善类型

通常，有六种普遍认可的换型改善类型：

1）单分钟换型（SMED），如前文所述，SMED代表单分钟换型。"单分钟"是指时间指定的分钟占位符。"单分钟"换型意味着，内部作业用时9min59s或小于10min。

2）一触式换型（OTED），OTED代表一触式换型。一触式换型的含义是，完成机器换型的时间小于100s，或仅需要按下一个按钮，便可以完成多台机器换型。

3）无接触换型（NTED），NTED代表无接触换型。整个换型过程完全自动化，无须任何人工干预。

4）零分钟换型，普遍认可的零分钟换型是，换型用时3min或更短时间。零分钟换型应该等同于用时小于1min的换型。

5）一次性换型/周期换型（OSED/OCED），OSED代表一次性（周期）换型。

其意味着，整个生产单元在一个生产周期之内，可利用外部时间完成换型，因此内部时间损失为零。

6）取消换型，每一支换型改善团队和机器作业员都不应该忘记我们的宏伟目标："彻底取消换型"。我们已经多次成功地实现了"彻底取消换型"。有时，为了实现"彻底取消换型"，换型改善团队需要具有一定程度的创造性思维——进行一场突破条条框框的彻底思考。

13. 为什么需要缩短换型时间

我们发现，每当我们第一次完成某一个换型流程的分析后，几乎每一个换型流程的计时时间均可以缩短50%或更长时间，然后我们实施换型改善。通过缩短换型时间，我们获得了提升作业产能的能力，并且在需求存在的情况下，获得了在较短的时间内生产多种型号产品的能力，或者说，我们具备了混流生产单元或混流生产线的生产能力（见图3-33和图3-34）。

换型时间和批量大小的关系——Ⅱ					
换型时间	批量大小	每个产品的主作业时间	每个产品的作业时间	以批量100为基数的名义加工时间所占比率(%)	以批量1000为基数的名义加工时间所占比率(%)
8h	100	1min	$1min+\frac{8\times60}{100}=5.8min$	100	
8h	1000	1min	$1min+\frac{8\times60}{1000}=1.48min$	26	100
8h	10000	1min	$1min+\frac{8\times60}{10000}=1.048min$	18	71

图3-33 换型时间和批量大小的关系——8h

（来源：1989年纽约生产力出版社出版新乡重夫著作《丰田生产方式研究：从工业工程视角考察丰田生产方式》⊖）

例如，如果我们的换型时间是24h，我们想要生产下1周排产的所有产品，甚至下1个月排产的所有产品。如果我们生产一套5种型号产品（我们分别称它们为：型号A、型号B、型号C、型号D和型号E），并且每1周生产1种型号产品，那么，为每家客户生产一套产品需要花费5周的周期时间。这意味着，即便客户想要1种型号产品，他们也要不得不等到我们生产该型号产品的那1周后，才能够得到他们心仪的产品。如果一家客户想要型号A产品，恰巧我们的生产线刚刚从型号A换型到型号B，而且，我们的其他4种型号产品全都会发送给其他客户，最终，想要型号A产品的这家客户将不得不等待5周，才能够得到他们心仪的产品。通常，当我们采用批量生产模式时，不论我们是否需要额外数量的产品，我们都会生产一些额外数量的产品，以防客户订购更多的产品，或者在我们再一次生产该型

⊖ 原书名 *A Study of the Toyota Production System：From an Industrial Engineering Viewpoint*。——译者注

换型时间和批量大小的关系——Ⅰ					
S换型时间	批量大小	每个产品的主作业时间	每个产品的作业时间	以批量100为基数的名义加工时间所占比率(%)	以批量1000为基数的名义加工时间所占比率(%)
4h	100	1min	$1min+\dfrac{4\times60}{100}=3.4min$	100	
4h	1000	1min	$1min+\dfrac{4\times60}{1000}=1.24min$	36	100
4h	10000	1min	$1min+\dfrac{4\times60}{10000}=1.024min$	30	83

图 3-34　换型时间和批量大小的关系——4h

(来源：纽约生产力出版社 1989 年出版新乡重夫所著《丰田生产方式研究：从工业工程视角考察丰田生产方式》)

号产品前，我们手头会保存一些该型号的产品库存。这种批量生产模式会导致在制品库存和成品库存，这也是批量生产的固有弊端。

同样，这也意味着每一次生产将会覆盖至少 5 周的客户需求，或许会覆盖更多的客户需求，如此，便意味着您制造了第一大浪费——过量生产的浪费。在这样的生产环境下和所有运用 MRP 系统的环境下，我们被教导使用"经济采购批量"模型，用以确定每一个批量需要生产多少个产品。大多数人会认为，由于我们花费了大量的时间和金钱来实施机器换型，就本质而言，任何额外数量的产品，都是免费生产出来的。如果一位客户立马想要一件产品，并且客户习惯性地接受一个事实"这是一件生产周期长的产品"，而您正好备有一件该产品的库存，您可以向该客户收取额外费用，使客户可以立即得到心仪的产品。这样客户可以非常高兴地得到心仪的产品，而供应商则在过量生产的基础上，赚了更多的钱。但在现实中，或许这种幸运交付产品会发生，然而，通常情况，我们最终会遭遇下列一些不良后果：

1）被迫拥有一个库容相当大的仓库，储存了许多型号的产品和零件，它们已经放置了数月或数年，有时，甚至已经放置了数十年！

2）发生了人工、机器的运行时间（产能）、机器磨损和生产这些产品所需的物料等成本，在您推销掉这些产品前，这些成本损失都会分摊在储存的产品和零件中。

3）客户非常高兴得到心仪的产品，然而，不管客户有多么高兴，客户永远都会记住您对这些产品收取了过高的费用。

4）收取产品过高费用的一幕场景，会给客户留下长久和深刻的记忆。

5）如果发生一次工程变更，会使所有所谓的"免费生产的产品"濒临过时。同时，这也意味着它们必须被报废和销账，从而降低贵公司当月的利润。

6）我们必须花费人工对零件进行定期地实物盘点，以确保盘点账物卡的一致性。

7）当与其他零件混合储存时，一些零件会损坏或丢失。鉴于生产更多品种和数量的新产品，更加快捷和容易，因此，我们打消了尝试寻找到我们以前生产产品的念头，即使客户对其有需求。

那么，所谓的"免费生产的产品"是否真的免费，"免费生产的产品"是人们秉持的一种普遍思维模式，为了顺利实施换型改善，我们必须转变这种思维范式。

假设，我们可以将上文案例的换型时间从24h缩短到2h。那么，我们需要讨论的第1个话题便是：我们必须更加频繁地实施机器换型吗？是的，我们会更加频繁地实施机器换型。现在，5种型号产品的总计换型时间从5天缩短到了10h。

现在，假设我们能够将换型时间缩短到10min以内，并且，我们希望更加频繁地生产每种型号的产品。当我们更加频繁地实施机器换型的时候，5种型号产品的换型时间仅需要花费50min。现在，我们每一天都可以生产5种型号中的任何一种型号产品。这些对我们的客户有什么好处呢？客户不必储存任何大量的成品库存，或不必等待数天才能得到心仪的产品。

然后，我们将产品看板放置于客户的工厂设施内，并且每隔1天或每隔2天进行补料——空满物料箱交换。如果您的竞争对手的交货期比您的交货期长，客户会找哪一家供应商购买零件呢？如果您为客户管理零件库存，通过提供这样周到的增值服务，您可以报更高的价格吗？请参考下列缩短换型时间的好处：

1) 与您做生意变得容易了。
2) 您腾出了更多的空间，并且取消了用于过量生产的仓库。
3) 提高了机器的利用率和产能，以承接更多业务和订单。
4) 您的产品总成本降低了，利润增加了。
5) 没有多余的库存盘点。
6) 不需要生产控制部门来跟踪产品库存，因为不再拥有库存，或者现在仅拥有一小部分产品库存。
7) 当客户说他们需要分阶段实施工程变更时，您可以回复客户：工程变更对他们不会造成任何影响或不会发生任何额外的费用。
8) 现在，您可以向客户提供大量订货的折扣价。
9) 您已经展示了能够满足客户不断变化需求的能力。

14. 换型案例

假定我们必须将咖啡壶的用途从煮包含咖啡因的咖啡切换（换型）为煮低咖咖啡。开始时，所有的换型作业步骤都是内部作业，因为此时咖啡壶停止工作了。

1) 清空咖啡壶：5s。
2) 重新将咖啡壶水箱注满：30s。
3) 将水箱放入咖啡壶：5s。
4) 将咖啡架的残渣倒入垃圾桶：5s。
5) 清洗咖啡架：10s。
6) 拿到滤纸：5s。
7) 放入滤纸：5s。
8) 量出低咖咖啡：5s。

9）将低咖咖啡放到滤纸上面：5s。

10）关闭咖啡架门：1s。

11）开始煮咖啡：1s。

12）等待咖啡煮完：60s。

15. 哪些换型作业可以转换为外部作业

可以肯定的是，我们可以提前做好一些准备工作——将低咖咖啡放到滤纸上面，从而将内部作业转换为外部作业——节省15s。

我们可以提前备好一个单独的并已经注满水的咖啡壶水箱——节省30s。

我们甚至可以备好第二个咖啡壶，完全取消煮两种不同咖啡的切换。或者我们转用克里格（Keurig）公司的自动咖啡机，每一次只煮一杯咖啡。现在，整个切换作业都被取消了。

16. 实施优化过程——ERSC

我们彻查每一步换型作业步骤，确认它们是否可以被取消，是否可以从内部作业转换为外部作业，是否可以重排、简化或者合并。

同样地，我们可以使用leanEdit® 软件，加速我们的换型分析（见图3-35）。leanEdit® 软件中"缩短换型时间（Setup Reduction）"工具的功能，可以帮助我们将换型作业步骤区分为内部作业（IA）或外部作业（EA）。正如本章前文所述，每一步换型作业步骤都可以归类于4种换型作业类别之一（准备和组织、拆卸和安装、定心和对齐、试运行）。用户在使用leanEdit® 软件进行换型分析的过程中，可以实施改善分析，包括将换型的内部作业转换为外部作业，改善换型作业步骤，以及取消换型作业步骤。此外，leanEdit® 软件还可以实时地显示换型流程当前状态的数据图形和未来状态的数据图形，并显示换型的摘要数据，用户需要时，可以随时导出。

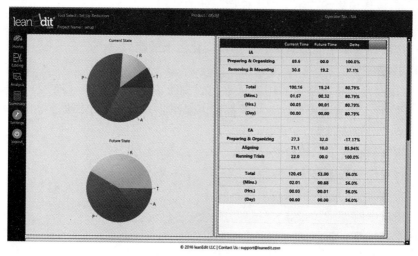

图3-35　leanEdit® 桌面版缩短换型时间汇总页面

（来源：©2017 leanEdit 有限责任公司）

17. 外部作业检查表

外部作业检查表包含我们在换型分析中已经确定的外部作业。在机器（换型）启动前和启动后，我们会根据外部检查表，逐条确认是否实施了外部作业。

18. 设定专职换型团队

我们发现，使用一组专职、理论扎实、训练有素的换型员工或换型团队，所带来的收益将远远超过其使用成本。针对任何一家公司，我们能够在第一次实施换型改善后，就将其产能提升50%以上。然而，正如我们所建立的每一个新的精益系统一样，必须完善精益系统背后的流程和程序，并在流程中建测量指标、纪律、职责和持续改善的文化，换型系统才能顺畅地运转。

19. 换型手推车

换型手推车是换型改善的临时措施（见图3-36）。我们的目标是，让所有的工装夹具都能够在机器唾手可得的旁边使用（见图3-37）。

图3-36　换型手推车
（来源：业务改善集团有限责任公司档案）

图3-37　机器用的换型工装夹具在机器旁的使用点
（来源：由安康齿轮提供）

20. 换型的其他几个关注点

最终，改善后的换型流程应该仅由准备和组织的外部作业，及拆卸和安装的内部作业组成。

小于10min的换型，仅覆盖换型的拆卸和安装作业，只花费换型的内部时间。整个换型作业时间也包含外部作业时间。此外，如果工厂管理层未参与和推动换型改善，那么，换型改善的成果将无法维持和巩固。

21. 除了机器换型，生活中是否还有其他类似换型的场景

当我们开始解释换型术语和换型构成要素时，学员们常常会感到意料：因为他们发现"换型无处不在"。在任何一个流程中，无论是人工作业还是机器作业，当我们装载、卸载任何一个零件或从一种产品（服务）切换为另一种产品（服务）时，都应该被认为是"换型"。几乎在每一个作业流分析中，都会涉及内部作业和外部作业的概念。

请考虑下面一个生活案例,在杂货店收银员从一位顾客切换到另一位顾客的结账场景中,您有没有站在结账队伍里焦急地等待,然后看着收银员将付款金额总数告诉那名顾客呢?但这名顾客没有提前做好付款准备,此时,这名顾客才掏出她的手提包,寻找她的钱包,最后终于拿出她的信用卡或电话。

为什么这名顾客不能在付款的外部时间,就做好付款准备呢?换言之,在收银员扫描她所购物品时,她就已经提前拿出信用卡并准备付款就绪。此时此刻,收银员和所有结账排队的人都停摆了——等待她拿出信用卡。我们怎样才能彻底地取消切换(换型)时间呢?将来,我们或许会完全取消收银员岗位,当我们将心仪的物品放进购物车的那一刻,商品金额会自动记入我们的账户。

22. 我们从换型分析中收获的改善收益

换型分析与如下精益改善元素相关联:

1) 推动实现单件流、一例患者流或小批量流。
2) 立即提升产能。
3) 提升作业员的作业饱和度。
4) 降低人工成本。
5) 提高整体系统可靠性和可预测性。
6) 推动实现着着线。
7) 推动实现均衡作业负荷。
8) 提升作业人机比。
9) 推动实现混流生产线和成套供应能力。
10) 提供应对需求变化的快速响应。
11) 减少对预测的依赖。
12) 提升资本资产的利用率(如有需求)。
13) 减少物料搬运。
14) 减少库存。
15) 布局占地面积更小。
16) 推动实施标准作业。
17) 提高作业员的安全性。
18) 提升医疗患者/产品质量。
19) 融入和使用防错机制。

3.7 全流程优化

当我们实现真正的单件流生产(服务流程)的时候,产品加工流分析和作业流分析就基本相同了。请审视下面的案例:作业员伸手去拿一个零件,抓住零件并将零件拿到组装线,然后将零件插入到产品,重复此作业几次,然后,将产品慢慢地挪到工位的下一个加工点（或组装线的下一个工位）。

从产品加工流的角度来看，TIPS 分析如下：（见图 3-38）

B=作业员伸手去拿一个零件，抓住零件并将零件拿到在制品组件时——工序间停滞，作业时间不应该超过 12s。

V=将零件组装到在制品组件——增值工序。

T=在制品组件被挪到工位的下一个加工点（或下一个工位）——搬运。

图 3-38　基于产品加工流的分析

从作业流的角度来看，作业流分析（WFA）如下：（见图 3-39）

P=作业员伸手去拿一个零件，抓住零件，并将零件拿到在制品组件——准备零件，作业时间不应该超过 12s。

V=作业员将零件插入到在制品组件——增值作业。

H=在制品组件被挪到工位的下一个加工点（或下一个工位）——物料搬运。

图 3-39　基于作业流的分析

（来源：业务改善集团有限责任公司档案）

因此，在单件流的生产（或服务）模式下，针对加工流分析和作业流分析予以分层后、并叠加放在一起。（见图 3-40）。

B	V	T	B	V	T	B	V	T
P	V	H	P	V	H	P	V	H

图 3-40　产品加工流分析和作业员加工流分析的比较
　　　　请注意二者的增值步骤是如何完全对齐
（来源：业务改善集团有限责任公司档案）

请注意，如图显示：加工流分析的增值工序和作业流的增值作业，完全对齐。因此，从理论方面而言，流程永远无法达到 100% 的增值。

3.8　确定潜在的总计节省

当我们知道我们可以取消或改善哪些加工流工序（或作业流的作业步骤）时，我们便可以将与这些加工流工序相关的人工时间折算为现金金额（美元），并制定一个快速执行投资回报（ROI）的方案，用以向管理层证明：此项改善的合理性。

在某些情况下，我们不需要考虑投资回报，而是毫不犹豫地立即实施关于安全和人因工程的改善方案。需要注意的一点是，当流程改善实施完毕后，只有当员工离开工作区域并从事其他工作时，我们才真正地实现了人工节省。

缩短换型时间可以，但是不一定能够提升生产效率，但是，其确实可以立即提升产能或提升机器更加频繁地换型的能力，并且能够更加快速地、有效地交付混流生产线的产品。

3.9 单独地进行加工流分析、作业流分析和换型分析的好处

我们最大的改善机会在于改善加工流。例如，仅仅改善加工流而对作业流不做任何改善，将会减少库存和缩短产品的交付时间。

改善作业流，无论加工流如何，都将会缩短人工工时。大多数精益从业者没有意识到，不论改善任何一个流程，必须对加工流、作业流、换型，进行单独的逐一分析和逐一研究，然后，我们将"加工流""作业流""换型"作为编制起来的网状结构，一起改善它们（见图3-41）。

加工流分析、作业流分析和换型分析后的改善成果汇总

	产品加工流分析					作业流分析				
	增值		不增值		总计		增值		不增值		总计
	时间/s	占比(%)	时间/s	占比(%)	时间/s		时间/s	占比(%)	时间/s	占比(%)	时间/s
阀	3900	8%	42925	92%	46825	干燥床	1014	34	1964	66	2978
漏斗	65	2%	4092	98%	4156	阀装配	1414	32	2985	68	4399
最终组装	5943	28%	15590	72%	21533	MD50测试	279	0.7	87752	99.3	88031
总计	9908	14%	62607	86%	72514	总计	2707	3%	92701	97%	95408
目标是增值作业时间占比80%或者更多						目标是增值作业时间占比80%或者更多					

	缩短换型时间分析/s					在相同的作业员人数下，预计结果的产出增长了100%。当前预估的最终组装生产交付时间是3天或者更短。对于产品和作业员来说，增值作业时间占比接近80%。识别并进行优先级排序后的精益项目100%完成
	改善前		改善后		占比(%)	
	内部时间/s	外部时间/s	内部时间/s	外部时间/s	改善	
焊接瓶	423	0	25	0	54%	
冲压机	491	0	95	25	81%	
折弯机	428	0	148	0	65%	
目标是换型时间在10min以内（单分钟换型）						

图 3-41 产品加工流分析、作业流分析和换型分析后的改善成果汇总

（来源：业务改善集团有限责任公司档案）

第 4 章

BASICS 模型：建议解决方案（S）

BASICS 模型中的第一个 S 代表建议解决方案，本章介绍的是余下的精益工具及当分析阶段完成后，我们如何继续实施改善。实施精益涉及不同的精益改善元素，这些精益改善元素都是相互关联的。（见图 4-1）。

建议解决方案
Suggest Solutions

建议解决方案
- 更新工艺流程方框图
- 建立最佳工艺布局
- 制定主体布局的10个步骤
- 奥巴(OBA)标准
- 集中式管理与分散式管理的对比
- 3P——生产准备过程
- 潜在失效模式及效果分析(FMEA)
- 依据作业员人数设计布局
- 重新设计布局的总体指导原则
- 设计工位
- 配套措施
- 实施标准作业，标准作业的制定和批准

图 4-1 精益实施 BASICS 模型六步法——建议解决方案
（来源：业务改善集团有限责任公司培训资料）

4.1 更新工艺流程框图

我们使用前一章的分析创建一个流程图，这个流程图可以帮助我们确定生产线未来的布局和工位设计（见图 4-2）。针对非常简单的生产线，我们可以使用已经完成的工艺流程方框图，在车间现场确定加工流布局和工位设计。针对较为复杂的生产线，我们可以运用剪纸模拟或 CAD/Visio 制图软件绘制加工流布局图，同时，完成一个大致的工位设计方案，针对非常复杂的生产线，我们将设计每一个工位，并细化到零件和工具的放置位置，此外，如有必要，我们会使用仿真程序（见图 4-3）。

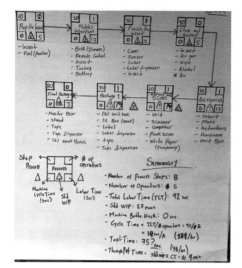

流程步骤编号	一次通过合格率(FTT)	作业员人数
流程步骤名称		
机器周期时间	标准在制品数量	工时

图4-2 完成的工艺流程方框图案例

（来源：业务改善集团有限责任公司档案和安德鲁·麦克德莫特）

图4-3 工位设计——双箱系统，零件和工具按照正确的使用顺序，排列成行、摆放整齐

（来源：业务改善集团有限责任公司档案）

4.2 建立最佳工艺布局

1. 设计生产单元布局

生产单元布局的形态由工艺要求决定。生产单元布局的形态具有多种选择方案。系统改善方法与点改善相比，具有明显的优势：您不必在一年多的时间里，更改生产单元布局10次甚至15次。通常，在BASICS模型的建议解决方案阶段，我们在第一次设计生产单元布局时，便可以获得90%~95%正确率的生产单元布局，然而，伴随着时间的推移，生产单元布局将会不断地发展和变化。切勿痴迷于追求

完美的生产单元布局,以至于永远无法建立生产单元布局而耽搁生产。生产单元布局可以建立为 U 形、L 形、C 形或直线型等形态。请务必确保邀请健康、安全和环境(HS&E)部门,帮助您一起建立生产单元布局或者帮助您一起评审生产单元布局。请参考下列指导原则:

1) 尽量保持作业通道宽度为 4~4.5ft(1.37m),如果作业通道宽度不能达到 4~4.5ft,那么,需要确保作业通道的绝对最小宽度为 3ft(0.914m)。

2) 尽人力所及,将机器连接布置在一起(不要担心维修面板,可以将维修面板插到其他位置,改变控制盒的位置等)。

3) 取消多余的空间、工作台、工具箱、抽屉、储藏柜。

4) 切勿给在制品留下储存空间。我们致力于一次只生产一件产品。

5) 确保为新生产线作业员提供抗疲劳垫或鞋垫。

在可能的情况下,在建立子组装线之初,就将其并入组装主线。

2. 办公室布局

精益给办公室带来的物理变化,或许不会受到办公室员工们的欢迎。例如,目前,大多数办公室都安装了 5~6ft 高的隔断,当初,这些隔断是公司作为提高办公效率而采购、安装的,然而,这些隔断会挡住我们的视线,降低或消除部门(人员)之间关键的沟通,并且为所有员工创建了孤岛。精益办公室要么取消安装隔断,要么安装很低的隔断(见图4-4)。此外,许多员工的办公场所会迁移到使用立式办公桌的车间现场,与价值流团队或焦点工厂的同事们,在同一办公场所一起工作。这样的办公室布局,有助于加快团队的内部沟通,并有助于加快问题解决的速度。

图 4-4 精益办公室布局
取消 5ft 高的隔断,使用开放的会议室和办公区
(来源:业务改善集团有限责任公司档案)

3. 避免孤岛布局

在设计生产单元布局时,最为重要的一点就是,避免建立孤岛布局。作业员的作业范围仅限于固定工位,或由于作业员彼此相距太远,不能实施柔性作业和不能给予相互作业支援,按照上面这些方式安置作业员,便建立了"孤岛"布局。孤岛布局导致了"部分人工"的糟糕后果。

一名作业员的作业周期时间小于节拍时间(TT),此时,这名作业员发生了作业等待,我们称这种作业等待为使用"部分人工"。我们损失了节拍时间(TT)和孤岛作业员的人工工时(或作业周期时间)之间的时间差。此外,一些生产线的布局是，将作业员安置在生产线的外侧，他们被几台设备或一些物料所包围。

针对图4-5a、b展示的布局，您注意到了什么呢？作业员全天只被固定于一个工位进行作业。他（她）独自一个人被困在工位。如果他（她）的作业周期时间比节拍时间长，那么他（她）将成为一个瓶颈工位，因为工位的布局空间无法容纳两名作业员一起作业。如果他（她）的作业周期时间比节拍时间快，他（她）会在一部分工作期间发生空闲，或如果他（她）继续作业，他（她）生产的在制品会堵塞到下一个工位。

a)

b)

图4-5　孤岛

a）很多饭店的迎宾或女招待被困在孤岛布局里。我们为其等待客人的空闲时间付钱给他们

b）孤岛布局降低了人工利用率

（来源：业务改善集团有限责任公司档案）

图4-6展示了一个孤岛布局案例。传统的电子组装线、离线子组装生产线和办公室布局通常包含孤岛布局。

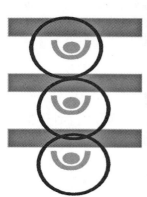 

图4-6　电子组装线的孤岛布局

（来源：业务改善集团有限责任公司档案）

我们介绍的下一个布局，被称为孤岛——鸟笼式布局（见图4-7）。我们经常在机械加工车间，看到孤岛——鸟笼式布局，其中，作业员就像笼中之鸟，被困在设备布局之中。作业员作业时，从一台机器走到另一台机器，通常，作业员会有大量的空闲时间。每台机器加工不同批次的产品，这些产品可能按工艺路径顺序进行加工，也可能不按工艺路径顺序进行加工。

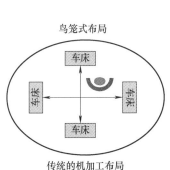

图4-7 孤岛——鸟笼式布局，这位作业员被困在四台设备中间，拥有空闲时间，但是不能出去
（来源：业务改善集团有限责任公司档案）

我们看到的纪念碑式机器，也归类于孤岛——鸟笼式布局（见图4-8）。纪念碑式机器是一个庞然大物，很难迁移，通常需要建筑混凝土基础或建筑地坑和台阶。纪念碑式机器包括波峰焊锡机、大型压力机等。

图4-8 纪念碑式机器——需要建造深坑、台阶、走道和栏杆的大型卧式车床
（来源：业务改善集团有限责任公司档案）

图 4-9 展示了传统的鱼骨布局。通常，我们将鱼骨布局作为"需求流动技术（DFT）布局"的案例，来教授给学员们，鱼骨布局被成功地应用在许多公司的生产线布局中。

传统需求流动技术布局

图 4-9　传统需求流动技术（DFT）的鱼骨布局
（来源：业务改善集团有限责任公司档案）

鱼骨布局主要适用于一个产品包含多条子组装线（或适用于许多混流生产的场合，其中，整个组件由每名作业员组装完成）的情况。子组装线建立在组装主线的进料装置上，组装主线看起来像一条鱼骨。然后，将子组件组装到主组件，主组件沿着生产线传送带的中心向前流动。

与传统的批量生产线相比，鱼骨布局生产线能够取得巨大的改善的原因是鱼骨布局可以使"产品加工流"是精益的，但是，整个作业流并不是精益的，因为每一个进料装置都变成了一个孤岛。因此，鱼骨布局生产线作业员不能实施柔性作业，作业员间不能实施相互作业支援，除非完全地达成平衡工位，否则永远不可能实现真正的生产效率提升。

精益布局应该推动柔性工作空间设计。重新设计布局的目的是，减少完成作业任务所需的总体空间和步行距离，并取消部分人工或最小化地使用部分人工。

4. 布局类型

下边列出了各种布局类型。

（1）U 形布局　与其他布局形状相比，U 形布局具有一些优势（见图 4-10）。U 形布局主要的优势是，能够共享资源。必要时，作业员之间能够相互支援作业。例如，在 U 形布局中，流程起点和终点的作业员之间的沟通和相互作业支援会更加方便；另外，如果您正在改善 U 形布局流程，正在改善的某一段流程的作业员之间的沟通和相互作业支援也会更加方便。在 U 形布局流程中进行作业，作业员的步行距离更短，使用站姿和走动的作业方式使他们的工作效率会更高，同时，他们的潜在疲劳感会更少。

U 形布局最大限度地提升了作业员实施跨工位柔性作业的能力。U 形布局可以

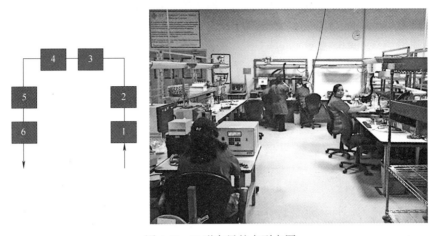

图4-10 U形布局的点到点图

这个U形布局的问题是作业员采用坐姿作业,应该采用站姿作业。最后工位是一个孤岛

(来源:业务改善集团有限责任公司档案)

由一人或者多人作业(见图4-11)。例如,如果生产线实现了平衡工位,由三人作业,其中,一人可以在工位1、工位5和工位6进行作业,或一人可以在工位1、工位2和工位3进行作业。如果一人在工位1、工位5和工位6进行作业,那么,该作业员控制了U形布局的原料投入和成品产出,因此,我们永远不可能投入多于成品产出的原料(采用拉动系统)。物流水蜘蛛从U形布局外侧,补充物料和供应品,这样一来,不会对U形布局内侧的作业员造成作业干扰。

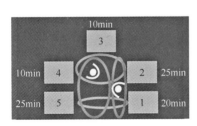 

图4-11 U形布局——最大限度地提升了作业员实施跨工位柔性作业的能力

注意,现在作业员采用站姿作业/起动作业,没有孤岛工位

(来源:业务改善集团有限责任公司档案)

U形生产单元的缺点是,在U形生产单元的外侧拐角,很难实施柔性作业,因为作业员无法伸手够到工位的外侧拐角。有时,建立U形生产单元或许是不切

实际的，因为对于配套多条子组装线的长生产线，组成 U 形生产单元的工位，可能是下一个生产单元的交接点。

在"着着线（Chaku-chaku）"中，我们会看到不同生产单元的交接，我们将在下文，对"着着线（Chaku-chaku）"予以说明；然而，不同生产单元的交接往往使生产单元更像一条平行线，而不是 U 形生产单元。生产单元布局的出发点是，针对产品加工流和主体布局，都同样合理和切实可行。

（2）直线布局　直线（见图 4-12）布局或线性布局允许作业员沿着加工顺序，走动到下游工位，进行作业。作业员在直线布局的作业过程中，仍然可以实施柔性作业，但是，柔性作业仅限于所在工位前后相邻的工位。直线布局的缺点是，一名作业员不得不从工位 1 径直步行到工位 6，其步行距离较长；然而，一般来说，产品的工艺流程决定了生产线的布局形态。通常，直线布局最适合应用于主体布局。因此，大多数汽车组装生产线都采用直线布局。

（3）平行布局　平行布局的设计方法是，将作业员安置于两条平行布局生产线的内侧，以方便资源共享，因为作业员

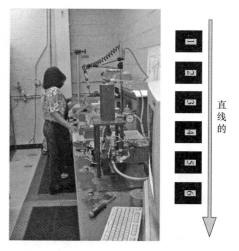

图 4-12　直线布局——步行路线
（来源：业务改善集团有限责任公司档案）

可以步行到另一条平行生产线或沿着同一条生产线，进行走动作业（见图 4-13）。物流水蜘蛛从作业区域的外侧或平行布局的生产单元外侧，补充物料和供应品，以尽量减少对生产线内侧作业员造成干扰。平行布局生产线非常适用于多品种、小产量的生产环境。与 U 形布局作业相同，作业员仍然可以进行柔性作业，平行布局对于配套多条子组装线的生产线，非常适用。

设计布局和工位应该考虑交接区域或位于作业流程区域之间的柔性作业空间。交接区域位于标准作业区域（见图 4-14）之前或之后，在交接区域，作业员可以实施柔性作业，以吸收作业时间上的微小波动。

5. 着着线和机械卸料装置

着着线（Chaku-chaku）被称为由作业员放置物料或装载物料的生产单元。作业员在整个生产循环过程中，从一台机器上取下半成品并将其装载到另一台机器上。通常，着着线机器使用一种为"自动卸料装置"的工具，"自动卸料装置"被设计在机器内，这样一来，它便可以自己装载物料和卸载加工好的半成品。当机器加工完成终了，"自动卸料装置"（见图 4-15）利用机械自身的行程及重力、弹力、磁力等自动将加工好的半成品送出加工工位，并为下一个机器加工指明了正确的状态和方向。

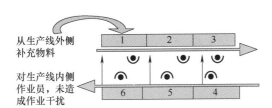

图 4-13 平行布局——步行路线和物料流
（来源：业务改善集团有限责任公司档案）

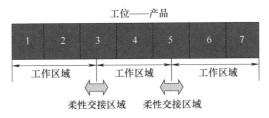

图 4-14 作业员柔性（交接）区域
（来源：业务改善集团有限责任公司档案）

在实现全自动化生产线之前，着着线大概是作业员走动最远的半自动化生产线。此外，必要时，简易旋转轮可以用于冷却或干燥标准在制品（如环氧树脂）。

6. 我们如何确认是否已经建立了正确的布局

这是一个很难回答的问题，然而，我们认为，正确的布局应该从定性和定量两个方面，提升流程效率。很多时候，您本能地认为已经建立了正确的布局。然而，我们需要在新生产线进行试制生产和真实验证——确认我们是否已经为新生产线建立了正确的布局。这些真实验证包括：我们绘制的点到点图是否适用于生产每一种产品型号，流程的总体测量指标是否呈现了"降低"的趋势，当新生产线试制生产后，真实验证结果显示：降低了作业空间、降低了产品的搬运距离、降低了作业员人数、降低了库存数量、降低了部分人工占比等（见图 4-16），此时，我们可以回答："我们已经为新生产线建立了正确的布局"。当产品于新布局的加工流中流

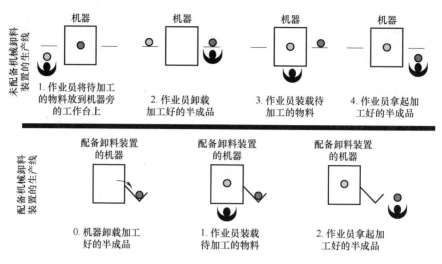

图 4-15 配备机械卸料装置和未配备机械卸料装置的生产线

(由杰夫·哈耶克提供——Velaction 持续改进有限责任公司,网址:www.Velaction.com)

动、当作业员步行距离最短时、当快速实施换型时、当我们具有产能提升的空间时,此时,新布局正在接近正确。请记住,伴随着改善实施和产能提升,我们需要及时地更新布局。

主体布局目标	生产线1	生产线2	生产线3	生产线4	生产线5	生产线6
单件流	是	否	是	是	是	是
降低在制品库存数量90%	是	否	是	是	是	否(50%)
提升作业效率50%	55%	否	33%	100%	50%	50%
降低全职人力工时	2	1	0	0	0	4
降低作业空间	是	否	否	是	是	是
降低产品的搬运距离	50%	80%	90%	75%	80%	85%
降低接触产品员工的人数	是	否	否	是	是	是
降低生产交付时间(TPT)	90%	85%	90%	90%	80%	90%
降低人机比	3	5	4	6	4	待定
从生产线外侧补充物料	是	是	是	是	是	是
提升交付频率	是	是	是	是	是	是
减少孤岛布局	是	是	是	是	是	是
消除起重机	是	否	否	是	是	不适用
消除叉车	是	是	是	是	是	不适用
消除使用锤子	是	是	是	是	是	是

图 4-16 布局改善前后的结果报告

(来源:业务改善集团有限责任公司档案)

鉴于可视化管理的工作场所永远不会建筑围墙,我们应该避免建筑围墙,另外,应将工位和设备安装在轮子上,使其能够快速断开连接,以支持简单的、持续的布局变更。工具和物料应该放在距员工较近和便于取放的位置上。当确定放置位置后,将工具和物料放置于指定的放置位置,从而,避免发生作业员寻找工具和物料的浪费,并有助于作业员达成作业的周期时间。

4.3 制定主体布局的10个步骤

主体布局的主要规划工作包括:

1)未来需求分析。

2)担忧和问题陈述。

3)成组技术矩阵(根据需要)。

4)主体布局当前状态的点到点图或已建议主体布局未来状态的点到点图和一些改善发现(改善机会)(见图4-17)。

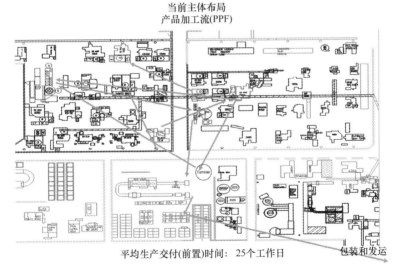

图4-17 包含点到点图的主体布局图基线

(来源:业务改善集团有限责任公司档案)

5)从工艺流程起点到工艺流程终点的主体布局理想状态的单件流和资本愿望列表。

6)假设和选项。

7)工艺流程框图的主体布局未来状态。

8)详细的布局。

9)邀请健康、安全和环境部门及行政设施部门,一起评审主体布局。

10)实施计划:我们是否解决了所有的担忧和问题。

如果您期望打造一条精益生产线的布局,在启动设计主体布局前,请雇佣一名精益设计师或邀请一名内部或外部精益从业者,与您一起设计主体布局。

1. 未来需求分析

我们需要询问的第一个问题是,这个新主体布局能否支持您在未来 5~10 年的业务需求(见图 4-18)?通常情况下,答案是肯定的。我们需要询问的下一个问题是,您想解决什么问题呢?通常情况下,我们会得到被询问者的茫然眼神,他们不知如何回答,稍过片刻,他们的回答是"我们需要更多的空间,以提升产能"。紧接着,我们询问,针对新主体布局,您已经评估了哪些绩效测量指标呢?这个新主体布局的最小容纳人数和最大容纳人数,分别是多少呢?您所规划的新主体布局,节省了多少空间呢?您所规划的新主体布局,是否降低了每平方英尺的运营成本?您所规划的新主体布局,是否缩短了作业员的步行距离?您所规划的新主体布局,是否消除了孤岛布局?您所规划的新主体布局,将会有助于实现单件流吗?产品流经新主体布局加工流时,是否会发生逆向加工呢?

主体布局

未来年份	生产线A/件	节拍时间/min	生产线B/件	节拍时间/min	生产线C/件	节拍时间/min	生产线B和C合计/件	节拍时间/min	总计/件	节拍时间/min
2013	37144	2.39	64489	1.38	16640	5.34	81129	1.09	118273	0.75
2014	38952	2.28	67254	1.32	30240	2.94	97494	0.91	136446	0.65
2015	40773	2.18	74899	1.19	42720	2.08	117619	0.75	158392	0.56

图 4-18 未来需求分析

(来源:业务改善集团有限责任公司档案)

2. 点到点图

我们请精益改善项目团队绘制一张主体布局当前状态的点到点图或已建议主体布局未来状态的点到点图(见图 4-19)。点到点图绘制了产品流经主体布局当前状态加工流的每一道工序的搬运路线。大多数时候,一张主体布局当前状态的点到点图,会一目了然地、非常清晰地描述了问题,而且几乎每一次,主体布局当前状态的点到点图是非常糟糕的和混乱的。最终,通常会有大约 20%(帕累托法则)的产品,不适合主体布局当前状态的加工流。我们将这些产品称为"特殊产品"。

3. 主体布局理想状态

现在我们需要绘制一张主体布局理想状态,与主体布局当前状态,并放在一起进行分析和决策。绘制一张主体布局理想状态,意味着我们拥有所需要的新技术和世界上所有的金钱,假设您拥有这家公司,您会如何绘制主体布局理想状态,使公司赚钱呢?此外,绘制主体布局理想状态,意味着我们采用从工艺流程起点到工艺流程终点的主体布局理想状态的单件流,来加工产品。如此一来,我们必须运用创造性思维、采用头脑风暴的形式,设想出主体布局理想状态。

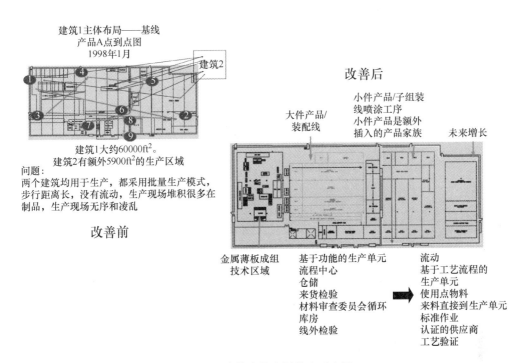

图 4-19 当前主体布局的点到点图

(来源：业务改善集团有限责任公司档案)

在大多数情况下，立即实现主体布局理想状态是不切实际的，因此我们需要列出，针对实现新主体布局时，我们的假设及任何问题和障碍（见图 4-20）。通常，在决策一个正确的主体布局方案前，我们会制作 10~15 种不同主体布局的备选方案。剪纸模拟（见图 4-21）或 CAD 制图是非常实用的模拟工具，我们使用剪纸模拟或 CAD 制图，来制作 10~15 种不同主体布局的备选方案，然后，我们将 CAD 制图投映到白板上（见图 4-22），以评审不同主体布局的备选方案。

- 我们为什么要使用烤箱进行烘烤呢？
- 是否需要高温循环测试呢？
- 客户需求的变化是什么呢？他们控制什么呢？哪类变化我们需要与客户沟通？
- 公差叠加。
- 第一次就实施正确(DIRFT)——可重复的工艺流程。
- 硅胶恒温槽。
- 可追溯性。
- 来料检验。
- 高容差能力的公差。
- 贝勒维尔垫圈分类和调整。
- 作业员。
- 预期缺乏的工程师资源。
- 工程——如果它有效，为什么要修复它呢？

图 4-20 问题和障碍

(来源：业务改善集团有限责任公司档案)

图 4-21　剪纸模拟是根据 CAD 制图制作的硬纸板模型，然后手贴到相应位置上
（来源：业务改善集团有限责任公司档案）

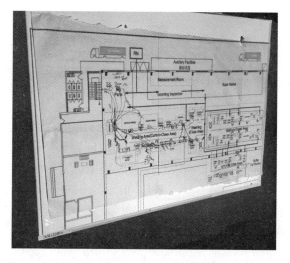

图 4-22　将 CAD 制图投映到白板上，用以评审不同的主体布局备选方案
（来源：业务改善集团有限责任公司档案）

4. 工艺流程框图布局草图

下一步是，我们绘制 5~10 张宏观水平的工艺流程框图的布局草图，这样做的目的是，充分地进行对比各种可行性方案，以避免仅仅针对 1 张工艺流程框图的布局草图，就做出草率的决定。工艺流程框图的布局草图（见图 4-23）旨在容纳整个产品线或部分产品线、机械加工车间、物料线边仓、办公室等所有相关的生产线设施。工艺流程框图布局草图应该清晰地注明原料和供应品的物流"入口"位置和成品的物流"出口"位置。原料的物流"入口"位置和成品的物流"出口"位

置最好是分开的,且彼此相邻的,由一名作业员管理原料的物流"入口"位置和成品的物流"出口"位置,避免发生原料库存的浪费,然而,这样合理的"出入口"物流布局和人员设置,并不总是可以实现的。所有的物料(和信息)都应该在整个工厂内按照加工顺序流动,杜绝逆向加工。

图4-23 主体布局的工艺流程框图布局草图
(来源:业务改善集团有限责任公司档案)

5. 详细的布局

下一步是,为每一个工艺流程方框,制定详细的布局。这意味着,我们需要在工艺流程框图中,设计出生产线需要的所有工位和物料架。为了确保每一条生产线的产品按照正确的加工顺序,顺畅地流动,我们需要绘制产品加工流的点到点图。至此,大部分生产线很可能还没有详细的布局改善方案,在这种情况下,对这些生产线实施精益之前,在工艺流程框图中,我们可以暂时忽略这些还没有详细的布局改善方案的生产线。我们在本书前文已经讨论了在工艺流程框图中制定详细布局方案(工位设计、物料架等)的考虑方法。

6. 改善后的点到点图

复查我们是否已经建立了正确的主体布局、生产单元和新工位的最佳方法是,绘制产品加工流的点到点图——确保生产线的零件和产品按照正确的加工顺序,顺畅地流动(见图4-24)。当您在工位旁安装物料架时,请在物料架上垂直码放3~4层的零件,最为重要一点是,作业员沿着物料架的垂直方向,上下搬运零件,而非沿着物料架的水平方向,左右搬运零件。如果作业员沿着物料架的水平方向,左右搬运零件,那么,为了拿取零件,作业员必须不断地左右走动,这样一来,作业员将会被固定在该工位上。请参见图 4-25 中的精益故事板。

基线

第一次迭代

第二次迭代

图 4-24 经过多次试验，使工具和物料按照正确的顺序摆放。这个案例有些复杂，是多品种小批量的生产，但是非常成功——在有两名新作业员的情况下，生产效率提升了 30%~40%

（来源：业务改善集团有限责任公司档案）

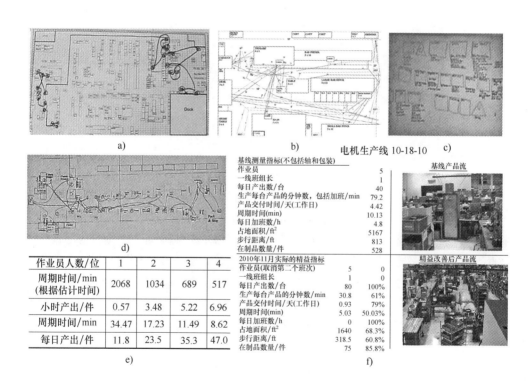

图 4-25 精益故事板——生产效率提升 61%
a) 改善前（产品）点到点图 b) 改善前（作业员）意大利面图
c) 工艺流程方框图 d) 改善后（产品）点到点图
e) 产能分析（基于作业流分析） f) 基线测量指标和改善成果

（来源：业务改善集团有限责任公司档案）

7. 分阶段实施计划

在我们完成详细布局方案后,我们应该制定一个包含预期成本的分阶段实施计划。分阶段实施计划,必须与工程部、设备维修部和健康、安全和环境部等部门,一起进行评审,因为他们参与了主体布局的完整设计过程。针对主体布局的执行和落地,我们需要为总体布局制定分阶段实施计划(见图4-26)。

1. 拆除/清理区域A——包括将生产单元50挪到现有精益生产线的南侧。
2. 在区域A建立办公区。
3. 在区域A建立第一条柔性生产单元20线——2010年12月。
- 根据计划,生产线于2011年1月开始运行。
- 建立模盒组件区域和看板架。
- 在区域A建立第二条柔性生产单元20线——2011年1月。
- 根据计划,生产线于2011年2月开始运行。
4. 在现有生产单元20上建生产单元50,建立精益1号生产线。
- 在现有生产单元20上覆盖生产单元50,建立2号精益生产线。
- 拆除墙,且仅保留内门。
- 将精益生产单元50的精益1号和2号生产线挪到新的位置。
- 将模盒组件区域和电器挪到新的位置。
5. 拆除焊接区域和弹力测试室。
将生产单元40和电器挪到已拆除焊接区。
将弹力测试室挪动到穿过大厅的机加工区。
6. 将生产单元20精益生产线挪到生产单元40和电器腾出的区域。
拆除线束仓储房间。
建立模盒组件区域和电器区域。
7. 建立生产单元50的3号生产线。
8. 在区域A建立生产单元40的1号、2号和3号生产线、电器区域和模盒组件区域。
将生产单元40生产线挪到原有焊接区的弹力测试室。
9. 建立生产单元20的4号和5号生产线。

主布局阶段——阶段1
生产单元50

1. 建立示范生产线/清理区域A——包括将生产单元50挪到现有精益生产线的南侧

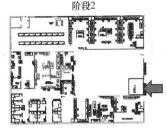

阶段2

2. 在区域A建立办公区

图4-26 分阶段实施计划
(来源:业务改善集团有限责任公司档案)

8. 投资回报分析

某些情况下,在投入资本前,进行可行性分析时,我们需要实施投资回报(ROI)分析(见图4-27)。投资回报分析包括费用方面和资本方面的所有投入成本。通常,我们不将内部设备维护人工,作为一项费用,因为我们认为,内部设备维护是员工的例行工作职责,我们已经支付了员工的工资;另一方面,外部设备维护人工和分包商的费用应该被包括在投资回报分析和预算之内。投资回报应该包含一个附带投资回收期分析的预期费用节省总结。大多数公司规定投资回收期是一年或者两年;然而,针对投资回报,我们应该审时度势和改变思维,当我们为实施正确的流程而前期投入成本时,我们的确需要拥有预算,并为此买单。

当精益改善项目团队基于精益原则和人因工程原则及秉承"安全第一"的工作原则,实施正确流程时,投资回报便退居次要位置,此时此刻,您会欣慰地看到,您领导的团队已经迈上了精益之旅。

投资回报(ROI)分析

投资				
数量	设备	单价/美元	总价/美元	
7	焊机	48000	336000	
3	泄漏检查	20000	60000	
10	连杆量规($8K ea., 数量10)	8100	81000	
2	激光打标机	100000	200000	
5	测试设备	40000	200000	
1	翻新生产单元60硬件工作台估计	15000	15000	
投资小计/美元			892000	
拆除和改造				
数量	区域	价格/美元	总价/美元	
1	开关组装办公室	23000	23000	
1	最终检验办公室	10000	10000	
1	焊接/弹力测试室	33000	33000	
拆除和改造小计/美元			958000	
总计投资/美元				
费用				
	精益生产线建线			
每条精益线的数量	14条生产线总数	设备/美元	单价/美元	每个生产单元价格/美元	所有生产单元总价/美元
8	84	工作台	435	3480	36540
5	55	烘干机	420	2100	23100
5	60	自动调节阀	400	2000	24000
5	60	世伟洛克小配件	900	4500	54000
1	14	固安捷/家得宝/等杂项	1500	1500	21000
1	14	为插头插座安装电缆等杂项	2500	2500	35000
费用小计/美元				16080	193640
投资和费用总计/美元					1151640
				每年节省金额/美元	404982.75
				投资的回收期/美元	2.84

图4-27 投资回报分析

(来源：业务改善集团有限责任公司档案)

4.4 奥巴（OBA）标准

"奥巴标准"故事的主人公是一位身高4ft、名叫"奥巴"的日本精益教练，因为规定工厂现场内的任何东西，都不能高于他的视线高度而远近闻名。基于此规定，工厂制定了可视化工作场所的"奥巴标准"。（见图4-28）。"奥巴标准"的目的是，尽可能避免在工作场所建立视线拦截器。"奥巴标准"也被称为"3ft 规定"或"1.3m 规定"。6ft 高的隔间围墙和门，在办公环境中形成了"孤岛"或者局部本位主义。为了在办公环境中鼓励视线管理，隔间围墙高度不应该超过 3~4ft。在美国，我们常常将"奥巴标准"中规定的隔间围墙高度，调整到 5ft（1.525m）。

图 4-28 奥巴标准——在这个零售商店布局中，每位顾客都具有清晰的视线
（来源：业务改善集团有限责任公司档案）

4.5 集中式管理与分散式管理的对比

我们经常展开激励的讨论：我们是买一台大型集中式打印机、复印机、传真机、扫描仪，还是在每一名员工的办公桌上，放置一台 IT 办公设备呢？公司的 IT 信息系统部门，总是拥护集中式管理。他们据理力争，并表明：集中式管理 IT 信息系统是规模经济的需要。然而，集中式管理 IT 信息系统真正的意义是，减少了 IT 信息系统部门的工作量，他们仅需要安装一个电缆和定位一个路由器及维护一台 IT 设备。集中式管理 IT 信息系统的缺点是，当一台 IT 设备坏了或某位员工需要完成大量的打印工作而占用打印机时，其他员工都不得不等待，导致大家无法正常使用打印机。此外，在集中式管理 IT 信息系统的模式下，每一名需要打印的员工都必须走到那台打印机处，进行打印操作和拿取打印文件，这样一来，员工们步行前往打印机时，会交流对话。有时，在打印机前，等待打印操作的员工，甚至可以排成几个队列。

我们认为，在办公职员的办公桌上，放置尺寸合适的 IT 办公设备，会有助于提高他们的办公效率。

批量处理逻辑驱动了集中化管理。在医院，运输服务被集中化管理，似乎是合理的、正确的做法，然而，一旦运输服务被集中化管理，运输部门就变成了一个孤岛，医院必须委任一名运输部门的流程责任者，并承担建立和管理自己绩效测量指标的职责，这样一来，导致医院的其他科室的用户都必须提前向运输部门，预约运输服务。

在医院科室走廊附近,我们会经常地看到一名运输人员无所事事;当运输部门的调度人员接到预约运输服务的电话后,运输部门会指派运输人员去执行运输服务。然而,如果我们将为各个科室的集中式调度转变为各个科室能够管理本科室调度时,运输服务会变得效率更高,患者们也能够更快地看到医生并接受治疗。

一些流程采用集中式管理是相对合理的,如,工资管理。然而,就总体而言,大多数流程还是采用分散式管理,会更高效。归根到底,一切都取决于投资回报。通常,投资回报分析中没有涉及集中化和假定的规模经济所体现的所有隐性浪费。

4.6 3P——生产准备过程

通常,我们会去车间现场,先用胶带勾勒出工位的轮廓,然后模拟加工一款产品。您也可以实施一次正式的3P(生产准备过程)模拟,使用实际比例尺和3D硬纸板剪纸,来模拟设备、零件和工位布局,并在设计工位布局时,复查产品加工流是否顺畅(见图4-29)。

图4-29 医院诊室生产准备过程(3P)布局规划
(来源:比尔·肯和业务改善集团有限责任公司档案)

在我们打造精益生产线时,鉴于客户需求在不断地发生变化,我们希望建立一条具有柔性布局的生产线,一切(设备、物料、工具等)都安装在轮子上。请记住,不合理的布局是我们在工厂、政府、医疗机构和办公室等场所,看到大量浪费的根本原因。

打造精益生产线,我们需要实现下列精益改善元素:

1)单件流(或小批量)生产。

2)按照加工顺序或作业顺序,布置设备、放置零件和工具——确保在正确的时间使用正确的工具,以完成作业任务。

3）作业员操作时，他们被安置在生产单元的内侧，并保持同侧，因此，物料员应从生产单元的外侧，进行物料补充。

4）确保设备、物料和作业员具有最大幅度的柔性。

5）人机分离。

6）实施和遵守全新的标准作业。

7）能够均衡作业员之间作业负荷。

8）推动多技能作业员的交叉训练。

9）采用站姿作业/走动作业。

10）确定标准在制品（SWIP）的合理数量，确保随用随取。

11）可视化控制。

4.7 潜在失效模式及效果分析（FMEA）

下一步，我们针对流程，实施潜在失效模式及效果分析（FMEA），以确定与搬迁、流程变更、监管问题、安全和环境相关的风险。在精益改善项目团队针对潜在失效模式及效果分析的列表，进行讨论后，我们评估潜在失效模式的严重度、频度和探测度，并给出一个评级分数。最后，我们将严重度评级分数、频度评级分数和探测度评级分数，三者相乘，得出的乘积便是风险优先数（RPN）。最后，我们寻求降低潜在失效模式的严重度、风险或频度的改善方法，并尽可能地寻求提升潜在失效模式的探测度的改善方法或建立防错机制（Pokayoke）（见图4-30）。

零件和功能	潜在失效模式	潜在失效后果	严重度	潜在失效原因	频度（可能性）	现行预防控制	现行探测控制	探测度	风险优先分数(RPN)=严重度×频度×探测度	改善行动	负责人	目标完成时间

图4-30 潜在失效模式及效果分析（FMEA）模板

（来源：美国佛罗里达州博卡拉顿CRC出版社2009年出版的罗宾·E·麦克德莫特著作《潜在失效模式及效果分析的基础》㊀）

㊀ 原书名 *The Basics of FMEA*。——译者注

4.8 依据作业员人数设计布局

通常，一个被严重误解的概念是，工位的设计方案必须满足作业员人数。我们认为，如果作业员之间能够实现跨工位柔性作业和"替换作业"，则工位的设计方案不需要满足作业员人数。依据节拍时间，设计工位的问题是，节拍时间或作业员人数会随时地发生变化，或流程中存在大量的波动因素。因此，为了确保在生产线上平衡工位作业量，每一次节拍时间发生变化时，我们就不得不变更所有工位或部分工位。最终，为了达成生产线平衡工位作业量，我们可能会损失产品加工的流动性。

4.9 重新设计布局的总体指导原则

1）没有孤岛。

2）取除和限制使用门、抽屉、围墙和隔断。

3）最大限度地建立和利用柔性布局。

4）依据最短步行距离和所有物料布置于符合"人因工程"的有效距离内，限制伸手等原则，审核布局设计和工位设计，采用站姿作业/走动作业。

5）遵守奥巴标准（任何物品都不应该超过 4~5ft 的视线高度）。

6）作业员应该被安置在生产单元的内侧，物流水蜘蛛从生产单元的外侧，进行物料补充。

7）布局设计应该考虑流动和可视化控制。

8）将高级领导者和办公室员工的办公地点与他们的产品一起安置于（就近于）现场或部门区域。

9）不要在生产单元内计划返工。

10）在项目的早期，绘制一张主体布局图。

11）专家审核和批准布局的设计方案。在批准主体布局的设计方案前，务必邀请资深的精益专家对主体布局的设计方案，进行审核。

12）整合工作场所保洁和5S。

4.10 设计工位

我们建议由一线作业员和一线主管组成的精益改善项目团队成员，自己设计工位，并且在图纸上确定所有物料的准确放置位置和作业需求。通常，工位的设计方案应该满足产品的加工流，而不是满足某一位作业员的作业时间。精益改善项目团队需要确定库存和缓冲库存或备用物料的数量和存放位置，并讨论补料或补充物料的标准（责任者、频率等），以确定其对工位设计的影响。此外，如果多个班次和员工共享一个作业区域,我们建议,每个班次的每位员工,都要参与重新设计工位和评审过程,同时,我们建议制定标准作业和审核标准作业的遵守率,确保人人遵守标准作业。

手工作业工位的高度应该满足作业员的站姿作业,一般为 38~40in(1in ≈ 2.54cm),大约 1m 高。尽管我们都拥有不同的身高,但是我们的手臂之间的距离通常在 1.3in 或 38cm 以内(见图 4-31)。然而,对于使用显微镜的工位、用眼工位或与身高相关的工位,必须调试工位或调试工位的配套装置,使工位高度可调。

图 4-31 尽管我们的身高差异很大,但是手臂的作业高度差异很小
(来源:业务改善集团有限责任公司档案)

当前,工位的类型五花八门、各具功能。一些工厂可以购买和使用站立式工位(见图 4-32),这种工位可能造价不菲,或者自己搭建会比较便宜。尽可能地将为每一个工位安装轮子,尽可能将其他公用基础设施,设计得具有柔性和可移动性。

图 4-32 装配人员站立式工位
(来源:业务改善集团有限责任公司档案)

与我们在回看作业视频过程中所看到的一样,一位技能出色的作业员会向您展示他们的工位是如何被调试的。在回看作业视频时,请留意作业员目光的移动位置,以及他们将手、零件和工具放置在哪里,留意作业员的这些作业细节是十分重要的。

如前文所述,在调试新工位时,我们通常会与作业员或办公室职员,一起调试一个试点工位或制作一个工位模型(3P 产品生产准备策划——使用硬纸板剪纸模拟)。遵循工艺流程框图,我们按部就班地,逐个调试试点工位,当作业员组装或加工零件时,为了最大限度地降低作业员伸手或多余的动作,我们将工位所用物料箱(见图 4-33)和供应品箱按照正确的使用顺序,排列成行、摆放整齐。我们绘制一条轮廓线(或使用胶带),将工位圈起来,并贴上标签。调试试点工位是一个非常耗时的过程,与我们一起工作的员工和精益改善项目团队或一线主管,都必须拥有一定的耐心。

 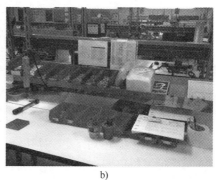

a)   b)

图 4-33 工位设计

a) 作业员创新改善后的放置架和标准在制品的位置标签 b) 混流生产单元——工具和环氧树脂按照正确的使用顺序,排列成行、摆放整齐。第二个物料箱(放在第一个物料箱后边)用于下一个型号产品的生产

(来源:业务改善集团有限责任公司档案)

一旦我们完成调试试点工位,便会请作业员在试点工位,进行作业演练,并根据需要,在现场继续调试工位(见图 4-34)。

当我们确信我们正确地完成调试试点工位且作业员已经完成作业演练时,我们会拍摄试点工位作业视频并回看视频。在我们回看视频后,根据需要,会针对工位进行其他改善或现场调试。此时此刻,我们可以开始考虑制定标准作业了。

当我们对生产线布局和生产线加工流感到满意时,我们将对所有工位进行一次正式地重新设计和改造:包括在简易站立式工位上,安装安东报警灯、安装轮子,确保工位具有柔性和可移动性的功能——方便实施微小改善或调试(见图 4-35 和图 4-36)。为了确保支持生产线运行单件流,我们将批量生产夹具修改为单件夹具(见图 4-37),图 4-37 展示的单件夹具,也是一个防错装置的案例。

图 4-34　5S 工位设计

（来源：业务改善集团有限责任公司档案）

图 4-35　柔性和可移动性工位

（来源：业务改善集团有限责任公司档案）

改善前　　　　　　　　　　　　改善后

图 4-36　工位设计

"改善前"工位存在哪些问题呢？首先，此工位作业员采用坐姿作业；其次，物料无法从操作台后边补充，意味着，需要作业员自己拿物料，或者我们不得不打断作业员给他们补料。"改善后"的工位作业员采用站姿作业，可以从操作台后边补料，且工位仅有原来的一半宽。"改善后"的工位还有哪些可以改善的地方呢？

（来源：业务改善集团有限责任公司档案）

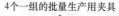

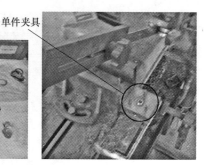

图 4-37　批量生产所用的夹具需要改造成支持单件流的夹具

维持——我们第二天回来,发现他们又把分开的夹具焊好了。所以我们将不需要的三个夹具放到维修室里了(来源:业务改善集团有限责任公司档案)

作为一名精益从业者,为了确保生产线的合理布局和加工流顺畅地运行,您必须在生产线现场坚守几天或数周。这也意味着,您需要持续地观察现场、监督生产线实时运行状况,并自始至终地教授班长和作业员,直到他们彻底地理解生产线的新流程和新标准。

1. 避免垂直搬运零件,请使用水平搬运零件

当垂直搬运零件(上下搬运作业)时,作业员需要付出额外的体力和时间,此外,垂直搬运零件易造成潜在的人因工程风险。为了避免损失体力,我们需要调整机器的高度,以进行水平搬运零件。通常,在工厂的车间现场,我们能够看到许多应用水平搬运零件原则的案例。滑道用来将零件或产品滚落到零件使用点;沿着组装生产线倾斜的货架,有助于零件箱滑落到指定的使用点。滑道的优点是,成本低或无成本;自然重力是您从事改善的朋友。

确保您的工作场所安装良好的照明系统。当选择照明系统时,需要考虑的重要因素包括照明强度、照明对比度、照明眩光和照明颜色。任何工作场所都应该安装照明系统,将照明系统照在工作流程上,而不是直接照到作业员的眼睛,这对于保证喷涂工序和检验工序的工作质量,是尤为重要的。

每一个国家都可以获得政府的财政补贴,以用在工作场所,改善和安装更多的节能照明系统。

2. 糟糕的工具箱管理

我们为什么说"糟糕的工具箱管理"呢?例如,车间现场某位员工,在工具箱中翻来翻去,尝试找到作业需要的 0.5in 的扳手或 3 号螺丝刀(动作的浪费)。车间现场中大多数工具箱都是杂乱无章的;即使工具箱井然有序也充满了浪费,因为作业员总是在寻找工具。然而,最为糟糕的问题是,允许作业员将自己的私人工具带进车间现场。例如,一名精益改善项目团队成员想出了一个非常好的作业工具改善提案,他(她)设计并修改了这件作业工具,当他(她)离开车间现场时,这件作业工具会随他(她)而去。

3. 坐姿与站姿和走动作业的对比

任何一位深谙人因工程和安全的人士都会确信，相比于整天坐着不动，一个人保持移动和步行，对他（她）的身体健康，会更好。一个人坐着会造成许多健康问题，站在一个地方，也不利于健康。站姿作业/走动作业有助于提升作业员或办公室员工的柔性作业和身体健康（见图4-38）。坐姿作业会导致背部酸痛并易发生肥胖，最终，可能导致身体健康隐患。

图 4-38　站姿作业办公桌

（来源：业务改善集团有限责任公司档案）

4.11　配套措施

布局和工位设计的最后一步，我们称之为配套措施。我们使用术语"配套措施（fit-up）"——分配所需采取的行动，来保证公用基础设施接入生产线、安装新设备、增加车间的用电功率或将支持安装生产线所需的配套措施，准备就绪。通常，在我们制作工艺流程框图时，已经提前留意和关注到了生产线所需的相关配套措施。下一步是，精益改善项目团队将与硬件设备经理、设备维护经理和健康、安全和环境部门，一起亲临现场或办公区，进行实地检查和确认：需要安装哪些配套措施，以确保生产线调试完好且顺畅地运行。

4.12　实施标准作业，标准作业的制定和批准

创建布局后，我们要进一步创建标准作业。我们想象一下，如果没有标准，这个世界会是什么样子呢？我们如何去量 1in 或 1cm 呢？如果不使用量杯或计量公升，我们如何烹饪任何美味佳肴呢？如果一美元在一家商店值 90 美分，而在另一家商店值 1.10 美元，我们又该如何？

如果没有标准，我们就没有任何东西，可以始终如一地测量我们的进度和成果。如果没有标准，我们就无法保证产品质量。为了保证产品质量，我们必须实施标准作业。如果没有实施标准作业，我们就不可能实现真正的改善、柔性作业和质量保证。对于组织中的每个流程，标准作业是基础，必须被定义，只有这样才能建立持续改善的文化。

1. 标准作业的定义

大野耐一将标准作业三要素，归纳如下：

1）作业顺序：每一名作业员必须经过严格地作业训练，每一次必须以相同的

方式按照正确的作业顺序，实施作业步骤。然而，这并不意味着作业员就是机器人；但是，这确实意味着作业员在实施标准作业时，会进入一种作业节奏。标准作业是一个既僵化又柔性的系统。标准作业僵化的意思是，我们希望每一名作业员始终遵守标准作业，始终以相同的方式完成作业步骤；标准作业柔性的意思是，我们希望每一名作业员不断地思考如何改善这个作业流程，并尝试自己思考改善提案。此外，作业顺序还包括记录每一个主要作业步骤的要点及其理由。要点及其理由源自一线主管技能训练（TWI）中工作指导（JI）的工作分解表，工作分解表用于对作业员的交叉训练。

2）周期时间：标准作业的第二个要素是周期时间。周期时间是按照正确的作业顺序，实施每一个作业步骤所需要的时间。区分周期时间和节拍时间是十分重要的。标准作业是基于周期时间而制作生成的，因为生产线基于节拍时间实施标准作业，不一定切实可行。

3）标准在制品（SWIP）：标准在制品是在满足作业周期时间的基础上，顺畅地实施标准作业所需的在制品库存数量。

2. 操作员的作业分解

BASICS 模型中的标准作业源自工作分解。作为上一章作业流分析（WFA）的一部分，我们将作业步骤分解、细化到秒。作业流分析中包括次要作业步骤、每一个主要作业步骤的要点（如何实施主要作业步骤）和要点的理由（为什么实施此主要作业步骤）。主要作业步骤的要点，描述作业过程中与质量、安全、人因工程等相关的作业注意点，有时，还会注明 PPE（个人防护装备）的防护要求。

我们依据标准作业，拍摄成标准作业视频，并使用标准作业视频，对作业员进行作业训练。我们称描述如何实施标准作业的视频为"金牌班组作业视频"。此外，"金牌班组作业视频"是我们对全体作业员，实施交叉训练方案的基础，然后，我们在办公室，依据交叉训练方案，为所有作业员和职员制定一个岗位职称认证方案。

3. 标准作业组合票

标准作业组合票（SWCS）中融入了加工流分析（PFA）和包含较为宏观作业时间增量的作业流分析（WFA）（见图 4-39）。当作业员与机器间进行交互作业时，我们往往使用标准作业组合票。标准作业组合票可用于组装作业，然而，我们发现，组装标准作业表更加适用于描述作业员与机器之间的交互作业。

标准作业组合票是丰田现场使用的标准作业的原始表格。标准作业组合票的目的是，基于机器加工作业或物理机械加工作业，形象地描述作业员的作业步骤，同时，机器加工作业或物理机械加工作业的加工顺序可能不尽相同，其取决于作业员之间的作业分配方式。此外，标准作业组合票也被用来展示和强调流程中所存在的浪费。

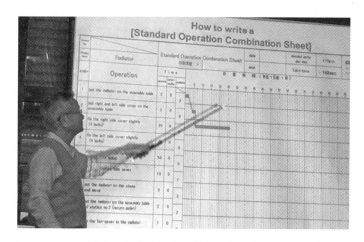

图4-39 TPS培训中心资深顾问森忠信解释标准作业组合票（SWCS）
（来源：业务改善集团有限责任公司档案——由平山公司授权使用，2017年2月）

标准作业组合票的左侧四栏包括：作业顺序编号及作业内容、人工作业时间、机器作业时间和作业员的步行时间。在组合线图中，人工作业时间用实线表示，机器作业时间用虚线表示（机器的运行时间），作业员的步行时间用波折线表示。节拍时间用一条红线表示，自上至下，垂直绘制。标准作业组合票使得我们能够一目了然地看到作业过程中的浪费，并确定人工作业时间是否超过作业的周期时间（或节拍时间），或机器作业时间是否超过作业的周期时间或节拍时间。

4. 标准在制品（SWIP）

通常，我们依据利特尔法则，预估流程中标准在制品的数量，利特尔计算公式：

（生产或服务）交付时间/周期时间=标准在制品

在计算标准在制品时，我们需要涵盖作业员手工中的在制品，此外，我们也需要涵盖生产流程中，运行机器或设备所需的在制品库存。针对无人看管的机器，应在机器里始终保持1件标准在制品，以确保机器正常地运行。如果机器是一台手动机器，那么，机器标准在制品和作业员手中的标准在制品是同一件标准在制品。

然后，我们需要确认机器的加工作业是可中断的，还是不可中断的。如果机器的加工作业是可中断的，那么，就意味着当机器完成加工作业时，我们需要卸载一件完成品，并为机器装载一件原料，启动机器，使机器开始执行单件流的加工作业。如果机器的加工作业是不可中断的，那么我们认为该机器采用批量加工模式，意味着，在该机器完成批量加工作业前，我们不能够中断该机器的加工作业循环。

以可中断烤箱为例。可中断烤箱是一台传送式烤箱，或是在每一次烤制周期中，我们都能够打开烤箱门，以装载原料的烤箱。我们使用烤制的交付时间，除以烤制的周期时间（烤制1件产品所需时间），从而计算得出烤制过程中的标准在制品数量。如果烤制的交付时间是60min，烤制的周期时间是20min，那么，我们必须在烤箱中始终保持3件标准在制品（烤制的交付时间60min/烤制的周期时间20min=3件标准在制品）（见图4-40）。

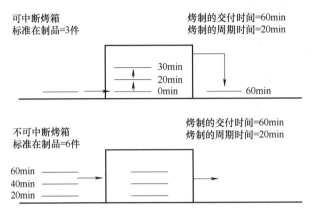

图4-40　可中断烤箱需要3件标准在制品，不可中断烤箱需要6件标准在制品
（来源：业务改善集团有限责任公司档案）

再以不可中断烤箱为例。不可中断烤箱或批量处理烤箱是，只有完成烤制时间60min后，我们才能够打开烤箱门，装载原料。这意味着我们必须在烤制过程中始终保持3件在制品。此外，当3件在制品在烤箱烤制时，我们必须备齐额外的3件原料，因为完成烤制时间60min后，我们才能够打开烤箱门。因此，在完成烤制时间60min后，已经备齐的额外的3件原料将会替换从烤箱中取出的3件完成品。因此，针对不可中断烤箱或批量处理烤箱，我们需要总计6件标准在制品，来顺畅地运行烤箱烤制作业。

5. 生产线标准在制品工程充足与生产线未铺设标准在制品的对比

生产线标准在制品工程充足表示在生产线启动生产（开线）前，我们已经在生产线铺满或备齐所需的标准在制品了。生产线未铺设标准在制品表示在我们下班、离开生产线前，我们已经将生产线上所有的标准在制品用尽了。

如果我们在每日下班前，我们用尽了生产线上所有的标准在制品，第2天怎么办呢？假设我们第2天生产相同的产品。那么，第2天上班的前1个小时，我们的作业员不得不停工，因为他们必须等待生产线的每一个工位铺满标准在制品后，才能开始生产。这样一来，我们将会损失第1个小时的产量。

6. 真正的标准化作业

有些人会将真正的标准化作业和标准化作业区分开来。只有在作业可重复而且没有发生任何波动的情况下，您才能实现真正的标准化作业。真正的标准化作业只是在作业结果中可见，最初，通过审核作业员的标准作业遵守率，以维持真正的标准化作业。鉴于流程中存在或多或少的波动，真正的标准化作业是难以实现的。

7. 作业标准

在我们所有的作业流程中，都会存在着大量波动。我们确实很难拥有一条100%真正意义上的精益生产线，其中，每一名作业员都被分配到细化到秒和完全相同的作业量。通常，作业流程中的波动会导致过量生产，即批量生产和库存过剩。

因此，在许多情况下，我们必须首先实施作业标准（见图4-41），而不是实施标准作业的一部分。作业标准不同于标准作业，作业标准围绕不重复或仅偶尔重复的作业，而设计生成的。在某些情况下，作业标准可以不注明每一个作业步骤的周期时间，或仅注明每一个作业步骤的时间范围，因为作业流程中存在着大量波动。

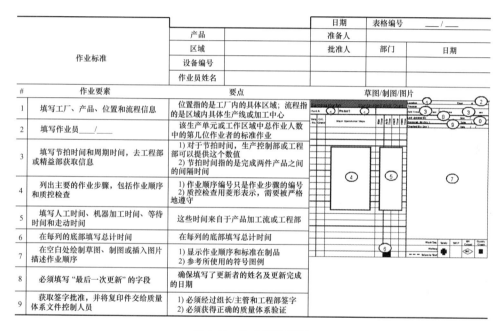

图4-41 作业标准模板

（来源：业务改善集团有限责任公司档案）

8. 标准化作业的优势

伴随着我们将作业和作业活动进行标准化，我们现在能够逐步发现实现作业半自动化或作业全自动化的改善机会。然而，实现作业半自动化（全自动化）的先进理念，在一些国家，尤其在美国，遭遇了抵制。另一个方面，实现作业半自动化（全自动化）是工艺创新、设备创新和技术创新的本质规律。当今，技术创新日新月异。我们的经验是，我们可以实现作业半自动化（我们举一个最为简单的作业半自动化案例：当作业员实施紧固作业时，他们只使用电动螺丝刀而不是手动螺丝刀），并且仅花费约20%的成本，就可以实现80%的作业改善。此外，我们通常需要花费80%的成本，才能实现剩余20%的作业改善机会，即实现作业全自动化。

9. 组装标准作业表

组装标准作业表源自精益改善项目团队上一章所做的作业流分析（WFA）。在实施作业流分析的过程中，我们整理和记录了作业员的主要作业步骤、要点和要点的理由，然后我们从作业流分析中的第一个作业步骤开始，逐个确认可以取消的作业步骤或采用优化过程（取消、重排、简化或者合并）中的会议形式，确认通过改善可以节省时间的作业步骤。然后，将未取消的作业步骤，按照正确的作业顺序，进行重排，最终，重排后的作业步骤成为如何完成这项作业的基础，同时，也成为作业员标准作业的基础。图4-42（局部细节可扫下方二维码观看）展示了一张组装标准作业表案例。

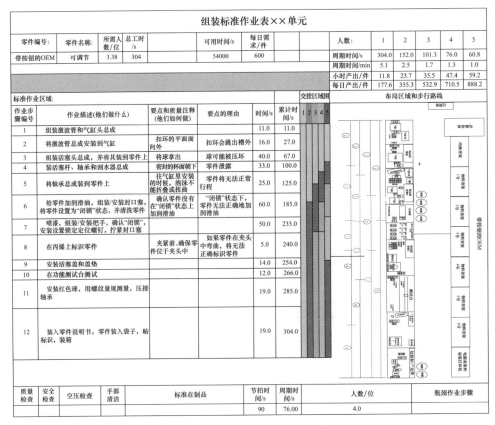

图 4-42 组装标准作业表案例

（来源：业务改善集团有限责任公司档案）

组装标准作业表主要是为作业员和一线主管或任何观察生产线的管理人员而设计的。组装标准作业表是从作业流分析中提炼生成的，相比于作业流分析（工作分解表），组装标准作业表的作业步骤，更加凝练和宏观。

在组装标准作业表中,我们添加了两栏——要点和要点的理由,它们源自一线主管技能训练(TWI)中工作指导(JI)的工作分解表,工作分解表用于对作业员进行交叉训练。

在组装标准作业表中,我们并入了基于作业人员人数的计算产能方法和描述作业区布局的标准作业票。其中,标准作业票涵盖了作业员的步行路线、安全注意点、标准在制品数量、作业员人数、质量检查和公用基础设施(电气、空气、水、气体等)的所处位置。

标准作业表可以适用于任何一个作业区域。通常,我们制定标准作业票,以应对生产线增员或减员 1~2 名作业员的情况,这样一来,一线主管便可以在增员或减员的情况下,运行生产线流程了。(见图 4-43)。

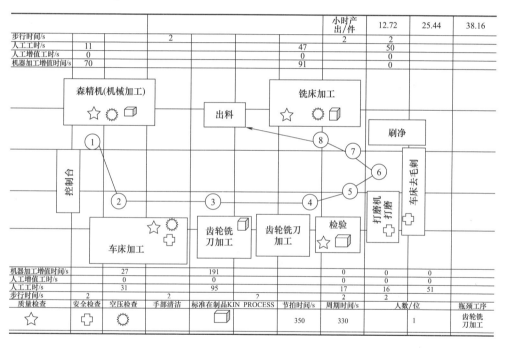

图 4-43　标准作业表
(来源:由安康齿轮提供)

10. 制定和批准建议

在完成了分析,以及新的布局和工位规划后,我们需要召开一次会议,和管理层回顾上述内容。但是在此之前,所有的操作者/工人应该已经参与其中,或者为新系统的准备提供了想法。如果管理者落后于精益成熟之路,那么他们将意识到精益的进展,批准很可能只是一种形式。

第 5 章

BASICS模型：实施（I）

BASICS 模型中的 I 代表实施（见图 5-1）。精益改善项目团队需要认识到的一个关键点是，就本质而言，有些改善只是"仅仅落实"的任务，这些改善任务可以快速地实施，最迟也会在第 2 天完成。然而，大多数的改善都需要通过立项、组建精益改善项目团队、实施项目责任制和制定分阶段实施计划等，来予以实施。在很多时候，改善项目需要分解成若干个"改善子项目"，逐一完成这些"改善子项目"需要时间和人力。

实施
Implement

实施
- 实施新流程——在试点生产线使用Scrum,检验新流程
- 建立精益生产线文件包
- 试点生产线启动新流程
- 确定生产能力和所需工时
- 改善类型
- 真正的瓶颈
- 培训
- 实现生产线平衡
- 实施生产线绩效测量指标可视化
- 实施可视化管理
- 实施精益物料系统
- 实施防错
- 实施全员生产维护(TPM)
- 快速改善
- 关键公式

图 5-1 精益实施 BASICS 模型六步法——实施
（来源：业务改善集团有限责任公司档案）

5.1 实施新流程——在试点生产线使用 Scrum，检验新流程

Scrum 用于开发和维护复杂产品的框架，是一个增量的、迭代的开发过程。在这个框架中，整个开发过程由若干个短的迭代周期组成，一个短的迭代周期称为一个 Sprint（冲刺），每个 Sprint 的建议长度是 2~4 周（互联网产品研发可以

使用 1 周的 Sprint）。在 Scrum 中，使用产品 Backlog 来管理产品的需求，产品 backlog 是一个按照商业价值排序的需求列表，列表条目的体现形式通常为 User story（用户故事，指一条需求）。Scrum 团队总是先开发对客户具有较高价值的需求。在 Sprint 中，Scrum 团队从产品 Backlog 中挑选最高优先级的需求进行开发。挑选的需求在 Sprint 计划会议上经过讨论、分析和估算得到相应的任务列表，我们称它为 Sprint backlog。在每个迭代结束时，Scrum 团队将递交潜在可交付的产品增量。Scrum 起源于软件开发项目，但它可以适用于任何复杂的或是创新性的项目。

SCRUM 的 5 个价值观：

承诺——愿意对目标做出承诺。

专注——把您的心思和能力都用到您所承诺的工作上去。

开放——Scrum 把项目中的一切开放给每个人看。

尊重——每个人都有他独特的背景和经验。

勇气——有勇气做出承诺，履行承诺，接受别人的尊重。

我们是最早在精益实施阶段，使用 Scrum 的精益咨询公司之一。这是我们的 Scrum 敏捷教练——奈杰尔·瑟洛赋予我们的全新挑战，奈杰尔·瑟洛是前国际著名精益顾问，现任丰田汽车公司副总裁。采用 Scrum，精益改善项目团队实施为期 1 周的"sprint"。Sprint 由 Sprint 计划会议、每日 Scrum 站立会议、开发工作、Sprint 评审会议和 Sprint 回顾会议构成。Scrum 团队包括一名兼职的产品负责人和一名全职的 Scrum Master（我们的一名精益顾问），其教授并领导 Scrum 团队创造高价值的产品，并且移除 Scrum 团队进展过程中的障碍。Scrum 推动我们更快地实施精益改善任务，然而，其依赖于 Scrum 团队中拥有合适的人才来执行 Scrum 中的所有用户需求。我们建立和使用一个简单的可视化白板，来跟踪 Scrum 进度（见图 5-2）。Scrum 可视化白板展示了实施整体 Scrum 过程中基于优先级的产品目标（用户需求），"待办任务"栏展示了当前 1 周"sprint"选出的产品待办任务列表条目，外加交付产品增量和实现 Sprint 目标的计划。"进行中"栏展示了一项或两项正在实施的任务（产品开发任务），"已完成"展示了已经实施完成的任务（产品开发任务）。

通常，Scrum 团队在上午召开一次例会，讨论当天的工作任务，Scrum 团队在晚上召开一次例会，总结当天的情况，询问、听取当天工作任务的进度汇报，并且提出改善建议（见图 5-3）。白板上会贴上 10min 例会标签，包括关键的收获、完成任务、待办任务和挑战，其中，一些挑战需要向管理层进行升级汇报，以寻求管理层的资源帮助。

Scrum 使我们实施精益改善的速度翻了几乎 1 倍，并且使 Scrum 团队保持了高度专注，此外，Scrum 团队中每一名成员都知道自己应该做什么及他们已经完成了什么。

图 5-2　简单的 Scrum 板，用来跟踪进度
（来源：业务改善集团有限责任公司档案）

图 5-3　Scrum 团队在上午召开一次例会，讨论当天的工作任务。Scrum 团队在晚上召开一次例会，总结当天的情况，询问、听取当天工作任务的进度汇报，并且提出改善建议
（来源：业务改善集团有限责任公司档案）

当完成一项 sprint 任务（产品开发任务）时，这项 User story（用户需求）及

任务会添加到存档文件中。这样，我们便存档了一份文件记录，这份存档文件类似于一份持续出版的改善新闻，记录了我们 Scrum 过程中，所取得的工作成就和关键流程的底线节省。

1. 同步实施——试点生产线实施 BASICS 模型和生产主线保持有序生产

生产合格的产品和满足客户交付，关系到我们每一个人的切身利益。每一次当我们对一条新生产线实施精益时，我们都会记住这一点。如前文所述，实施精益的最佳方法是，先在试点生产线实施 BASICS 模型，同时，生产主线仍然保持有序生产。在大多时候，试点生产线实施 BASICS 模型与生产主线保持有序生产是切实可行的。

2. 表面的效率和真正的效率有何区别

通过减少批量处理的额外流程和复杂程度，我们减少了流程中发生缺陷的机会。减少批量处理是非常重要的改善宗旨。批量处理的背后，隐藏着过量生产和过度加工的浪费。虽然，减少批量处理的精益原则，听起来很容易，但是很难做到。

丰田强调表面效率和真正效率之间的差异，并以此来区别二者。如果我们提高了效率而没有发生过量生产或过度加工时，那么，我们可以自豪地说："我们实现了真正的效率"（见图 5-4）。

统计	基线	1号改善	2号改善
生产的产品数量/件	480	545	480
工人人数/个	10	10	9
每班次工作小时/h	8	8	8
总工时/h	80	80	72
每件产品小时数/h	0.17	0.15	0.15

8h一班，每班需求480件。
哪个案例是真正的效率呢？为什么？

图 5-4 表面的效率与真正的效率

（来源：丰田培训手册）

5.2 建立精益生产线文件包

接下来，我们建立"精益生产线文件包"。精益生产线文件包，顾名思义，是在试点生产线启动新流程时，所必需的一套新流程文件。我们请生产线一线主管保管好这份精益生产线文件包，这也充分体现了团队合作精神。通常，精益生产线文件包的一套新流程文件，包含：

1）作业员的角色。

2）运行生产线的指导原则。

3）班长的职责（生产一线监督、生产一线领导、一线监督者等）、组长的职责（一线主管、经理）——他们是启动实施"领导标准作业"和"质量职责"的切入点。

4）班前和班后的工作现场检查表。

5）水蜘蛛和水蜘蛛职责的指导原则。

6）安全、TPM 和 5S 的指导原则。

7）每日小时产出记录表的显著作用。

8）标准作业票（包含作业员在布局内作业时，依序步行的路线）。

5.3 试点生产线启动新流程

在试点生产线启动新流程时，通常，我们会安排精益从业者，按照精益生产线文件包的一套新流程文件，演示如何运行生产线。然后，我们教授班长如何运行生产线，最终，我们将新生产线交接给班长。一名合格的班长，不仅需要熟悉生产线流程，而且必须能够在他们负责的生产线上，熟练操作所有工位（并熟知设备功能）。

班长，顾名思义，是领导，领导必须以身作则、率先垂范。班长在生产线上，熟练操作所有工位的能力，将有助于培养班长的公信力、并被尊重。

当您第一次在试点生产线启动新流程时，您必须尝试打造一支严格遵守标准作业、训练有素的生产团队，并推动作业员或员工，针对彻底地遵守标准作业，负有责任感。如果您没有实施现场监督管理，只是任由一线作业员卖力干活，您会发现，尽管一线作业员参加了新流程和新标准的训练班，但他们在操作新流程和新标准时，依旧会回到他们以往的作业习惯和作业行为。一些作业员天生就对执行新作业标准很兴奋；相反，一些作业员对执行新作业标准，可能就没有如此高涨的热情了。此外，作业员们会在生产线的各个角落，建立标准在制品，因为他们想要保持忙碌，并自认为您期待他们快速地作业，即便您一再反复地告诉他们："事实并非如此"。

此外，我们建议建立一个快速反应小组。快速反应小组应该在启动生产线前，就已经上线做各种准备工作了，以确保生产线能够顺利"开线"。对此，我们将在下文中，予以更多地讨论。

班长必须确保100%的工作时间，位于生产线，以执行一线监督管理。这是最难解决的问题之一。通常情况下，班长会被召集出席各种会议，或被安排其他任务，有时，他们还要负责监督管理其他生产线的运行状况。在试点生产线启动新流程时，班长必须确保将100%工作时间，用于监督落实作业员的交叉训练，当一名作业员必须使用其他设备装置或遭遇工位作业异常时，班长必须立即填补该工位，以确保生产线的正常运行。

通常，在试点生产线启动新流程前，我们总会询问全体作业员：你们是否都已经接受了交叉训练了？"嗯，是的。"这是我们得到的通常回答。然后，我们遇到的第一个问题是，我们发现：并非全体作业员都接受了交叉训练。一旦我们要求每名作业员在生产线独立作业时，他们没有充分地接受交叉训练的事实显露无遗。

在试点生产线启动新流程前，由于全体作业员没有充分地接受交叉训练，因此会引发各式各样的不良后果。例如，一名作业员突然只会做一个工位的作业了。然后，事态进一步恶化，每一名作业员都在一个工位上进行作业，最终，他们想要一张座椅，进行坐姿作业！如此一来，促使部分作业员不得不与其他作业员一起作业，使遵守标准作业毫无可能。鉴于此，我们推荐给精益从业者一件力所能及的工作：在试点生产线启动新流程前，就开始对所有生产线的作业员实施交叉训练，以培养多技能作业员为目的进行交叉训练，这将对试点生产线取得精益成功，起到举足轻重的作用。

在试点生产线启动新流程前，我们需要选定一个快速反应小组。快速反应小组由设备维护部、工艺工程部（设计部待命）、质量物料部、健康、安全和环境部和精益核心团队成员所组成。

在生产线最初运行的前几个小时内，快速反应小组应该随时待命，以便能够立即针对生产线的异常问题，做出及时反应和应对。在生产线运行平稳前的一段时间内，快速反应小组应该在生产线随时待命，如果发生问题，班长可以给他们打电话求助。当第一次在试点生产线启动新流程时，应在现场（或办公室）准备一张活页纸和记号笔，用以记录生产过程中发现的任何异常问题或改善提案。为了解决生产线的异常问题或实施改善提案，实现生产线的平稳运行，精益从业者应该与班长一起工作，包括：分配改善行动到责任者、决策改善行动的到期日。

5.4 确定生产能力和所需工时

1. 零件生产能力表（PPCS）

在从事精益改善的过程中，我们会经常使用一个实用的精益工具——"零件生产能力表"（PPCS）（见图5-5）。"零件生产能力表"易于制定，其为一线主管或班长提供了他们需要掌握的生产线生产能力的大部分基础信息，可以帮助他们配置正确的生产线作业员人数，以满足所需作业周期时间。

2. 人机分离

在作业分析中，当作业员与机器进行交互作业时，将机器作业与作业员作业，进行分离，是一项十分重要的分析。我们遇到过两种情况：第一种情况是作业员的

零件生产能力表

零件编号	齿轮#12345	h/天	s/天	总工时/s	节拍时间/s		作业员人数	1	2	3	4	5
零件名称	齿轮	7.3	26280	283	275		周期时间/s	283	142	94	71	57
描述	齿轮		时间分布				小时产出/件	12.72	14.12	14.12	14.12	14.12
序号	加工流工序	人工非增值工时 s	人工增值时间 s	机器加工非增值时间 s	机器加工增值时间 s	完成时间 s	瓶颈工序	刀具更换时间			每日产出/件	92.86	103.06	103.06	103.06	103.06
								批量大小/件	换型时间/s	一件产品分摊的换型时间	产能/(件/天)	备注
	累计时间	283	0	0	383	666						
1	森精机机加工	11			70	81					324.44	
2	车床加工	27			31	58					453.10	
3	齿轮铣刀加工	64			191	255					103.06	
4	检验	17				17					1545.88	
5	打磨机打磨	50				50					525.60	
6	车床去毛刺	51				51					515.29	
7	刷净	16				16					1642.50	
8	铣床加工	47			91	138					190.43	

图 5-5 零件生产能力表（PPCS）

（来源：业务改善集团有限责任公司档案——安康齿轮授权）

作业比机器人的作业又好又快；第二种情况是机器人的作业比作业员的作业又好又快。

机器人和机器有它们自己的用武之地，它们更加适合重复性、危险性和全自动化的作业环境；但是，如果机器人不顾及客户需求、持续盲目生产或批量生产，那么，它们对精益一无是处。机器人应该像人一样，实现单件流生产或服务。

在很多情况下，为了实现单件流的生产或服务，我们已经取消使用机器人了。正如我们分析作业员的作业流一样，我们使用所有相同的精益工具来分析机器人和机器作业。我们将机器作业时间区分为增值时间和非增值时间。以尊重人性原则为基础，人类工作包含下列要素。

1）创造性：勤于思考的乐趣。
2）体力活动：付出辛勤的汗水，同时享受工作带来的乐趣。
3）社交性：与同事分享喜悦和痛苦是一种快乐。
4）领导层领导全公司质量管理（TCWQM）。

组织应该知人善用，赋予员工们挑战性的工作，员工们在经理的教练和指导下，不断地去发现问题并实施改善。

3. 如何建立零件生产能力表（PPCS）

加工流分析（PFA）中的加工流工序，记录在"零件生产能力表"工序一列下，并按照正确的加工顺序列在"零件生产能力表"左列，人工工时对应了（左列）每一道加工流工序所需的人工工时，基于作业流分析表中的作业顺序，来计算人工工时。换型时间也被纳入"零件生产能力表"的中间列，并根据产品批量大小，填写在实施（左列）每一道加工流工序换型时，一件产品分摊的换型时间。中间靠左的两列分别填写人工增值工时和人工非增值工时。这两列的计算结果之和为作业员总工时（TLT）。

接下来的两列，表示机器加工增值时间和机器加工非增值时间（我们在1990年中期创建的一个新列）。这两列的计算结果之和为机器加工总计时间。这也是我们实施人机分离的地方。

下一列是"完成时间（一件产品总计加工时间）"列。将"人工工时"两列和"机器加工时间"两列数字相加后，便得到一件产品针对（左列）每一道加工流工序所需的总计加工时间。

下一列是"换型时间"列。在此列输入换型相关信息（如果适用）。

使用"零件生产能力表"的方式不尽相同，可以对"零件生产能力表"的内容进行修改，以满足改善项目的应用场景。"换型时间"列下方包含三列，左侧第一列表示产品的批量大小，中间第二列表示（左列）每一道加工流工序的换型时间。

"换型时间"列下方的右侧第三列，表示根据产品的批量大小，针对（左列）每一道加工流工序的一件产品分摊的换型时间，它是（左列）每一道加工流工序的换型时间除以产品的批量而得出的计算结果，然后我们将一件产品分摊的换型时间的计算结果，添加到一件产品针对（左列）每一道加工流工序所需的总计加工时间中。

下一列是"生产能力"列。在我们开始讨论"生产能力"列之前，让我们先说明一下"零件生产能力表"最上边的几行。

"零件生产能力表"最上边一行包含客户需求和可用工作时间。当我们完成填写客户需求和可用工作时间后，我们会在"零件生产能力表"的节拍时间（TT）栏，填写节拍时间的计算结果数字。此外，还有一个表示工厂需求（或事务区域需求）的方框，一旦我们在工厂需求方框里面填写了数字，便可以计算得出我们的期望周期时间。下一个方框是作业员总工时（TLT）。将"人工增值工时"列和"人工非增值工时"列总计后，得出作业员总工时（TLT）。如果我们将作业员总工时除以期望周期时间，便得到基于期望周期时间（而非基于客户节拍时间），运行生产线所需的作业员人数。

现在，我们再次回到"生产能力"列。当我们填写了可用工作时间后，我们就可以将可用工作时间除以完成时间（一件产品总计加工时间），计算得出（左列）每一道加工流工序加工一件产品的"生产能力"。"生产能力"列中，展示的最小数字表示"瓶颈"工序。我们再次声明，"瓶颈"工序永远不应该是作业员，因为我们自始至终可以增加作业员人数。机器加工一件产品，花费最长时间完成的一道工序才是瓶颈工序（然而请记住，这或许不是真正的瓶颈工序）。如果涉及机器加工，我们需要为机器铺满标准在制品，这意味着当作业员在生产单元的其他工位作业时，机器会始终保持一件标准在制品，进行加工。下一步是计算作业员人数。

除非一台机器的加工时间很长，通常，一名作业员的作业周期时间总是等于一名作业员的总工时。两名作业员的作业周期时间是一名作业员的作业周期时间的一半，依此类推。当然，这些是假定是以我们已经平衡好工位作业量为前提的。

我们使用1h或60min除以周期时间，计算得出每小时产出；此外，使用每日可用工作时间除以周期时间，也可以计算得出每日产出。

请记住，"零件生产能力表"最初是为制造业而设计的计算表单，然而，"零件生产能力表"是一个强大的计算表单。"零件生产能力表"可以运用于任何流程，来计算生产能力或服务能力，包括银行、保险、急诊室、园林美化等。

对于一名生产线一线主管而言，"零件生产能力表"是一件实用的精益工具。现在，一线主管掌握了生产线"零件生产能力表"数据，可以运用这些数据，轻松地回答上级管理层向他们提出的任何问题了。

4. 人员配置分析与计划

我们使用作业流分析中得到的作业员总工时，除以节拍时间或期望周期时间，可计算得出生产线所需的作业员人数。在一条机械加工生产线上，如果没有一台机器的作业时间超过期望周期时间，那么，上面计算作业员人数的公式也同样适用，如果一台机器的作业时间超过了期望周期时间，将会发生作业员等待机器的空闲时间。由此，我们得出结论：一条机械加工生产线的生产能力是由运行生产线的作业员人数和机器作业时间决定的。

每当客户需求发生变化、所提供的产品或服务发生变化、工艺流程发生变化或引进新机器时，请务必更新标准作业并重新计算"零件生产能力表"中的所有数字。世界级公司，将这些变化点视为实施改善并消除流程中更多浪费的良机。

5.5 改善类型

流程改善这个术语，有时会令人误解。当您阅读大野耐一和新乡博士的著作时，您会发现他们所采用的改善类型（改善方法）是依据下列优先顺序，予以实施的。

1. 作业改善

改善首先从作业本身开始进行。原因是，如果从设备开始改善，我们会发现，伴随着我们改善进程的发展，我们不再需要这台设备了，或这台设备待改善地方太多了，或这台设备需要修改太多工装了。

2. 设备/机器改善

设备/机器是改善设备/机器的安全性、速度、可靠性等功能。第一步是确保您的机器复原到"完好如新"的状态。然后，我们尝试加快机器的运转速度和程序或加快机器的速度和进给速度。

针对您配备和拥有的机器，您必须拥有简易维修和改善机器功能的能力。如果您购买最新高科技机器，并使用那些成为机器奴隶的非熟练作业员，那么，您会无法识别出降低成本的改善机会。

3. 流程改善

流程改善是指运用精益方法论，实施流程改善。通常，我们运用贯穿本书说明的 BASICS 精益问题解决模型，来实现流程改善。

4. 设施改善/信息系统改善

设施改善/信息系统改善需要我们复查整个设施布局并确认潜在的改善机会。通常，设施改善/信息系统改善的花费是最昂贵的。鉴于此，我们务必采纳和实施分等级（依据优先顺序）的改善方法。首先，我们实施作业改善，然后实施的依次顺序是，设备改善、流程改善、设施改善和信息系统改善，依据这个优先顺序，实施改善是十分重要的。从长远来看，依据这个优先顺序将会节省改善成本，如果您不依据这个优先顺序，实施改善，到头来您可能会造成大量返工的浪费或遭遇自动化所导致的浪费。

5.6 真正的瓶颈

真正的瓶颈是指一台每日运行 24h，仍然不能满足客户节拍的机器。我们必须以不同于管理普通瓶颈的方法，来管理真正的瓶颈。换言之，一台真正的瓶颈机器应该在作业员休息、午餐、换班等时间，保持连续地、不间断地运转。针对一台真正的瓶颈机器，我们必须缩短换型时间。我们必须指定一名机器责任者来管理真正的瓶颈机器。如果真正的瓶颈机器是一台独立运转的机器，那么，它应该连接到一个信息系统上，信息系统可以在机器故障前，向机器责任者等相关方，发送潜在故障的警告短信。

5.7 培训

在试点生产线启动新流程前，我们要求所有的作业员必须参加至少 2h 到 8h 的精益培训。其中涵盖他们已参加过的精益概要培训，以及一个批量处理与单件流对比的互动游戏，在互动游戏中，我们会教授给他们如何在交接区域进行替换作业。精益培训最重要的目的是，获得作业员对精益的认可并为即将到来的新流程的实施做好准备。在精益培训中，我们会简单地介绍什么是精益，并带着学员们做几轮互动游戏，以体验精益改善前和改善后的变化。"做中学"是一种十分有效的学习方法。

1. 一线主管技能训练（TWI）

TWI 原意"在企业内部（不脱产）的培训"，是美国政府在二战期间推行的训练课程。最初，TWI 由三部分组成。

1）JI——工作指导，指导如何将工作分解成主要作业步骤，并为每一个主要作业步骤添加要点和要点的理由。JI 是当前标准作业的基础。

2）JM——工作改善，指导如何持续地改善工作方法。

3）JR——工作关系，指导一线主管如何应对工作场所的各类人际问题。JR 是落实"尊重人性"的重要支撑。

从那时以来，为了完善一线主管技能训练（TWI），JS（工作安全）和 PD（项目开发）的 2 个训练模块被补充到 TWI 中。

2. 职责分配矩阵

《职责分配矩阵》简称为《RACI 表》，是项目管理中的人力资源管理方法。一个项目团队的成员往往来自于不同背景的各个部门，这些成员受部门经理和项目经理的双重管辖。这些人往往是临时组织起来的，并且在项目的各个阶段扮演不同的角色，项目任务紧迫，因此，《职责分配矩阵》就是在这种情况下产生的。它采取矩阵的形式，通常，横轴放置项目人员所在的部门，竖轴放置项目的每一项任务，在部门和每一项任务的交点即为该部门需要在该任务中投入的人力，而这些人力的职责用 R（谁负责）、A（谁批准）、C（咨询谁）、I（通知谁）四个字母来描述，并填入交点。

我们使用《职责分配矩阵》，来定义组织的各个部门在每一项任务中的职责（见图 5-6）。《角色和职责矩阵表》规定：仅由一个部门或一人完成一项任务。通常，完成一项任务涉及的相关方包括被咨询方、被通知方、批准方，并且可以由几个部门共同分担完成，然而，最重要的一点是，仅由一个部门完成该项任务。《职责分配矩阵》版本格式（见图 5-7）选自杰伊·盖尔布雷斯的一本名为《设计组织》的著作。

3. 如何构建交叉训练矩阵

交叉训练矩阵（见图 5-8）是我们在 BASICS 实施阶段中所运用的精益工具之一，其来自一线主管技能训练（TWI）的工作指导（JI）模块。交叉训练矩阵展示了生产单元的每一名作业员的作业训练状态，并列出了每一名作业员的技能评级和相关的训练科目。交叉训练矩阵会分别列出生产单元的所有作业员、生产车间的所有员工、公司的所有员工，迄今为止所获得的工作技能及技能评级。

通常，交叉训练矩阵会张贴于作业区域，供作业区域的所有员工进行复查，并可用于帮助一线主管进行人员配置分析及制定生产线作业员的训练计划。

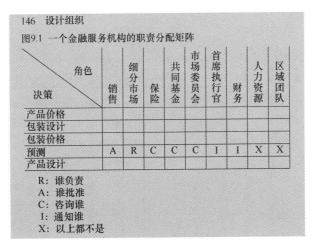

图 5-6　职责分配矩阵

（来源：2002 年约翰·威利父子出版公司出版，杰伊·加尔布雷斯著作《设计组织》[一]）

	任务/部门 R：谁负责(仅由一个部门或一人完成) A：谁批准 C：咨询谁 I：通知谁 S：谁分享 X：以上都不是	焦点工厂经理	采购/计划/调度	发货和收货	战略收购经理	水蜘蛛	工程	现场团队成员	工厂负责人	会计	客户服务	质量保证	销售/产品/项目经理	发货
1	开发供应商工作说明书	C	C		R		C		A		C			
2	制作客户询价单(RFQ)			C			C				C		R	
3	得到销售订单										C		R	
4	录入销售订单				I				I		R		I	
5	后市场客户调查	C	C		C						R		C	
6	开发供应商管理库存协议	C	C		R		C		A	I				
7	开发与(供应商)的长期协议	C	C		R		C		A	I				
8	协商一揽子采购订单	A			R				A	I				
9	将一揽子采购订单/供应商管理库存/与(供应商)的长期协议录入到系统	I			R				I		I			
10	更新已批准的供应商清单		R	A					I	I		C		
11	发布一揽子订单		R						I					

图 5-7　职责分配矩阵案例

（来源：业务改善集团有限责任公司档案）

班长应该负责监督和管理交叉训练矩阵，并确保尽可能多的作业员参与到多技能交叉训练中，推动作业员具备柔性作业能力，以确保当客户需求发生变化时，班长拥有可用的作业员工。通常，我们会依据一套客观的技能评级标准（1~4 级），

[一] 原书名 *Designing Organizations*。——译者注

交叉训练矩阵

团队成员	标准信息包	配置	工作步骤1	工作步骤2	工作步骤3	工作步骤4	工作步骤5	工作步骤6	工作步骤7	工作步骤8	工作步骤9	工作步骤10	工作步骤11	工作步骤12	工作步骤13	工作步骤14	工作步骤15
塔拉	●	●	●	●	●	○	○	●	●	●	◐	◐	○	○	○	○	○
布伦达	●	◐	●	●	●	●	○	●	●	●	○	●	●	●	◐	●	●
路易斯	●	◐	●	○	●	○	●	●	○	◐	○	○	●	○	○	○	●
迪伊	○	○	●	○	●	◐	○	●	◐	●	◐	●	○	○	○	◐	○
菲利斯	●	◐	●	●	●	●	●	●	●	◐	●	◐	●	○	●	◐	◐
安	○	○	●	●	●	●	●	●	●	●	●	○	○	○	○	○	○
玛琦	○	◐	●	●	●	●	○	●	◐	●	●	●	○	○	○	○	○
姓名1	○	○	○	◐	○	○	○	●	○	○	○	○	○	○	○	○	○
姓名2	○	○	◐	●	○	○	○	○	○	○	○	○	○	○	○	○	○
姓名3	○	○	○	◐	○	○	○	○	○	○	○	○	○	○	○	○	○
姓名4	○	◐	○	○	○	◐	○	○	○	○	○	○	○	○	○	○	○
姓名5	●	◐	○	○	○	●	○	○	○	○	○	○	○	◐	○	◐	◐
姓名6	●	●	○	○	○	●	○	○	○	○	○	○	○	○	○	◐	◐
姓名7	○	○	◐	◐	◐	●	○	○	○	○	○	○	○	○	○	○	○
姓名8	○	◐	○	○	○	○	○	○	○	○	○	○	○	○	○	○	○
姓名9	○	◐	◐	○	◐	○	○	○	○	○	○	○	○	○	○	○	○
姓名10	○	◐	◐	○	◐	○	○	○	○	○	○	○	○	◐	○	○	○
姓名11	○	◐	◐	○	○	○	○	○	○	○	○	○	○	◐	○	○	◐
姓名12	○	○	○	○	○	○	○	○	○	○	○	○	○	○	○	○	○
姓名13	○	○	○	○	○	○	○	○	○	○	○	○	○	○	◐	●	◐
姓名14	○	○	○	○	○	○	○	○	○	○	○	○	○	○	○	◐	◐
姓名15	○	○	○	◐	◐	◐	○	○	○	○	○	○	○	○	○	○	○
姓名16	○	◐	○	○	◐	●	○	○	○	○	○	○	○	○	○	○	○

图例：
- ○ 0 = 未接受作业训练培训
- ◔ 1 = 正在接受作业训练过程中
- ◐ 2 = 可以遵循标准作业的作业步骤，但比标准作业中规定的作业周期时间慢50%
- ◕ 3 = 能够彻底地遵循标准作业——100%达成标准作业中规定的作业周期时间，并可以针对标准作业，提出个人改善提案
- ● 4 = 具备TWI培训师资质，能够培训他人

图 5-8　交叉训练矩阵案例

◔1 = 正在接受作业训练过程中　　◐2 = 可以遵循标准作业的作业步骤，但比标准作业中规定的作业周期时间慢50%　　◕3 = 能够彻底地遵循标准作业——100%达成标准作业中规定的作业周期时间，并可以针对标准作业，提出个人改善提案

●4 = 具备TWI培训师资质，能够培训他人

（来源：业务改善集团有限责任公司档案）

对作业区域的所有员工，进行技能评级。组织应该持续地监督和修订所有员工的技能评级。如此，会推动所有员工及时地接受工作场所新流程培训及相关标准作业的训练。交叉训练矩阵中的技能评级标准，因公司而异，通常，组织遵循下列通用的技能评级标准：

1）正在接受作业训练过程中。

2）可以遵循标准作业的作业步骤，但比标准作业中规定的作业周期时间慢50%。

3）能够彻底地遵循标准作业——100%达成标准作业中规定的作业周期时间，并可以针对标准作业，提出个人改善提案。

4）具备TWI培训师资质，能够培训他人。

班长负责创建和更新年度交叉训练计划（见图5-9）。

2017年作业训练计划

姓名/培训者：红梅
部门：培训部
日期：9月24日

作业训练的4个过程：
1. 正在接受作业训练过程中
2. 可以遵循标准作业程序，但比标准作业时间慢50%
3. 能够遵循标准作业——100%完成标准作业的时间，并可计算对标准作业、提出个人改善提案
4. 具备TWI培训师资质，能够培训他人

姓名	完成卸载机器 状态	完成卸载机器 达到下一级别的日期	区域1换型 状态	区域1换型 达到下一级别的日期	完成卸载机器 状态	完成卸载机器 达到下一级别的日期	区域2换型 状态	区域2换型 达到下一级别的日期	区域3换型 状态	区域3换型 达到下一级别的日期	区域4换型 状态	区域4换型 达到下一级别的日期	自主保全(AM) 状态	自主保全(AM) 达到下一级别的日期	作业训练原因
达到3级及以上已接受作业训练的人数	9		2		5		5		5		5		3		
工作分解表编号	1		2		3		4		5		6		7		
人员1	◐	10/5/16	◐	12/1/16	◐	11/1/16	◐	11/1/16	◐	11/1/16	◐	11/1/16	●	11/1/16	替代即将离职的一位员工
人员2	●		○		○		●		●		○		○		新员工
人员3	●		●		◐	12/1/16	◐	12/1/16	◐	12/1/16	◐	12/1/16	◐	12/1/16	进行持续的换型作业训练
人员4	●	1/1/17	◐	1/1/17	○		○		●		●		○		进行持续的换型作业训练
人员5	●		○		◐	12/2/16	○		○		○		○		完成装载机器和卸载机器
人员6	●	10/1/16	○		◐	2/1/17	◐	1/2/17	◐	2/1/17	◐	2/1/17	◐	2/1/17	进行持续的作业机器机械修理工
人员7	●	10/1/16	○		○		●		●		●		○		交叉训练机器和卸载机器
人员8	●	1/1/17	○		○		○		○		○		○		进行持续的换型作业训练
人员9	●	6/1/17	○		○		○		○		○		○		绩效不达标——装载机器和卸载机器仅达到3级
当前状态达到3级或4级已接受作业训练的人数	5		0		1		2		2		4		1		

图 5-9　一线主管技能训练（TWI）交叉训练矩阵案例
（来源：业务改善集团有限责任公司档案）

5.8 实现生产线平衡

假设我们运行一条生产线，这条生产线加工完成一件产品花费的人工总工时为30min，6名作业员在这条生产线上进行作业，那么，每名作业员所承担的作业量是多少呢？

答案是：30min/6名作业员=5min作业量每名作业员

这个答案意味着每名作业员被分配完全相同的作业量（5min作业量），相应地，每名作业员必须完成分配给他（她）公平等分的5min作业量。

为此，我们需要考虑实施作业任务或作业活动的作业员或员工的技能组合。如果生产线上每一名作业员都能够以相同的速度，完成相同的作业量，平衡工位作业量会十分有效。此外，最为重要的一点是，每一名作业员都接受了一定的交叉训练，以促进在流程之间、作业之间和设备之间，实现柔性作业。

考察一个工作场所是否达成真正精益的有效方法是，检查和寻找生产线流程或办公室流程中，是否存在两大浪费。这两大浪费是：库存过剩和空闲时间（等待的浪费）。如果生产线发生库存过剩，则意味着生产线工位作业量不平衡或某台设备运行不正常（经常发生停机），生产线流程存在大量波动或者生产线的过程能力很弱。

如果生产线运用替换作业或交接区域作业以实现平衡，则生产线工位作业量不平衡的原因，不会归结于作业员。生产线上任何一名作业员发生空闲时间了吗？针对此问题，我们需要仔细地观察生产线，并做出客观的分析，这一点是十分重要的。然而，并非所有的浪费都一定会显现为库存过剩或空闲时间。库存过剩总是掩盖了若干类型的浪费。因此，这些"被掩盖了的若干类型的浪费"也是我们前文提及"隐藏的浪费"的又一个例证。

平衡工位作业量无须改变已经改善后的布局。通过建立由1名或10名作业员的替换作业或交接区域作业，可以达到实现平衡作业的目的。这也是员工们在精益培训中最难理解的一个精益概念。因为，他们总是假设可以通过改变产品的加工工序布局，来平衡每一个工位的作业量。

1. 平衡工位

我们今天看到的大多数生产单元模型，都可以追溯到1983年惠普公司制作的一个指导性路演视频，这个指导性路演视频演示了无库存生产或如何从批量生产转型为小批量生产再到单件流生产。在这个惠普的指导性路演视频中，惠普展示了如何"拉动3盒或拉动1盒"，这是一个使用在制品上限数量的生产系统，我们称之为"懒人平衡生产系统"（见图5-10）。实际上，生产线工位是由储存在作业员之间的在制品，予以平衡的。此时，库存过剩和空闲时间隐藏了其他浪费。由于看板方盒系统放置于每一名作业员之间，我们既会发现作业员空闲时间（当我们将方盒填充到在制品上限数量时）浪费的事实，也会发现看板库存本身定义为库存过剩的事实。因此，看板方盒中过剩的物料，隐藏了这样一个事实：生产线工位作业量是不平衡的（如果您尚未懂得"在制品的定义"，您会被这个事实所蒙蔽）。

图 5-10　懒人平衡生产系统
（来源：业务改善集团有限责任公司档案）

我们所观察到的另一个问题是，即便在制品上限数量已经被贴上标签——提示方盒（通常是物料箱或者托盘）所能容纳的最大数量，但是没有充足作业量的作业员，将会不可避免地填充大于方盒最大数量的在制品，并且在许多情况下，他们会尽可能多地填满生产线区域。使用"懒人平衡生产系统"模型的生产线具有下列特征：

1) 作业员坐姿作业。
2) 基于平衡工位作业量，来实现生产线平衡。目标是每一个工位被分配完全相同的作业量。
3) 每一名作业员之间都有空间或看板方盒（在制品）。

平衡每一个工位的作业量，可以简单地用每一个工位相同的作业周期时间来表示，每一个工位相同的作业周期时间等于用生产单元生产的一件产品的总工时除以生产单元的作业员人数（见图5-11）。大野耐一将惠普公司"拉动1盒"组装生产线看板系统的物料交接，比喻为游泳接力赛。在游泳接力赛过程中，当前一名队友的双手触游泳池壁之前，泳手不能离开泳道"起跑台"。在惠普公司生产单元中，前工序作业员完成作业，将完成品放到看板方盒后，后工序作业员才开始作业。使用看板方盒（见图5-12）遵循下列规则：

1) 规则是，当看板方盒仅剩下1件在制品时，后工序作业员才开始生产在制品。
2) 一旦前工序作业员将生产的在制品，填满后工序看板方盒后，前工序作业员就必须停止生产在制品。

2. 平衡工位的问题

1) 作业员们不是机器人，作业员们会以不同的速度实施作业，或作业员们会

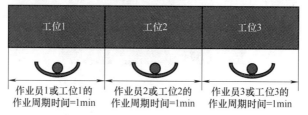

图 5-11　平衡工位

（来源：业务改善集团有限责任公司档案）

- 系统中总计在制品数量=9件
- 每个工位保持1件在制品，工位之间贮存3件在制品

图 5-12　一次拉动 3 个看板方盒的规则

以不同的速度，提高作业熟练度。

2）如果生产线生产多个型号或多种产品风格，则很难平衡工位作业量。

3）平衡工位是针对一组作业员，平衡工位作业量而设计出来的，如果缺失一名作业员，就会产生问题。

4）大多数平衡工位的作业员采用坐姿作业，在该工位，产品加工流通常会产生断点，与采用站姿作业和走动作业的生产线相比，采用坐姿作业生产线的生产效率会低 10%~30%。

5）当生产线从一种产品切换到另一种产品时，作业员往往用尽了生产线上所有的标准在制品。

6）如果在平衡工位生产线上，我们拥有一名作业速度较快的作业员，他（她）在完成本工位作业后，会发生空闲时间。另一方面，如果在平衡工位的生产线上，我们拥有一名作业速度较慢的作业员或一名作业员被分配了过多的作业量，则在制品会在他（她）的工位前，堆积起来。

7）生产线平衡工位是依据节拍时间（客户需求），而不是依据期望周期时间。

8）根据生产不同型号的产品或有时根据作业速度较慢的作业员，来调整作业总工时。

由于平衡工位作业量存在多种问题，会不可避免地发生下面浪费：要么作业员们发生空闲时间,要么在两个工位之间产生在制品库存过剩,要么二者兼有。当我们为一条生产线平衡工位作业量时,我们必须给作业员们预留充分的作业时间,推动他们高质量地完成每一项作业步骤。在每一个精益课程教授的行业标准中,都会建议制作作业负荷山积图或制作工位负荷山积图(见图5-13)。然而,作业负荷山积图只是生产线平衡工位作业量后所呈现的表面症状,虽然,制作作业负荷山积图的初衷是消除作业浪费,然而,作业负荷山积图很少能够推动消除作业浪费。此外,大多数精益从业者,在作业工时上做手脚,并允许每一名作业员的作业周期时间存在5%或更多波动,使平衡工位作业量后,作业负荷山积图呈现鲜明的"平衡"视觉冲击。然而,这样做却适得其反,如果每一名作业员的作业周期时间存在5%或更多波动,这会立即导致该工位作业量的不平衡。

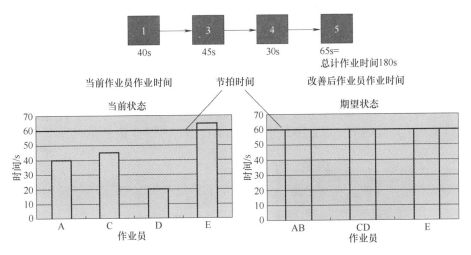

图 5-13 传统的作业负荷/工位负荷山积图

(来源:业务改善集团有限责任公司档案)

3. 逐兔式

逐兔式生产线平衡法可以让每一名作业员在每一个作业周期内,围绕整个生产单元,依序进行作业,从而自己一个人完成一件完成品。因此,不是由一名作业员替换另一名作业员进行作业,而是每一名作业员连续不断地围绕生产单元,从第一道工序到生产单元最后一道工序,进行加工作业,最终,他(她)一个人完成一件完成品。

通常,逐兔式生产线平衡法(见图5-14)的生产效率较低。因为,作业员失去了团队合作的氛围和作业员之间替换作业时的时间紧张度。

然而,有时逐兔式生产线平衡法或许是最佳的解决方案。例如,我们在生产线布局中建立了一个强制执行的孤岛生产单元。其中,作业员会打开物料包装袋,并将物料倒入搅拌机。为了加快作业流程,当一名作业员将物料倒入搅拌机时,另一名作业员打开下一个包装袋，准备好倾倒。然而，相比于一名作业员尝试将一袋打开的物料递给另一名作业员，采用逐兔式生产线平衡法会更加快速和高效。

4. 单件流和交接区域生产线平衡（替换作业）

为了推动实现平衡工位作业量，我们使用了一个概念，其被大野耐一称为交接区域（baton zones）或柔性区域（flex zones），它们是作业员之间进行作业交接的区域（见图5-15）。在这个系统中，作业员或组装工人分布在生产线的各个工位上，就像接力赛中的运动员交接接力棒一样，作业员将自己手中的在制品交接给后面工位的作业员，然后去替换前面工位的作业员，继续作业。这个替换作业过程一直会传递至负责第一道工序的作业员，他（她）走到生产线的第一道工序并开始组装一件新产品（见图5-16）。

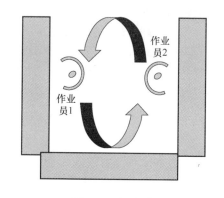

图5-14 逐兔式

只能按照最慢作业员的作业速度进行作业，或者当其他作业员步行到最慢作业员工位的时候，让他（她）停下手头作业。有点像打高尔夫球
（来源：业务改善集团有限责任公司档案）

图5-15 采用柔性（替换）作业区域的工位
（来源：业务改善集团有限责任公司档案）

替换作业取消了作业员之间传递看板方盒，使得作业员之间的在制品数量为零，并自动平衡了各个工位作业量。我们告诉作业员：你们不再固定于一个工位

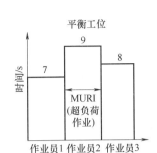 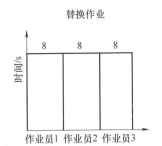

图 5-16 替换作业与平衡工位对比

（来源：业务改善集团有限责任公司档案）

了，作业区域就是唯一的作业指南！替换作业实现了"拉动 1 盒"的假说，而在惠普的指导性路演视频中，阐明了这个假说是不可能实现的。

替换作业的规则是，作业员必须连续不断地进行作业，直到后面工位的作业员从您手中拿走在制品。当最后一名作业员〔他（她）会最接近生产线尾线的工序，即包装和装运〕完成包装和装运一件产品时，他（她）会走回到前面工位的作业员，不管前面工位作业员的作业进行到哪里，从前面工位的作业员手中拿走在制品，来替换前面工位的作业员，继续作业。前面工位的作业员与替换作业员沟通作业进行到哪里，然后去替换他（她）前面工位的作业员，继续作业，以此类推，直到生产线第一道工序的作业员开始组装一件新产品。

替换生产系统需要作业员进行柔性作业。替换生产系统具备如下显著的不同之处：

1）工位必须满足站姿作业高度，工位应依据产品的组装工艺路径（真正标准作业的基础）重新设计。

2）每一名作业员都必须接受交叉训练。

3）作业员必须保持站姿作业、走动作业和替换作业，以满足维持生产连续流的要求。

4）一些工具、夹具或物料，可能需要备齐 2 套。

5）作业员应该每日轮岗几次。

6）必须在标准在制品的物料箱上贴标签，并及时补充标准在制品的数量。

7）一名作业速度较快的作业员被安排到最接近生产线尾线的工序，他（她）会产生拉动作业速度的效应，如此安排，这条生产线的作业效率最高。然而，如此安排不应该成为作业速度较慢的作业员不需要加速的借口。

8）作业员不能替换后面工位的作业员继续作业，作业员只能替换前面工位的作业员继续作业。

9）切勿替换标准在制品（SWIP），您必须替换前面工位的作业员继续作业。

10）作业员不应该等待机器作业。作业员在生产线启动生产（开线）前，为机器铺满标准在制品，实现人机分离——作业员不当机器的看护者。

11）在混流生产线上，由于可能有多个订单同时下线，因此必须弄清楚如何处理相关的表格记录。一般来说，相关的表格记录会附在第一件在制品上，一起进行处理。

12）从瓶颈工位开始，平衡生产单元中的各个工位。假设拥有客户需求，瓶颈工位永远不应该发生空闲时间。生产单元的运行速度取决于加工速度最慢的机器。因此，瓶颈工位不应该是作业员，而应该是机器。

13）每一条生产线应该展示作业员岗位技能训练发展路径；工厂应该展示各个部门职员岗位技能训练发展路径。

14）不要将作业员固定于一个工位进行作业（如：使用一台测试设备）。

15）尽可能地消除流程中的主要波动。

16）必须建立、实施每日小时产出记录表，以便作业员和班长能够第一时间发现问题并及时解决问题。

17）作业员必须遵守运行生产单元的指导原则（见图5-17）。

- 每天召开QDIP白板例会
- 记录每日小时产出记录表和每月每天产出记录表
- 如果发生零件短缺，不要执行订单
- 作业员不应该等待机器作业！在机器运转过程中，不要站在机器旁等待。从前面工位的作业员手中拿走在制品，来替换前面工位的作业员，继续作业
- 切勿替换标准在制品(SWIP)，您必须替换前面工位的作业员继续作业
- 您可能随时轮换岗位
- 按照单件流运行生产线
- 以20件一批清洗，20件一批冷却，20件一批贮存在清洗和冷却两道工序中间——标准在制品
- 不要连续生产两个小订单，除非他们使用相同的零件
- 检查当日所有订单，并监控未来两天的订单以防短缺
- 在线返工，以便快速修复，当生产线发生重大故障或测试失败时，从生产线取下产品
- 在返工或修复产品前，生产单元班组长必须维持生产线的正常运行
- 零件不应放在后面货架上，除非已清洗并准备好
- 可以用测试台的周期时间确定生产线的速度。目标是让测试台尽可能运行(基于节拍时间)

图5-17 运行生产单元的指导原则
（来源：业务改善集团有限责任公司档案）

18）只有当生产单元的加工流不能前进或者除了他们，其他作业员回来，进行替换作业时，第一位作业员才会放下工位的在制品，前来支援。如果返工导致生产单元不能平稳运行，我们则需要建立额外的工位来修复产品或允许加班来修复产品。显然，我们的目标是彻底消除返工，然而，在现实世界中，彻底地消除返工不一定可以实现。我们必须安排相关人员修复产品，并通过找到缺陷的根本原因，彻

底地解决缺陷返工的问题,这样才不会重复发生缺陷返工的问题。

区别于平衡工位作业量,替换作业的主要不同之处在于,生产线所有的作业员都不会像推动式平衡工位的生产线那样,等待前面工位的作业员,将在制品(或接力棒)交接给他们。实际上,他们是从前面工位的作业员手中拿走在制品,即使前面工位的作业员尚未完成自己工位的作业。

当作业员们看到生产单元内实施替换作业时,他们将会自己主动平衡工位作业量,并找出如何、何时实施替换作业的可行方法。最后,经过对替换作业进行反复演练后,您将学会如何向作业员,说明生产线的作业步骤的要点、要点的理由,您将学会改善后如何从生产线转走富余的作业员,并学会如何顺畅地运行生产线。在某些情况下,如果必须增加作业员的话,您或许不得不增加工位。替换作业的目标是,建立移动作业和走动作业的柔性生产线,替代让作业员在同一个工位进行作业的生产线。

5. 替换作业的成果

在生产线实施替换作业后,我们将产量和相应的生产效率提高了多达60%,人均小时产量提高了150%(见图5-18)。

基线测量指标-2件流	
作业员/位	4
小时产出/件	26
直接人员每件时间/min	9.2
交付时间/min	33
周期时间/min	2.3
空间	

精益改善后已证实的测量指标单件流		
作业员/位	2	−50%
小时产出/件	32.5	+20%
直接人员每件时间/min	3.75	−60%
交付时间/min	3.75	−94%
周期时间/min	1.875	−18%
空间	取消2/3的传送带	

图5-18 铸造车间精整区域的改善报告显示:实施交接区域替换作业后,产出增加了60%
(来源:业务改善集团有限责任公司档案)

一直以来,生产线平衡工位作业量是通过调整作业员人数或标准在制品,来予以实施的。现在,我们可以尝试两种类型的替换作业场景。一种类型是,如前文所述,作业员实施替换作业。另一种类型是,作业员留在他们自己的工位上,标准在制品被传送到他们的工位。这意味着在每一个工位上,我们都为作业员们备齐了组装产品所需的全部工具和物料。

6. 替换作业的好处

除了本章前文提及的能够显著地消除或减少一些浪费之外,替换作业,(交接接力棒式生产线)还具有下列的好处:

1）能够最大限度地提高作业员的作业效率。

2）一名作业速度较快的作业员被安排到最接近生产线尾线的工序，他（她）会产生拉动作业速度的效应，能够最大限度地提高生产线的产量。

3）能够最大限度地减少员工旷工的影响。

4）生产线布局不必是 U 形布局。

5）能够推动多技能作业员的交叉训练。

6）具有易于测量生产线产出的能力。

7）当我们分解作业单位到更加细小的作业要素时，质量改善和防错改善的机会便彰显无遗。

8）能够并入离线生产的子组装线或其他配套的分装生产线。

9）能够取消空闲时间（假设已经备齐标准在制品）。

10）在每个班次下班、离开生产线前或每次变更产品型号后，不会用尽生产线上所有的标准在制品。

11）易于解决多品种生产线或混流生产线流程中的波动。

12）能够方便作业员在生产线内外进行轮岗。

13）能够方便作业员轮换到生产线内的不同岗位。

7. 替换作业的失效模式

1）大多数作业员想要替换标准在制品（SWIP）；而不是替换作业员继续作业。

2）作业员没有接受过多技能交叉训练，因此他们不具备实施替换作业的技能。

3）由于设备离线，作业员不得不离开生产线进行作业，从而中断生产线的加工流。

4）未建立站姿作业/走动作业生产线。

5）班长或一线主管不理解如何在生产线实施替换作业。

6）在每个班次下班、离开生产线前，用尽了生产线上所有的标准在制品或未及时补充在制品数量。

7）当订单发布时，即将生产产品的所有零件（子组件）尚未备齐。

8. 运行生产线/子组装线

人们在实施精益过程中，经常犯的一个错误是，人们期望某些配套的分装生产线进行离线生产。我们确实不理解这样做的原因，然而，针对某些配套的分装生产线，采用离线生产的方案是普遍和广泛的。通常，在一个单独区域进行离线生产，会进行批量生产并制造大量浪费。

例如，我们必须解决如何将离线生产的子组装线连接到组装主线的进料装置入口侧。这意味着，子组装线和组装主线之间需要建立子组件库存缓冲区，否则，只有在子组装线生产并备齐所有子组件后，组装主线才能启动生产。此时，子组装线采用的是批量生产模式。因此，即使我们在子组装线，采用单件流的生产模式，但我们发现的任何一种质量缺陷，都极有可能涉及子组装线生产的整个批次产品。

出于某种原因，作为人类，我们简直是怀有某种被迫期望：子组装线进行离线生产，好像这样做赋予了子组装线在生产流程上的某些优势。子组装线仍然需要人工作业；人工作业是断断续续而且非常低效的，通常，子组装线会拖延组装主线的生产进度。

9. 岗位轮换（轮岗）

通常，为了提升作业效率，我们对班组内的作业员进行多种方式的岗位轮换。例如，岗位轮换可以在工作时间中每间隔1h实施、休息后实施或午餐后实施（见图5-19）。同时，岗位轮换也赋予了作业员工一种成就感，通过学习新岗位技能，他们会变得技能出众、更受雇主的青睐。此外，岗位轮换还可以打破岗位壁垒和局部本位主义，可以更好地理解全流程各个岗位的工作内容。

图 5-19　岗位轮换图表

（来源：塔普工业主席乔·麦克纳马拉和业务改善集团有限责任公司档案）

5.9　实施生产线绩效测量指标可视化

1. 每日小时产出记录表

每日小时产出记录表（见图5-20）展示了每小时的计划产出数量，当然，我们必须依据可用工作时间来计算得出每小时的计划产出数量，即从出勤时间中剔除了休息时间、会议时间或碰头会时间及工间操时间。每日小时产出记录表存在大量的波动，这些波动来源于每日小时产出记录表所记录的生产线或生产区域的流程。通常，班长或一名作业员，每小时都会在《每日小时产出记录表》中，输入产品（或文件）的实际产出数量。

图 5-20　每日小时产出记录表
（来源：业务改善集团有限责任公司档案）

如果某个小时的实际产出数量与计划产出数量之间存在差异，班长或作业员会输入差异数字和差异原因的简单说明，以及是否需要任何遏制措施或对策。每日小时产出记录表的真正价值，体现于两个方面。

1）第一个方面的价值：每日小时产出记录表向一线作业员们展示了小时实际产出数量与计划产出数量（源自作业流分析［WFA］和随后制定的标准作业）之间存在差异。

2）第二个方面的价值：分析、找到小时产出差异的根本原因及对策，并立即实施整改对策，杜绝相同或类似的根本原因导致小时产出差异的重复发生。

班长或一线主管应该采取迅速的、有效的行动，进行根本原因的调查，并找到根本原因并采取相应的对策，纠正导致小时产出差异的流程波动。如果班长能够立即解决小时产出差异问题，他（她）会在每日小时产出记录表上，清晰地注明"原因和已经对策完毕"。如果班长不能够立即解决小时产出差异问题，则他（她）应该将该问题写到+QDIP白板上相应标题的下边，由工厂级别价值流团队或一线主管进行根本原因的调查，找到根本原因并采取相应的对策，纠正导致小时产出差异的流程波动。实施每日小时产出记录表的关键是，及时地暴露问题，彻底地解决生产线的所有问题。如果小时产出差异是正值（超出小时计划产出数量），我们需要考虑是否我们需要更新标准工时了？

此外，每日小时产出记录表为作业员树立了每小时产量的更高目标，因为当他们参加精益改善项目团队的分析会议时，他们就已经知道每日小时产出的更高目标是可以实现的。当我们在生产线上，首次实施每日小时产出记录表的时候，我们先不要求一线主管输入每小时的计划产出数量，但是，我们确实会让他们习惯于每小时记录实际产出数量及每小时发生的各种异常。这样做的原因是，如果我们马上提出每小时的计划产出数量，作业员们会认为：我们强迫他们立即达成每小时的计划产出数量。我们相信：事实永远只有一个。我们让一线主管及作业员们习惯于生产线全新运行模式后，按照我们的方式，沿着学习曲线一路前行，通常，在一周之后，一线主管会开始输入每小时的计划产出数量。

一些工厂将每小时的计划产出数量，设定为每小时能够达成产出数量的 80% 或更低。这完全是错误的做法。我们认为，将每小时的计划产出数量设定为与精益改善项目团队回看视频时已经共识的分析结果相一致，是十分重要的。将每小时的计划产出数量设定为易于实现的计划产出数量，或讨好员工并不能够推动持续改善，而且对于员工们是不公平的，因为设定易于实现的计划产出数量，会导致支持部门的工作松松垮垮，但仍然能够完成绩效测量指标。

节拍时间记录板和生产线产量计数器。安装生产线产量计数器可以帮助实现每日小时产出记录表的现场可视化（见图 5-21）。依据可视化标准（作业周期时间、一次通过合格率等）和生产线产量计数器，就很容易确定您的生产线此时此刻，是超前于计划产出数量，还是落后于计划产出数量。

图 5-21　生产线产量计数器——实时状态（实际产量）与节拍时间的对比

2. +QDIP 的介绍

+QDIP 是在团队绩效管理白板上，通常展示的 5 个方面绩效测量指标；其中，首字母缩略词+QDIP 中的每个字母分别代表：

1）+表示第 6 个 S——"安全"（安全+5S）。

2）Q 表示质量（通常使用 2 个质量绩效测量指标，一次通过合格率和流通合格率）。

3）D 表示按时交付（OTD）。

4）I 表示库存。

5）P 表示生产效率。

一些公司的团队绩效管理白板，也使用其他首字母缩略词，如 QCD、SQDP 和 SQDIP，其中首字母缩略词 QCD 分别表示质量、成本和交付；首字母缩略词 SQDP 中，S 表示安全，替代+QDIP 中的+（第 6 个 S）；此外，首字母缩略词 SQDP 中，不包含库存；首字母缩略词 SQDIP 中，包含库存（见图 5-22）。

图 5-22　由塞莱默公司的焦点工厂经理汤姆·图顿主持的 QDIP 会议
（来源：塔普工业主席乔·麦克纳马拉和业务改善集团有限责任公司档案）

（1）加号（+）＝第 6 个 S"安全"　加号（+）绩效测量指标，表示我们在 5S 基础之上，增加的第 6 个 S（安全），我们会在+QDIP 团队绩效管理白板上，可视化"加号（+）绩效测量指标"。通常，作为团队重点关注和必达的安全绩效测量指标，一线主管会带领团队讨论和共识"加号（+）绩效测量指标"的定义和管理方法——追踪、记录安全事故的严重程度和发生频率及彻底地问题解决。我们建议：应该在每一个价值流中建立一块高度可视化的每日 5S 标准作业白板，但是，任何导致员工损失工时的安全事故，都必须及时地直接报告给部门总监。

如果所有的 5S 任务都已经在前一天完成，并且前一天没有发生工伤事故或虚惊事件，那么，我们会在当月安全十字（安全绩效测量指标）上，将前一天的方框涂成绿色。如果前一天发生虚惊事件或未完成 5S 任务，则一线主管会在+QDIP 白板例会中，及时切换记号笔，并在当月安全十字上，将前一天的方框涂成红色。当生产单元或价值流员工，由于计划停线而未出勤工作的时候，应在当月安全十字上，将计划休息那天的方框涂成蓝色。如果没有计划停线（即发生设备意外停机或订单所需的零件断料），则不允许涂成蓝色。

（2）Q＝质量　质量绩效测量指标是衡量工作场所是否达成质量的标准。对于生产单元而言，如果前一天没有发生质量问题，在 QDIP 白板会议召开期间，一线主管会将前一天质量绩效测量指标方框涂成绿色。当由于不合格来料或生产单元、生产区域内地组装、机械加工的作业错误导致前一天发生了质量缺陷时，尽管发生了质量缺陷，但是当班的一线主管履行了质量改善承诺（启动质量问题的问题解决，实施临时举措，甚至完成了当班的计划产出数量），则将前一天的质量绩效测量指标方框涂成黄色；如果质量改善承诺未达成，则将前一天质量绩效测量指标方框涂成红色。非传统意义"现场"的质量绩效测量指标，也已经被应用到支持区域或支持部门的+QDIP白板上。例如，如果工程部前一天绘制或交付车间现场的所有工程图纸和物料清单正确无误，那么，工程部主管会在工程部的+QDIP白板上，将前一天的质量绩效测量指标方框涂成绿色；否则，工程部主管会将前一天的质量绩效测量指标方框涂成红色。

（3）D=交付　交付绩效测量指标用来衡量工作场所是否依据计划，按时交付产品。例如，只有当来料检验部前一天准确地、准时地完成所有来料检验的时候，来料检验部主管会在来料检验部的+QDIP白板上，将前一天的交付绩效测量指标方框涂成绿色，如此，零件会被按时放行，并进入生产单元的线边仓，确保准时地供给生产线。

（4）I=库存　如果将本应该有的所有零件都已经在现场备齐，请将库存周转次数改变为现场管理的绩效测量指标。如果在前一天创建订单时，发现工单缺料，或缺料导致无法执行订单，一线主管会将前一天的库存绩效测量指标方框涂成红色；如果前一天发现零件变更通知内的描述不准确或发现来料质量问题（来料检验部漏检），那么，一线主管会将前一天的库存绩效测量指标方框涂成红色；如果前一天物料清单（BOM）的列表中缺少某一个零件，那么，一线主管会将前一天的库存绩效测量指标方框涂成红色；如果某个零件库存水平低于生产单元中的预期库存水平，但是不需要发送紧急订单，并且零件正在生产过程中，那么，一线主管会将前一天的库存绩效测量指标方框涂成黄色。

（5）"I"也可以代表改善提案　在一些公司，我们将字母"I"代表的意思，从"库存"变成了"改善提案"。在每天+QDIP白板例会上，我们征询每位团队成员的个人改善提案，并听取已提出改善提案的实施进度。鉴于团队成员每天都会针对现场出现的问题，提出他们的个人改善提案，因此我们的"改善提案"绩效测量指标方框应该涂成绿色。

（6）P=生产效率　生产效率绩效测量指标的定义，从标准小时产量（而不是实际小时产量），快速地演变为下列3个表示"生产效率"的绩效测量指标：

1）任何意外停机。
2）机器运行减速。
3）丢失工具。

如果前一天生产线发生了意外停机、机器运行减速、丢失工具等任何一项异常问题，导致了生产线未达成前一天的生产计划，那么，一线主管会将前一天的生产效率绩效测量指标方框涂成红色。此外，现场生产效率绩效测量指标包含两个流程导向指标：每日产出计数器和每日小时产出记录表。+QDIP 白板上生产效率的两个流程导向指标的方框颜色代码定义为：如果前一天生产线运行正常，生产线达成了每日小时产出记录表的计划产出数量，一线主管会将前一天的生产效率绩效测量指标方框涂成绿色；如果前一天生产线发生了意外停机、机器运行减速、丢失工具等任何一项异常问题，但是我们仍然达成了每日小时产出记录表的计划产出数量，一线主管会将前一天的生产效率绩效测量指标方框涂成黄色；如果我们没有达成每日小时产出记录表的计划产出数量，一线主管会在生产部+QDIP 白板上，将前一天的生产效率绩效测量指标方框涂成红色。

3. KPI（关键绩效指标）白板

在生产单元旁悬挂 KPI 白板和张贴价值流的相关指标（预订数量、销售数字、客户反馈等）是另一种形式的绩效测量指标模板，它可以替代+QDIP 绩效测量指标模板。KPI 白板可视化流程中的关键问题（通常，帕累托图中筛选出来的少数而重要的问题），可以推动全员实施根本原因分析的 A3 问题解决文化。基于丰田套路（教练套路）的视角来看，当 A3 问题解决文化（5 个为什么的根本原因分析）植根并应用于日常的改善活动时，A3 问题解决将会给公司经营绩效带来巨大收益——不仅可以提升流程效率，还可以培育全员 A3 问题解决能力。

除了+QDIP 字母（5 个方面绩效测量指标）和+QDIP 字母下面的对策表单，我们还张贴、布置了每日订单、拖欠积压订单和积压订单（见图 5-23）等交付进度文件，在某些情况下，在每日白板例会期间，我们会将交付进度简单地书写在白板上。最为重要的一点是，我们需要与每一位员工及时分享企业宏观经营层面的健康状况。

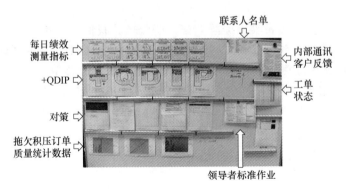

图 5-23　+QDIP 白板和每日生产单元绩效测量指标和目标
（来源：业务改善集团有限责任公司档案）

图 5-24 和图 5-25 展示了为焦点工厂或价值流层次而修改的等效 KPI 白板。

图 5-26 展示了生产单元绩效测量指标定义及计算方法的案例,基于此,请调整贵公司的生产单元绩效测量指标及其计算方法,以满足贵公司业务的准确需求和部署战略方针部的需要。通常,生产效率和库存周转次数是焦点工厂的绩效测量指标,需要每周或每月进行跟踪和评审。这一点尤其适用于按订单设计或大金额按订单生产的业务模型,因为每日生产效率和每日库存周转次数波动巨大,所以每日跟踪和评审它们没有任何意义。在某种程度上,生产效率可以作为焦点工厂的绩效测量指标,进行有意义的每日追踪和评审,这显然是首选。

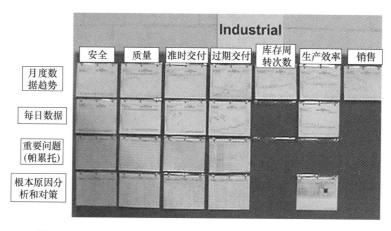

图 5-24 焦点工厂级别 KPI(关键绩效指标)白板的备选方案
(来源:塔普工业主席乔·麦克纳马拉和业务改善集团有限责任公司档案)

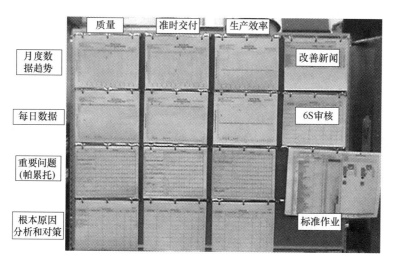

图 5-25 部门级别 KPI(关键绩效指标)白板的备选方案
(来源:塔普工业主席乔·麦克纳马拉和业务改善集团有限责任公司档案)

	安全	质量	交付		成本	
			准时交付	过期交付	库存	生产效率
绩效测量指标	职业安全与健康可记录的安全事故	总计通过合格率	按客户需求时间的准时交付比率	过期交付	库存周转次数	生产效率%
计算方法	跟踪数据	总计合格产品件数/总计生产产品件数	按客户需求时间，生产线准时装运数量/生产线总计装运产品数量	跟踪数据	总计销售成本/总计库存金额	总计加工成本(减去物料)/总计销售金额
所需数据	可记录的安全事故	每日缺陷件数	按客户需求时间，生产线准时装运数量	生产线过期交付的数量	总计销售成本	总计加工成本(减去物料)
		每日总计生产产品件数	每日生产线总计装运产品数量	总计过期交付的产品金额	总计库存金额	总计销售金额
目标	0	98%	98%	0	4.5	待定(更低)

质量、交付列：每日
成本列：每周或每月

图 5-26　生产单元绩效测量指标定义及计算方法
（来源：业务改善集团有限责任公司档案）

4. +QDIP 白板/会议

通常，我们会为每一个组装生产单元和机械加工生产单元，建立+QDIP 白板例会体制，用以记录问题，并鼓励根本原因调查并采取纠正措施，以实施彻底地问题解决。通常，被指派参加+QDIP 白板例会的出席者，包括相关职能部门主管、制造工程师、质量工程师、采购员和计划员，他们将负责检查+QDIP 白板上 5 个方面绩效测量指标的达成状况，并且指定职能部门中承担相关问题解决的责任者姓名。

工程部、销售部和人力资源部等支持人员也经常受邀出席生产单元+QDIP 白板例会，他们会提供必要的支持和反馈，以确保生产线运行顺畅，并为客户提供高质量、价格合理的产品和服务。通常，焦点工厂的所有部门总监，会参加上午工厂级别的+QDIP 白板例会，然而，在此之前，每一个部门总监都会召开自己部门的+QDIP 白板例会。

制定和完善绩效测量指标应该是一个循序渐进的过程，我们必须关注业务需要什么，并在导入绩效测量指标时，导入可测量的绩效指标。最终，这些绩效测量指标必须与客户联系起来，如客户需求、质量、交付和购买能力。

制定和完善绩效测量指标，必须将管理职责融入组织内的各个层级。此外，这也是启动方针（Hoshin）管理氛围的前奏曲，在方针管理氛围中，现场的每名员工都能看到他们是如何为达成企业的战略目标做出贡献的。

5.10 实施可视化管理

可视化管理由4个层次活动组成，包含：5S、可视化显示、可视化控制和可视化管理（见图5-27）。一个实施可视化管理的工作场所，具备下列特征。

1）自我说明。
2）自我调整。
3）自我改善。

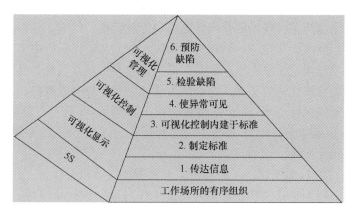

图5-27　可视化管理金字塔
（来源：业务改善集团有限责任公司档案）

通常，可视化管理的4个层次可应用到工作场所改善的适宜场景和适宜时间。

1. 5S——工作场所保洁和遵守纪律

通常，在我们改善生产线布局和工位时，我们会同时实施5S改善。一些组织，会在5S的基础上，追加第6个S——安全（Safety），称为6S；而另外一些组织，还会追加第7个S——员工满意度，然而，大部分组织仅实施3S改善。3S改善是一种相对简单的精益入门方式。此外，安全其实被包含在5S的每一个S之中。5S包含如下。

整理：区分必需品和非必需品，工作场所不放置非必需品。根据使用频度，用恰当的方法，保管正常工作所用的必需品（如工具、夹具、工作标准、零件或办公用品等）。根据物品现在有没有"使用价值"，清理和处理非必需品。

整顿：将必需品放置于任何人都能立即获取的状态——寻找的时间为零。有序地摆放和储存物品项目，能够按照所需顺序，迅速获取物品项目。"物有其位，物在其位"——所有必需品都拥有一个正确的存放位置，使用物品后放回到保管场所。通过勾勒出来物品的外形轮廓（阴影板）或在储存空间上贴标签，用以确定物品正确的存放位置。

清扫：将工作场所变得无垃圾、无灰尘，干净整洁，将机器保养完好，创造一个一尘不染的环境。作业员每天打扫工作场所，清扫地板，擦掉机器污垢，保持工作区域卫生。确保每件物品整齐划一地放置在正确的存放位置上。清扫概念经常被曲解和误会为：5S就是清扫现场或者5S就是"打扫和做卫生"。事实上，清扫只是实施5S的第三步。

清洁：将整理、整顿、清扫进行到底（"坚持"前3个S的改善），并且标准化、制度化。寻找方法——保持整体环境的整洁、干净。实施"清洁"改善时，可以使用白手套检查工作场所的干净程度。此外，清洁是针对整理整顿清扫的困难点，进行根本原因分析并执行改善对策。这样一来，5S才能够越做越彻底，维持才能够变得越来越简单，现场的管理就能够越管越轻松。例如，是否具有更加容易的打扫方法，用以减少灰尘、污垢和废弃物呢？如何从工作场所中清除尘封已久的文件呢？是否已经规定了最小库存数量和最大值库存数量并且是否已经使用最大和最小库存数量的可视化标签了呢？这会使可视化管理更加容易维持。我们能够消除安全隐患吗？要确保建立5S标准程序和制作工作场所5S标准，能够清晰地记录5S实施流程，包括如何完成5S标准中规定的任务，以及完成5S中规定的任务后，工作场所的可视化照片。

素养："自律"，对于规定了的事情，大家都要按要求去执行，并且养成习惯。遵守工作纪律、行为举止文明、改善自身的工作习惯、参加培训并提升自身能力，使自身达到训练有素。因此，素养是5S最重要的步骤，素养的目标是，当5S系统在工作场所建立之后，人人养成工作习惯并且维持和巩固5S系统。人人遵守和持续完善规范化的工作标准，维持干净和整齐的工作场所。全员持续关注整体区域的5S维持状态和5S文化氛围，而不仅仅是个人工作空间的维持状态。

不言而喻，素养是5S中最难以实施的一个S。为了维持干净和整齐的工作场所，5S程序必须成为公司文件程序的一部分，并且由管理层负责5S监督和5S审核（见图5-28）。

5S是一把手工程，每一名高级领导者、总监、经理、一线主管或组长和班长必须亲临现场、躬身入局领导5S的改善活动。管理层必须提供5S培训及充足的资源，以确保5S改善落地成功。

当您在公司走廊行走时，恰巧看到地上有一小块垃圾，您应该从地上把它拾起来，并且放入垃圾箱。以身作则，让其他员工看到您从地上拾垃圾和放入垃圾箱的背影，这是最完美的5S垂范引领作用。如果您看到某位员工没有将使用过的工具放回原来的存放位置，而您视而不见、保持沉默，事实上，您就是在鼓励这种违规行为。许多区域小组会定期进行5S审核，以跟踪5S改善的进步状况。区域小组使用5S审核结果（5S审核分数和不合格项），整改不合格项并继续5S改善，力争在下一次5S审核时，提高小组的5S审核分数。

5S每日检查表

评分
A=优秀　得分=4分
B=发现1个或2个问题=2分
C=发现3个或更多问题=1分
每1个S最多=20分

项目	内容	A	B	C	备注
整理 (组织)	区分必需品和非必需品				
	张贴在可视化展示板上的物品都是统一的么				
	所有非必需品是否都被移除了				
	未经许可的物品出现的原因是否清晰				
	储藏柜内的物料是否被摆放得整整齐齐				
	通道和工作区域是否有定置区域化标识				
	软管和电源线是否绑扎整齐				
整顿 (有序)	物有其位,物在其位				
	所有物品是否都放在它的位置上				
	物品使用后是否都物归原位				
	工作区域是否是整洁的				
	需要系牢的物品都系牢了吗				
	货架、桌面和清洁用品是否有序放置				
	设备安全罩是否在其位置上				
清扫 (干净)	打扫并找到保持干净的方法				
	衣着干净整洁				
	是否有足够的排气和通风				
	工作区域是否干净				
	机械装置、设备、夹具和下水道排水系统是否保持干净				
清洁 (坚持)	维持和监控前3个S的改善				
	工作区域是否有垃圾和灰尘				
	所有机器和设备是否都被打扫干净				
	地面是否被打扫干净				
	是否分配了清扫的责任人				
	所有的工具和量具是否都在校准时间之内				
素养 (自律)	严格地遵守规则				
	是否有吸烟区				
	私人物品是否物归原处				
	所有员工是否都不会在工作区域吃东西、喝东西或吸烟				
	小计				
	总计				

图 5-28　5S 审核表

我们更倾向于取消"5S 审核分数";否则,就变得更在意分数而不是 5S

(来源:业务改善集团有限责任公司档案)

我们建议在5S审核过程中,取消"5S审核分数"。这样一来,会促进全员更加关注于 5S 改善，减轻了仅仅为了提高 5S 审核分数而挖空心思"玩弄制度"的精神压力。

当作业员们陪同班长一起进行 5S 审核时，针对班组作业员所负责的 5S 责任区，班长会给予作业员及时的反馈（5S 不合格项和 5S 改善机会）。5S 包含两个核心构成要素：工作场所保洁和纪律。工作场所保洁就是"物有其位，物在其位"，同时，工作场所保洁也能够体现员工们遵守纪律的职业素养。

纪律就是员工将使用过的物品放回原来存放位置，"物归原处"是 5S 最困难落实的部分。总之，如果我们想成为众人瞩目的世界级管理公司，那么，我们每一名员工都必须参与到制定最高 5S 标准的改善活动中。

2. 5S 的好处

1）明亮干净、整齐划一的工作场所确保了工作安全。
2）有助于提升我们对产品、流程、公司和我们自己的自信心和自豪感。
3）客户喜欢 5S。
4）提升产品质量，且污染物水平降低了。
5）通常，清扫会暴露问题，并有助于发现需要修复的区域。
6）提高工作效率。
7）5S 是一个非凡的系统，应推动组织内全体员工都参与到 5S 改善活动中。
8）展示企业建立精益系统和 5S 系统的承诺。

3. 红牌作战

在 5S 改善过程中，我们可以使用一个非常实用的精益工具——"红牌作战"。"红牌作战"，指的是在工作场所内找到问题点，并悬挂红牌，让大家都明白问题点在哪里，并积极去改善，从而达到整理整顿的目的。精益改善项目团队使用红牌，来标明待清除的非必需品。"红牌作战"有助于识别和区分必需品和非必需品。挂红牌的非必需品被放置在警戒线分隔区域内，待日后处理。"红牌作战"通过明确哪些物品是日常生产活动中的非必需品，来为改善奠定基础。

4. 5S 白板

5S 白板（见图 5-29）顶端一行布置员工姓名或员工照片，左侧一栏布置日期（有时按照周、月度或季度）。布置 5S 白板具有几种不同的方式。其中，每位员工都会被分配 5min 或更短时间，以完成 5S 每日任务。

当然，5S 任务也可以延伸到安全任务和 TPM 任务。当员工完成 5S 任务后，5S 任务标牌将会被翻面，显示 5S 任务完成的一面。5S 白板也可以延伸到 TPM 白板和精益审核白板，它们分别包括 TPM 任务和精益审核任务。使用 5S 白板、TPM 白板和精益审核白板的好处在于，这些带有可视化任务的白板，可以推动区域内所有员工都参与到该区域的护理和维护工作中，而且，这些带有可视化任务的白板，也会有助于保持审计的合规性。

如果 5S 白板张贴了所有班组的 5S 审核分数，5S 白板便成为 5S 自我审核的可

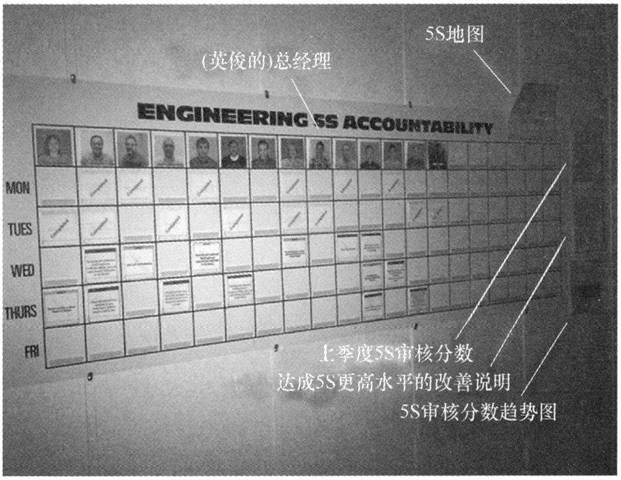

图 5-29　工程部 5S 白板

每位员工都会被分配一项 5min 的 5S 任务。完成后，将 5S 任务磁贴翻面——显示 5S 完成的一面

（来源：塔普工业主席乔·麦克纳马拉和业务改善集团有限责任公司档案）

视化道具。如果某位员工没有完成 5S 每日任务，其他员工会及时知道。此外，一线主管或组长会每日巡视工作场所，检查员工是否完成 5S 每日任务（或 TPM 任务），也赋予了精益领导强大的审核功能。

5. 可视化显示

可视化显示用来传达重要的信息（见图 5-30），但不一定可以控制人的行为或机器的操作。指示板和公告板等可视化显示工具，并没有建议我们采取任何行动或强制我们采取任何行动。指示板和公告板仅用来传达区域的名称、机器的名称或其他类型信息。

图 5-30　可视化显示案例

（来源：业务改善集团有限责任公司档案）

6. 5/20 规则

通常，我们依据 5/20 规则，来制作可视化白板。在距离可视化白板 5ft 的范围内，您只需要 20s 就可以看到生产单元/生产流程的当前状态，并确定生产单元/生

产流程是否处于受控状态。此外，我们使用红色、橙色、绿色颜色代码，来显示一个项目的当前状态，这是十分实用的可视化方法。在丰田汽车公司，他们在现场可视化白板上、在电子显示器上、甚至在 A3 对策进度板上，使用标准的绿色圆圈、黄色三角和红色方框等可视化标签，来显示一个项目的当前状态。

如果您从距离 5ft 远的地方，不能够看清白板上的信息，那么，肯定是白板上的信息文字太小，从而导致，没有人关注白板上的信息。

7. 可视化控制

1) 以帮助每个人识别问题或预防问题的方式，传递信息。
2) "可视化控制"内建于标准并使缺陷明显（使异常可见）。

我们将可视化控制类比于人类的身体。当人类的身体出现某种不适时，它会让您知道。不适的症状可能以发烧、疼痛、出血、水疱等形式出现。当您的身体发出了不适的症状信号，您需要立即去医院就诊和治疗，否则，病情会加重。可视化控制的目标是，让每一个问题立即显现、看得见，这样的话，问题就可以被立即解决。这听起来很容易，然而，真正地实现"看见问题并且立即解决问题"，却是十分困难的。

当您在工厂或办公室进行现场巡视时，工厂或办公室仿佛与您亲密交流、告诉您它们的运转近况。让我们回顾一下，在飞机场所看到的几个"可视化控制"场景。飞机场内所有元素都充满了可视化控制，甚至包括飞机场停机坪。飞机场内指示板传达航班的状态；每一个登机口都安装了醒目的标签，并安装指示板——传达哪一个航班班次将从登机口出港以及何时出港。此外，飞机场内的可视化控制，还包括，洗手间指示板、残疾人服务区指示板、自动扶梯上婴儿车安全问题指示板，以及自动人行道上方扬声器发出的安全提示"小心，自动人行道即将结束"等，飞机场内的指示板都会与您亲密交流、传达某些信息。您马上就知道您所乘航班的状态及您周围所发生的情况。您的工厂与您的交流方式，与飞机场与您的交流方式相同吗（见图 5-31）？

可视化控制不同于可视化显示，因为可视化控制可以给我们更进一步的帮助——建议我们应该采取某些行动，或提醒我们应该采取某些行动，然而，通常，可视化控制不能够强制我们采取某些行动。例如，红灯、停车标志和铁路道口信号（见图 5-32）是可视化控制的生活应用案例，而不是可视化显示的生活应用案例，因为红灯、停车标志和铁路道口信号能够提醒驾驶员停车，但是并不能够强制驾驶员停车。我们仍然可以穿过开启红灯和显示停车标志的十字路口，我们仍然可以穿过开启红灯的铁路道口，当然，这样的鲁莽行为，会给我们自己和他人带来巨大的安全风险。司机在开启红灯的十字路口停车，因为他（她）知道如果继续穿过开启红灯的十字路口，可能会导致严重的负面后果，如发生交通事故或被追缴交通罚单。

图 5-31　飞机场停机坪的可视化控制

（来源：业务改善集团有限责任公司档案）

图 5-32　可视化控制——红灯、停车标志和铁路道口信号

（来源：业务改善集团有限责任公司档案）

8. **可视化工厂的好处**（见图 5-33 和图 5-34）

1）快速暴露问题，指出现场的不合格项，当寻求任何帮助时，可缩短 50% 寻找信息时间。

2）提高安全性，提高针对健康、安全和环境审计的合规性，提高生产效率。

3）视觉管理。

4）不需要工作场所工程技术知识，就可以评估当前状况。

5）有时可以降低保险费率。

6）帮助打造高绩效工作团队。

7）减少讨论工作问题的会议次数。

8）显示您的区域是否达成了工作绩效的目标要求。

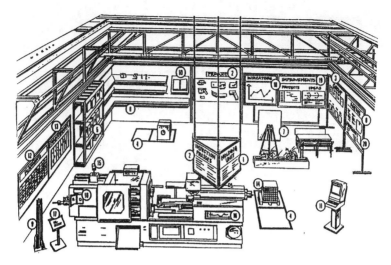

图 5-33　可视化工作场所案例

（来源：1995 年泰勒弗朗西斯集团出版的平野裕之著作《可视化工作场所的五个支柱》㊀）

团队的负责区域
1. 识别团队的负责区域
2. 识别活动、资源和产品
3. 识别团队
4. 地面定置区域画线
5. 在工具和货架上做标识
6. 技术区域
7. 沟通区域和休息区域
8. 信息和指示
9. 整洁(扫帚)

可视化文件
10. 生产指导书和技术程序

可视化生产控制
11. 计算机终端
12. 生产计划
13. 设备维护计划
14. 识别库存和在制品

可视化质量控制
15. 监控设备信号
16. 统计过程控制(SPC)
17. 记录问题

显示指标
18. 目标、结果和差异

可视化进度
19. 改善活动
20. 公司项目和使命宣言

图 5-34　可视化工作场所描述

（来源：1995 年泰勒弗朗西斯集团出版的平野裕之著作《可视化工作场所的五个支柱》）

9）识别产品的流动性、障碍，并且控制库存。

10）向每个人传达及时的反馈。

11）能够对团队成员的行为和态度，产生积极的影响。

12）客户喜欢可视化工厂。

13）展示现场的管理状态——"物有其位，物在其位"。

㊀ 原书名 *Five Pillars of the Visual Workplace*。——译者注

9. 现场巡视

当今，现场巡视（Gemba walk）这个精益术语拥有很多含义。关于"Gemba walk"的含义，最近出版的几本精益著作都赋予了诠释。然而，每位作者在精益著作中，均表达了自己对"Gemba walk"的独特理解。我们的理解是，如果您亲临现场（或办公室），寻找浪费，并使浪费问题得到解决（改善），那么，您的行为就是"Gemba walk"（现场巡视）。"Gemba"是实际发生行动的场所或"现场"，"现场"是指制造产品或提供服务的地方现场，简单地说为工作场所。"现场"不仅是所有改善活动的场所，也是所有信息的来源地。通常，"Gemba walk"（现场巡视）涉及三个方面：观察浪费、消除浪费、学习体会。

我们实施不同目的的现场巡视。例如，我们实施寻找浪费的"浪费巡视"；我们亲临生产单元，实施"流程巡视"，在"流程巡视"过程中，我们检查每一个工位及使用的工具，确认容易出错的作业环节及如何建立相应的防错机制。此外，通常，我们会帮助组织建立和实施经理的"日常管理巡视"机制，在此实施过程中，经理会重点关注可视化管理白板中绩效测量指标的当前状况，并且现场确认是否存在影响绩效测量指标的任何问题。最后，根据问题的严重程度，经理可能留下一张便条，由班长或一线主管予以回答（经理会看他们是否针对管理白板上的绩效测量指标，进行有效的问题解决），或进入一个临时教练时段，经理启动白板上的紧急问题解决机制，亲自披挂上阵，再次启发教练一线主管及班长的问题解决能力。

"Gemba walk"除了上面三个方面，迈克·罗瑟还建议，"Gemba walk"应该关注员工的工作方式。这意味着"当员工实施改善和努力达成目标时，我们应该关注员工所使用的思维模式或行为模式。"这包括下列四个步骤：

1）应该在全系统范围内使用。
2）适用于任何目标或问题。
3）基于科学管理的方法。
4）为初学者设计的结构化日常练习（精益套路）。

这种培养每日改善思维和改善行为的方法，在迈克·罗瑟的著作《精益套路》中有详细的描述，此外，在他的 Kata（套路）网站上也可以找到。

归根结底，"Gemba walk"专注于管理层（总监、经理等）的教练，并且推动每日 PDSA 的微小改善，以实现您所设定流程的目标状态。这意味着您需要透彻地理解流程的当前状态与流程的目标状态之间的差距，然后每日通过微小的 PDSA 改善循环，进行改善试验，以克服这个差距，直至流程的目标状态达成。

通常，当我们辅导经理实施现场巡视时，我们会演示如何向一级主管（组长）提问的教练技巧。我们提问的问题，通常是充满鼓励性的问题——鼓励员工正确地解决问题。通常，我们提问一线主管的第一个问题是，生产线的标准是什么？如果没有标准（或标准作业），那么该生产线就存在一个迫切需要解决的问题，即一线主管需要制定工作分解表和标准作业。如果生产线有标准作业的话，我们会亲临生产线工位——确认作业员遵守标准作业的实际情况。然后，我们会进行一连串的提问：当前，生产线是否达成每小时的计划产出数量了？生产线的生产进度是领先还是落后呢？领先或落后都会存在问题。如果生产线落后于每小时的计划产出数量，一线主管需要找到落后的根本原因，请记住：落后的根本原因不是作业员的问题。如果生产线领先于每小时的计划产出数量，一线主管需要确认作业员是否遵守了标准作业。如果作业员遵守了标准作业，并且已经找到了改善标准的方法，那么一线主管必须将改善标准的方法，记入到标准作业中，以更新标准作业。

此外，关于改善，我们提问一线主管的问题是，当前，一线主管领导的改善团队正在从事哪些改善项目呢？然后我们需要了解改善团队在问题解决过程中采用的方法，以及截至目前问题解决的进度。我们需要了解，相比于基线测量指标，改善团队所设定的绩效测量指标的目标值，以及是否已经分析得出问题的根本原因。最为重要的一点是，确认改善团队的事实和数据，找到问题的根本原因，采取相应的对策，从而彻底地解决问题，而不仅仅只是抛出解决方案。

如果您尚未亲临现场、车间（或办公室），去实地确认正在发生的状况，您就无法管理现场或办公区域，或解决现场的痛点问题。

在新乡律雄（Ritsuo Shingo）担任丰田汽车中国区总裁时，在建筑新工厂之前，他一个人围绕整个新工厂地址坐落的周边土地，走了若干圈，以便找到根本原因，彻底地解决对未来新工厂会造成严重影响的溪流和相关排水问题。如果新乡律雄没有亲临巡视新工厂地址坐落的周边土地，他就永远不会发现溪流和相关排水问题。因此，我们的建议是，您不能坐在办公室管理工厂，您应该现场巡视，鼓励并参与到全员问题解决中。

10. 仪表板

一些公司建立了日常跟踪绩效测量指标的仪表板。通常，我们可以通过电子仪表板或手动图表，每日跟踪生产单元现场或办公室的绩效测量指标。

大多数公司都会使用电子仪表板，它在管理多地工作场所或实施远程管理的场合，非常有用。不过，我们提醒您，不要仅使用电子仪表板系统。我们发现，使用手动图表跟踪系统中的绩效测量指标，具有超乎寻常的价值。简单地说，手动图表跟踪系统会强制班长承认生产线的异常情况，并及时地应对和彻底地解决。此外，如果使用手动图表跟踪系统，班长必须清晰地理解他们所负责的绩效测量指标的计算方法和计算公式。

11. 流程导向测量指标对比于结果导向测量指标

我们强烈建议企业高级领导者专注于管理流程及其流程导向测量指标，如果流程被管理到位，相应地，流程导向测量指标会表现优异，那么，结果导向测量指标及经营业绩自然也会表现优异。然而，对于大多数的高级领导者而言，这是一个很难实现的"飞跃"，因为短期经营业绩压力实在是太大了。我们建议：识别浪费和消除浪费应成为组织中每位员工工作职责的一部分。

12. 精益和生产效率、效率和有效性

单件流可以将任何已经存在和隐藏的问题（浪费），立即公之于众。最初的时候，生产线的问题可能涉及报废和返工。我们必须找到根本原因并采取相应的对策，从而彻底地解决报废和返工的问题。这也精益改善项目中的难点之一。

当发生返工或者报废时，我们应该怎么办呢？精益给出的答案是，停止运行生产线，找到根本原因并采取相应的对策，因此，问题就永远不会重复发生了。遗憾的是，在我们从事精益咨询的经历中，我们从未遇到过一家初级精益的客户工厂，在生产线发生返工或者报废时，会立即停止运行生产线，进行彻底地问题解决。一家初级精益的客户工厂，如果采用"停线和彻底地问题解决"机制，生产线或许连一周、一个月甚至一年都运行不起来。

我们仍然强调最初的答案：制定遏制（临时）对策，找到根本原因并采取相应的（永久）对策。如果您只是制定了遏制（临时）对策，应急解决了问题，那么，您继续寻找根本原因并彻底解决问题的压力会骤然消失。我们称这种现象为直达停车场。

5.11 实施精益物料系统

1. 看板

看板，又被称为"看板管理"，是丰田生产模式中的重要概念，指为了达到准时化生产（JIT）方式，控制现场生产流程的工具。准时化生产方式中的拉式（Pull）生产系统可以使信息的流程缩短，并配合定量、固定装货容器等方式，使生产过程中的物料流动顺畅。

看板，字面意思是"在一段时间内控制现场生产流程的纸质薄板"。看板通过提供一个触发点，即补料标志或补料信号，推动高效地库存管理。大野耐一认为，看板是实现准时化生产（JIT）方式的一种手段。大野耐一认为看板的目标应该是库存不超过5件，看板的最终目标是零库存。这意味着，前工序仅生产后工序所需的产品（准时化生产JIT）。看板系统的目的是，通过提供缓冲库存，以控制物料流，使两个断开的工序（流程）进行同步化生产。

看板是一个可视化的管理工具，看板帮助抑制过量生产——头号浪费，看板也被用来检验生产工序间的延误，此外，看板能够帮助抑制提前生产［看板是抑制过量生产的节拍器，看板的目标是，只在客户（后工序）订购的时候，生产订购数量的订购产品］。

看板是库存，也是浪费，因此我们必须持续地致力于最大限度地减少物料的库存数量。看板触发器或看板信号可以是一个空间、一个空箱、一张纸、一个电子信号（灯光、EDI）或一个图标（如，将高尔夫球滚下管道）。最初，看板这

个精益术语,或许会非常使人费解或混淆,因为看板一词本身,就具有几种不同的用法。

2. 看板补料:定时补料或定量补料

通常,看板采取两种补料方式:

1)定时补料:表示每日在同一时间或一天分几次进行定时补料。定时补料被称为面包人式补料,其就像店员将面包重新装满货架一样。

2)定量补料:类似"双箱系统"。物料箱(包装容器)中的物料,随时都可能用尽,我们每一次都补充同样数量的物料,以重新装满已腾空物料箱。

在门田所著《丰田生产系统》一书中的前六章,详细地说明了看板的几种类型。通常,看板包含两种主要类型。

1)取回看板:丰田称之为引取看板。

2)生产看板:丰田称之为生产指示看板。

3. 双箱系统

最简单的看板类型是双箱系统(见图5-35)。双箱系统是一个定量补料系统,可用于取回看板或生产看板。双箱系统由两个独立的物料箱所组成,两个物料箱装满相同数量的相同零件,一个物料箱放置于另一个物料箱的后面。当第一个物料箱物料用尽时,第二个装满物料的物料箱会滑下来,进行定量补料。

作业员从第一个物料箱取料,当第一个物料箱物料用尽时,第二个装满物料的物料箱滑下来。第一个物料箱作为补料的信号。此时,作业员仍然可以从第二个物料箱取料,与工作订单或需求相比,使用双箱,流程会更加清晰,可按区域补充零件到物料箱中。

图5-35 双箱系统
(来源:业务改善集团有限责任公司档案)

空物料箱就变成了看板信号或看板触发器,能够直观地显示已腾空物料箱需要补料。然后,空物料箱被收集、送到仓库(或送回给供应商),并且重新补料。最后,将装满新物料的物料箱,搬运回储存区域的原始存放位置。这种针对空物料箱补料的系统,被称为取回看板系统。

伴随着生产线产量或工序节拍的变化，看板系统会调整生产系统中的库存。如果每日实施补料，看板系统也可以使用一个单箱系统。通常，在运行单箱系统的过程中，物料箱重新补料时，将物料装满到物料箱顶部，或将物料装到规定的水平刻度线，就像在杂货店一样：店员将面包重新装满货架。

在某些区域，伴随着供应物料数量的增加，物料会被扫描进入条码终端。物料使用信息，将立即作为补料数据，传递给仓库或供应商。这种实时传递补料数据的系统，被称为销售点系统。

看板系统也可以使用看板卡系统。通常，看板卡是装在透明乙烯基信封里的纸质卡片。看板卡可以用来传达3类信息。

1）取货信息。
2）物流指示信息。
3）生产指示信息。

当使用物料箱时，应将看板卡附在物料箱背面和正面，以传达信息。附在物料箱背面的看板卡显示取货信息，附在物料箱正面的看板卡显示生产信息。

在使用双箱系统的过程中，看板卡从已腾空的物料箱取出，并投入到看板回收箱上标签为"待订购"的小盒中。一天中在一定的频率下，班长、物料员或水蜘蛛会来收集看板回收箱"待订购"小盒中的看板卡。这些看板卡用于向供应商重新订购物料。一旦完成订购物料，看板卡将被放到看板回收箱"已订购"小盒（见图5-36）。

图 5-36　看板回收箱
（来源：业务改善集团有限责任公司档案）

当装满新物料的物料箱到达时，从看板回收箱"已订购"小盒中取出看板卡，并且插入装满新物料的到达物料箱的看板插槽上。然后，将装满新物料的到达物料箱，搬运回储存区域的原始存放位置。这种针对空物料箱补料的系统，被称为取回看板系统。

某些制造工艺流程会涉及非常见的物料。针对这些特殊的制造工艺流程，我们必须创建特殊订购看板卡。通常，这些特殊订购看板卡，为一张工作订单生成一次。

通常，看板系统具有两种主要失效模式：

1）看板系统的最初设计是基于"为每个零件做计划（PFEP）"，用以支持一定的最大用量或客户需求。如果实际物料使用量超过最大用量，就会发生物料短缺。

2）如果看板卡丢失，库存不会被补料。如果系统中有太多的看板卡投入周转运行，会导致库存过剩的浪费。

在介绍看板的每一本著作中，计算看板大小（看板收容数或一个容器的标准包装数量）的公式和计算看板张数的公式（见图5-37），都不尽相同。计算看板大小的最简单方法是，考虑使用双箱系统。当第一个物料箱物料用尽时，第二个装满物料的物料箱，滑下来补料。那么，第二个物料箱需要补充多少物料呢？答案是，与补充第一个物料箱所需的物料数量一样多，并且将装满新物料的物料箱搬运回第二个物料箱的后面。此外，我们需要储存一小部分缓冲物料，来确保我们能够防御任何异常问题和物料箱没有及时获得补料的风险，我们将储存一小部分缓冲物料，定义为缓冲库存。

$$\text{看板张数} = \frac{[(D_C \times Q) \times R] \times (1+S_F) \times (1+(1-Y))}{K}$$

D_C = 基于产能的每日生产台数/台　　　　　48台汽车/天
Q = 每台用量　　　　　　　　　　　　　　每台汽车安装4个轮毂
R = 补料周期时间（"天"为单位）包括加工时间、　1.5天
　　采购订单时间、管理时间、运输时间和所有
　　等待时间
Y = 一次通过合格率/报废系数　　　　　　　95%一次通过合格率
S_F = 安全库存系数　　　　　　　　　　　　绝不超过10%
K = 一个容器的标准包装数量

$$\text{看板张数} X = \frac{[(48 \times 4) \times 1.5] \times (1+0.1) \times (1+(1-0.95))}{40} \Rightarrow 8.32$$

这个看板张数可以通过您的β系数、风险因素、季节或高峰需求，予以调整

启发来源：丰田生产系统第三版，门田，IIE出版社

图5-37　看板张数的计算公式

（来源：业务改善集团有限责任公司档案）

此外，为了防止物料发生质量问题，我们还多储备了一些物料，我们称之为安全库存。通常，装运物流总量的一小部分额外物料（多达10%）用于建立安全库存和缓冲库存。初始看板系统的目标是，在第一年实现库存周转12~20次，第三年实现库存周转40~60次。

4. 您如何判断物料是否需要使用看板呢？

通常，任何一种物料，在用户规定的时间段内，应具有稳定的需求，不会因为产品升级而被排除在物料清单外，基于此，该物料就可使用看板。这就是我们判断物料是否需要使用看板的最简单方法。订购物料的发出看板频度，可以是每日、每周、每月、有时甚至是每季度。特殊订购的物料或一年仅订购一次的物料，不适合使用看板。对于频繁周转的物料，我们使用平均日需求数量来划分交货时间，其中，平均日需求数量中包含安全库存和缓冲库存，对于不经常使用的物料，我们使用高峰需求数量。虽然这是一个泛泛的归纳，为了最大限度地降低库存和避免断货，我们将每一种物料和每一种物料的成本，视为一个独立分析案例，以确定哪个物料建立库存和建立多少库存量。

5. 过渡到线边仓物料

通常，线边仓物料放置于双箱系统的包装容器（物料箱）内，或按照投放生产线的顺序，放置于线边仓。在办公室场景中，线边仓物料指的是，在办公室工位进行作业所需的任何办公文具，如订书机、三孔打孔机或两箱白纸。针对应用于不同的工作场所，线边仓的库存数量可以不尽相同，线边仓的一般经验法则是，在线边仓投入使用时，在每一个线边仓的物料箱内装入一天物料使用量。对于大件物料或笨重物料，可能需要每小时进行补料，有时甚至在每一个作业周期（假设大件物料的作业周期时间较长）进行补料。对于混流生产线，我们在不同层的货架搁板上，放置不同产品型号的物料，或我们安装和使用排到生产线的物料货架。建立线边仓的目标是，确定线边仓为生产线准时化供料的最佳方案，并推动作业员的作业更加轻松和容易。

车间现场物料仓库或物料超市是由存放在生产线旁边或附近的零件（物料）组成，以供应线边仓物料。我们的最终目标是，取消这些车间现场物料仓库或物料超市，并请供应商将零件直接交付到生产线（VMI 供应商管理库存）。换言之，供应商将零件直接交付到线边仓物料货架，这是最理想的准时化供料方案，然而，这未必可以实现。

仓库有两个主要的布局方案。仓库可以布局在生产线旁边，也可以布局在生产线外的集中化管理区域。每一种仓库布局方案，都各有利弊。

1) 当采用车间现场物料仓库（仓库布局在生产线旁边）时，班长或组长会更加容易检查他们所有物料的储存状况。不足之处是，这样布局确实为生产单元添加了额外的库存空间，因此，每一个生产单元在生产线之间，都建立了一个额外的库存空间。

2）当采用集中化管理物料仓库（仓库布局在生产线外的集中化管理区域）时，各个生产单元的布局更加紧密，然而，对于水蜘蛛和班长或组长而言，检查他们所有物料的储存状况，会花费很长的步行时间。通常，集中化管理物料仓库需要购买超市物流台车（见图 5-38）或小件物流台车，以向生产线搬运物料。

图 5-38　超市物流台车
（来源：业务改善集团有限责任公司档案）

我们在 BASICS 实施阶段中的下一步是，确定物料的储存位置和为物料的储存位置贴标签。为物料及物料的储存位置（如货架和物料箱）贴标签是十分重要的仓库标准化工作之一，因为我们的目标是，从不花费时间寻找零件或工具。货架标签标明货架名称、货架搁板层号及在货架搁板层的具体位置名称。在图 5-39 ~ 图 5-41 中的案例中，货架左上物料箱的储存定位标签"A-1-A"表示在"货架 A 的第 1 层货架搁板的 A 位置"上。

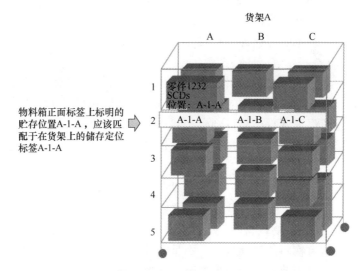

图 5-39　在物料仓库的货架上贴标签（货架可以从顶部或底部贴标签）
（来源：业务改善集团有限责任公司档案）

第5章 BASICS 模型：实施（I）

图 5-40　物料箱正面标签上标明"收货地址"（储存位置地址）
无论是储存于物料仓库，还是放置于线边仓，物料箱正面标签上标明的
储存位置应该匹配于在货架上的存储定位标签
（来源：业务改善集团有限责任公司档案）

图 5-41　物料箱背面标签上标明"发货地址"
告诉您从仓库的哪个储存货架上补料。注意，仓库位置地址通常以"W"开头
（来源：业务改善集团有限责任公司档案）

此外，在物料箱上贴标签也是十分重要的仓库标准化工作之一。通常，物料箱正面标签上标明的储存位置，应该匹配于在货架上的储存定位标签（物料箱正面标签也标明了储存货架名称、货架搁板层号及在货架搁板层的具体位置名称）。无论是储存于物料仓库，还是放置于线边仓，物料箱正面标签上标明的储存位置，匹配于在货架上的储存定位标签，都是一件正确而必要的工作。物料箱背面标签，应标明如何或者在哪里，重新为物料箱补料。

标签是实现可视化控制的重要手段之一，也是实施精益改善时的关键要素，标签有助于消除寻找的浪费。此外，有些货架不支持线边仓物料的供应方式。

当使用这种悬挂式货架（见图5-42）时，水蜘蛛不容易从货架后面补料，所以，水蜘蛛不得不中断作业员的作业，进行补料作业。

此外，防错元素也可以融进物料箱标签中，如，物料箱标签突出显示公制测量系统而非英制测量系统（见图5-43）；或者，物料箱标签、物料箱或二者兼而有之，突出显示带几何形状（用于色盲人群）的通用零件或不同产品型号零件的颜色代码。

图 5-42　这种悬挂式货架的问题是，水蜘蛛无法从货架后面补料，因此，这种悬挂式货架不支持双箱系统的物料供应方式

（来源：业务改善集团有限责任公司档案）

图 5-43　防错元素融进物料箱标签中——突出显示公制测量系统而非英制测量系统

（来源：业务改善集团有限责任公司档案）

6. 面包人系统

面包人是一个精益术语，通常应用于供应商已经交付的物料或应用于供应商管理库存，供应商在工厂内的一个地点或多个地点进行集中化管理物料。通常，这些物料由水蜘蛛或物料员搬运到线边仓——为线边仓，进行定时补料。

7. 水蜘蛛补料

制造企业车间现场最糟糕的做法是，让生产线组装作业员或机工人员自己去拿取他们所需的物料或工具。我们必须确保作业员专注于作业，因此，我们增加了物料员或水蜘蛛岗位，他们可以及时地为作业员补充物料。

当物料箱用尽或看板卡触发补料指令时，水蜘蛛（见图 5-44）会进行补充物料的作业。这意味着作业员能够继续专注于加工（或组装）产品，而不必担心为自己的物料箱补料。一些医院，如宾夕法尼亚州基坦宁的 ACMH 医院，使用友好的、持续监控的 AGV（无人搬运车）机器人（见图 5-45），以承担水蜘蛛的补料作业。建立水蜘蛛补料体制的目标是，作业员不会因为不得不寻找物料而受到打扰或感到不便；建立水蜘蛛补料体制将会提高区域的生产效率和工作效率。

图 5-44　水蜘蛛补料
根据需要，检查物料清单（BOM）中"特殊"
零件是否备好，并且承担生产线其他的辅助工作
（来源：业务改善集团有限责任公司档案）

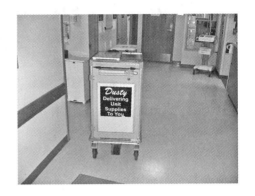

图 5-45　宾夕法尼亚州基坦宁 ACMH 医院的
AGV（无人搬运车）机器人"达斯蒂"，
承担水蜘蛛补料作业
（来源：业务改善集团有限责任公司档案）

丰田汽车公司使用 AGV（无人搬运车）使线边仓货架实施自动化装料和卸料。这是他们几年前建立的 SPS（齐套供应）物流系统中的部分交付成果。我们已经在日本丰田汽车公司的工厂现场，看到了 SPS（齐套供应）物流系统的高效运行。

在组装生产线中，水蜘蛛的主要工作包括，将物料仓库的物料搬运到线边仓，为线边仓及时地补料。有时，水蜘蛛也承担操作离线的作业任务，或应急替换去洗手间作业员的组装工位。水蜘蛛可以临时承担打印订单标签的工作，也可以承担组装生产线换型作业的辅助工作。

此外，有时，水蜘蛛也承担一些临时来料检验和物流搬运的工作。例如，检验进厂成套设备是否配齐正确的零件和正确的数量，并且在需要的时候，将成套设备及其零件备好、搬运到生产线上。水蜘蛛可以是一位作业熟练的技能高手，也可以是一位作业不熟练的新员工。

8. 容器（包装容器或物流容器）的类型

通常，容器包括下列 3 种不同类型：

1）可回收利用容器（碾碎和重复利用）。
2）可循环容器（重复使用的包装容器，如塑料周转箱、中空箱、金属箱）。
3）再用途容器（找出完全不同的方式或应用方法，来使用容器）。

可循环容器（见图 5-46）不仅体现在对环境友好，而且是支撑企业可持续性发展的一种明智物流方案。可循环容器取消了所有的来料包装，这些来料包装以前是伴随零件（物料）一起交付给客户工厂的。

图 5-46　可循环容器——无须拆开零件包装——精益始终
代表着"绿色环保"和"可持续性发展"
（来源：业务改善集团有限责任公司档案）

我们可以思考一番：我们每一年在零件包装上，浪费了多少时间和金钱呢？首先，用塑料包装袋包装零件（发货成品），然后，装入小包装盒，最后，装入尺寸更大的发货包装箱（货柜）。此外，收货公司还不得不花费一些时间，拆开零件包装。在大多时候，这些零件最终会被装在发货的塑料包装袋里，运送到生产线上。由此，我们会问：零件包装对作业效率会造成什么影响呢？我们可以想象，工厂车间作业员需要做的第一件工作是，从塑料包装袋中取出零件，并且处理掉这些塑料包装袋。通常，作业员批量处理这些零件包装，而不是采用单件流的作业模式，更为糟糕的是，当作业员批量处理这些零件包装时，生产线此时处在停止运行状态。当前，一些公司使用可循环容器，取消了来料包装，因此，这些公司实现了垃圾的"零填埋"。因此，我们说，精益代表绿色环保和可持续性发展！

9. 供应商管理库存（VMI）

供应商管理库存，通常储存于制造商工厂或客户的设施中，但是，这些库存物料仍然归属于供应商或制造商工厂所有。供应商管理库存与已交付（物料）库存的区别在于，供应商管理库存的库存水平，由供应商进行管理和实际操作。

10. 为每个零件做计划（PFEP）

为"为每个零件做计划"，请参见图 5-47 的案例。在 2003 年出版的名为《让物料流动起来》的著作中，首次发明和使用了"为每个零件做计划"这个精益术语。"为每个零件做计划"基本思想是，根据零件的基本信息（零件号、零件尺寸、日用量等）、准确的使用地点、准确的储存位置、订货频率、补料数量、包装容器规格、供应商城市及地区信息、从供应商处发货的运输时间及任何其他相关的信息，为每个零件建立基础性数据清单，准确地说明搬运和使用每个零件的所有方面的信息，我们在辅导许多工厂建立 PFEP 时，添加了一项专题讨论和实施任务：当零件应用 MRP 系统时，如何为每个零件建立基础性数据清单。

零件号	用来在工厂内识别该零件的唯一号码
品名描述	零件名称(如,框架、螺栓、螺母、轭)
日用量	该零件平均每天的使用量
使用地点	该零件的使用工序/地点(如14号生产单元)
储存位置	该零件的存放位置
订货频率	向供应商订货的频率(如,根据需求每天、每周、每月)
供应商	该零件供应商名称
供应商城市	供应商所在的城市
供应商(州/省)	供应商所在的州、省、地区或行政区
供应商国家	供应商所在的国家
容器类型	容器的类型(如,一次性容器、可循环容器)
容器重量	一个空容器的重量
零件重量	一个零件的重量
装满容器重量	一个装满零件容器的总重量
容器长度	容器的长度或深度
容器宽度	容器的宽度
容器高度	容器的高度
每次组装用量	组装一个产品所需要的零件数量
小时用量(件)	每小时零件的最大用量
标准包装数量	一个容器的标准包装数量
小时用量(箱)	每小时最多需要的(容器)箱数
发货量大小	以天数表达的标准发货批量(如,1周发货1次,发货批量则为5天)
运输商	提供零件运输服务的公司
运输时间	从供应商到工厂的运输时间(天数)
运输路线里的看板卡数量	系统中的拉动信号数量
供应商业绩表现	评价供应商的业绩表现,包括供应商的准时交付及产品质量等状况

图 5-47 为每个零件做计划(PFEP)案例

(来源:2003 年精益研究院©出版里克·哈里斯,克里斯·哈里斯,厄尔·威尔逊

著作《让物料流动起来》⊖)

通常,"为每个零件做计划(PFEP)"集中了很多零件的基础行数据,我们仅使用了实现 PFEP 所需的相关数据。"为每个零件做计划(PFEP)"的愿景是,通过打造高效运营的供应链,建立一个从客户需求拉动的精益看板拉动系统,高效运营的供应链应该满足下列几点条件:

1)均衡化地安排客户需求。
2)所有零件均由供应商管理库存,并且储存于使用点(POU)。
3)从 MRP 系统中取消车间控制系统。

⊖ 原书名 *Making Materials Flow*。——译者注

4）所有零件的生产指示和搬运指示，均源自看板触发器。

现实中，一定会有一些零件不符合"为每个零件做计划（PFEP）"的愿景，这些零件仍然必须由 MRP 系统来管理。针对每个零件建立基础性数据，逐条进行分析，并且在看板、MRP 系统、最小库存—最大库存（min—max）等触发补料道具之中，选择适合零件的触发补料道具。

PFEP 是一个工具，在一行的电子表格中读取搬运和使用每个零件的所有方面的信息。过去，我们必须打开许多电脑屏幕或翻阅多份报告，才能找到搬运和使用每个零件的所有方面的信息。现在，我们只需要读取 PFEP 上一行的数据，就可以找到搬运和使用每个零件的所有方面的信息。

PFEP 提供了搬运和使用每个零件的所有方面的信息，将大量信息存放于一个电子表格或数据库中，用以跟踪和确定所需零件、当前需求和当前状态的库存信息。我们需要准确地知道零件的储存位置，零件的订购补充数量，并且建立一个缓冲库存机制，以确保零件库存可以满足高峰需求。

当贵公司销售团队推行市场促销或推行大批量折扣等促销活动的时候，换言之，当所有的供应链流程和活动都妨碍均衡化地安排客户需求（均衡排产）的时候，建立缓冲零件库存机制，确保零件库存可以满足高峰需求是一项十分重要的物流规划和举措。

我们的经验是，在一开始就力求建立过多库存，然后通过持续改善，让自己循序渐进地降低零件库存，而不是试图一开始就降低库存周转次数，使零件库存低到用完为止。如果看板用完了，"我先前提示您发生断料的后果"就会重蹈覆辙，降低物料库存的改善很可能会功亏一篑。我们建议，在消除高峰需求之前，您必须通过调整看板大小（看板收容数或一个容器的标准包装数量），来满足零件的高峰需求。此外，我们通常会增加一个称为"安全库存"的小缓冲区，以应对生产线的各种风险、波动和损失（见图 5-48）。

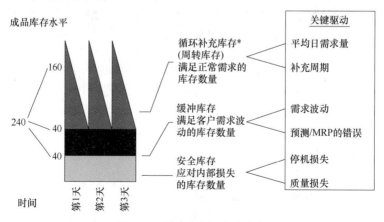

图 5-48 缓冲库存和安全库存

（来源：业务改善集团有限责任公司档案）

制作"为每个零件做计划（PFEP）"电子表格或数据库，是一项非常辛苦而耗时的工作，然而，它是一件非常值得去做的基础管理工作。您可以通过 IT 系统建立 PFEP 电子表格或数据库，每月 1 次或更大频率，从 MRP 系统导出相关数据至 PFEP 电子表格或者数据库。我们将利用 PFEP 电子表格或数据库，来整合每条生产线的看板信息，并且强调当生产主计划层次或客户需求发生变化时，需要及时地更新 PFEP 电子表格或数据库。

一定要指定更新 PFEP 流程的责任者，确保根据产品型号的变化或客户需求的变化，正确地调整看板大小（看板收容数或一个容器的标准包装数量）。PFEP 的目标和好处包括：

1）缩短产品的交付时间 80% 或更多。
2）建立拉动式生产模式，建立订购成品的看板系统。
3）减少整个工厂的库存，显著性地提升库存周转次数。
4）释放仓库空间和现金，但是，此举会影响短期盈利能力。

11. 测量库存价值和现金流

大多数公司会追踪库存价值（美元），因为他们认为库存价值是准确的，然而，现实中，库存价值通常不是准确的。在很多时候，库存并非真正地基于最早订单完成日期（EDD）或者先入先出（FIFO）原则，而进行管理的；很多库存零件是待废弃的；有些库存零件是已经破损的；有些库存零件被贴错标签；或者被储存在错误的货架上；在很多时候，您拥有的零件库存数量，并不是系统显示的您所拥有的零件库存数量。

12. 供应天数（DOS）

首先，我们必须计算得出一段时间期间内使用的库存数量，然后，将一段时间期间内使用的库存数量除以一段时间期间内的天数，便计算得出一天的库存价值。例如，如果某一部门拥有 600 万美元的原料库存，他们平均每月使用 120 万美元的原料库存，我们用每月 120 万美元的原料库存除以 30 个日历日：

■ 1200000 美元/30 个日历日＝平均每日库存价值 40000 美元。

如果该部门拥有 6000000 美元的原料库存：

■ 6000000 美元/（40000 美元/日）＝150 个日历日（天）的供应天数（DOS）。

一旦我们计算得出了供应天数（DOS），我们就可以计算库存周转次数：

库存周转次数＝年度工作日/供应天数（DOS）。

例如，我们用年度工作日时 365 个工作日除以 150 个日历日（天）的供应天数（DOS），可计算得出每年的库存周转次数是 2.43 次。

在 PFEP 中，我们将使用零件的最新定价并乘以该零件平均每日的使用量，便计算得出该零件一天的供应价值。使用上文计算公式，我们可以计算得出任何产品线或系统一天的实际使用价值。

13. ABC 分类法

零件可以被分类到各种类型，我们称之为零件 ABC 分类法（分层法）。每一个公司对零件 ABC 分类法均有不同的解读和定义。我们反复地实践经验证明：帕累托法则适用于零件 ABC 分类法。我们发现，通常，20% 的零件占库存价值（美元）的 80%、使用量的 80% 和供应商的 80%。

通过检查和理解零件 ABC 分类法的分布规律，我们可以采用分阶段的实施策略，来管理和降低库存成本。进行零件 ABC 分类法的分析，可以使用库存价值美元、零件使用量作为测量标准，或者使用二者组合作为测量标准。

通常，在 PFEP 电子表格或者数据库中，我们使用库存价值美元和零件使用量的二者组合作为测量标准，进行零件 ABC 分类法的分析。通常，零件依据两种方式进行分类：第一种分类方式，按照单个零件的库存价值美元（或按照零件的总计库存价值美元）；第二种分类方式，按照零件整体使用量。

我们开始将"A 类"零件控制到 1 周的库存水平，目标是将"A 类"零件控制到 1 天或者 1h 的库存水平。这是很容易做到的，因为"A 类"零件涉及相对较少的零件及其供应商。然后，我们开始将"B 类"零件控制到 2 周的库存水平，目标是将"B 类"零件的库存水平向 1 周，再到数天（最后到数小时）的方向发展。

我们开始将"C 类"零件控制到 1 个月的库存水平，然后，将"C 类"零件控制到数周，再到数天的库存水平。然后我们致力于将"C 类"零件从资本转变为支出费用，这会将"C 类"零件从 MRP 系统领料单中予以移除，并且将其视为车间库存或零件支出费用。这些"C 类"零件仍然会显示在产品的工艺路径上。通常，"C 类"零件是螺丝钉、紧固件、电线接头等，"C 类"零件是面包人和后期物料仓库或供应商管理线边仓的主要候选零件。

14. 打造供应商合作伙伴关系

组织的精益目标之一是将供应商从一般的敌对关系，转变为打造供应商成为真正的合作伙伴关系或贵公司的延伸职能部门。精益的目标是，发展和培育一个合作伙伴型的供应基地，这意味着供应商实际上会成为贵公司的延伸职能部门，换言之，供应商就像是贵公司内部的任何一个制造车间或事务性部门。

在新型合作伙伴的框架下，供应商不会削减利润，而是与客户合作，共同致力于降本增效的精益改善活动。供应商与客户合作一起降本增效的目的是，通过保持合作伙伴双方的合理利润，确保合作伙伴双方的经营具有可持续性的发展。此外，在新型合作伙伴的框架下，如果供应商来料发生质量问题，供应商将会针对产品质量缺陷问题，做出快速反应：制定遏制（临时）对策，找到根本原因并采取相应的（永久）对策。供应商与客户共同努力，赢得和维持与终端客户的业务交易。

15. 长期协议（LTAs）

长期协议（LTAs）是与合作供应商签订的年度合同或者时效多年合同。长期协议的目标是，签订一个长期的订购数量和产品质量的承诺合同，以锁定产品的最佳价格，但是，只接受有需求的订购产品。长期协议包含下列构成因素：

1) 通常，长期协议的时长跨度为 1~5 年。
2) 固定价格是常态；然而，时间和物料合同可以用于某些服务项目，但是这将作为最后的手段。
3) 增加一些价格上涨因素，即贵金属价格与某一指数挂钩，如果达到一定的门槛，并有额外几年定价的选择，就可以获得价格折扣。
4) 长期协议可支撑持续改善的要求。
5) 长期协议是精益评估的要素之一（供应商管理）。
6) 长期协议包含柔性篱笆条款。
7) 长期协议包含电子数据交换（EDI）条款和物流条款。

长期协议（LTA）包含"工序内打造质量"的质量要求条款，目标是零缺陷。供应商必须秉承持续改善的自我要求，并且无论是通过产品设计消除浪费还是从生产流程中消除浪费，供应商都应该致力于实现降低产品成本的挑战性目标。

确保贵公司的供应商财务健康和可持续性发展，是十分重要的。电子数据交换（EDI）是指供应商和客户计算机系统之间所具有的相互通信能力。电子数据交换取消了纸质采购订单或者其他纸质交易的需求。电子数据交换系统将允许供应商查看客户工厂的零件使用状况及其库存水平。当今，IT 市场上也有电子和互联网的看板系统，如"Nocturne"电子看板系统。

16. 柔性篱笆

柔性篱笆，是长期协议中的一项条款，柔性篱笆是指为了满足市场需求波动，客户和供应商签订的一项柔性合作条款。柔性篱笆条款可用来检验长期协议中双方针对未来市场的总体展望，并且双方在长期协议中，补充并签订了风险规避计划，以应对预期需求使用量增加 10%~30% 或者减少 10%~30% 的市场波动。例如，为了鼓励供应商手头建立多余的原材料库存，我们会提前支付供应商建立多余原材料库存的费用，这样，我们就可以在某一段规定的时间内提升 30% 的产量。我们会提前协调供应商，要求供应商成品库一直保持大约 10% 完成品库存，以防我们的产量迅速增加（见图 5-49）。

17. 依序配送

在长期协议（LTA）的部分条款中，可能涉及零件的依序配送（源自丰田组装线的物流顺序），以满足客户汽车主机厂组装生产线依序生产。通常，零件的依序配送，会要求配送人员以相反的使用顺序，装运零件到物流台车的工位器具上，因此，从物流台车的工位器具上卸货后，零件的排列顺序正好是汽车主机厂的使用顺序。通常，供应商的依序配送适用于汽车行业，其中，依序配送的零件品种和数

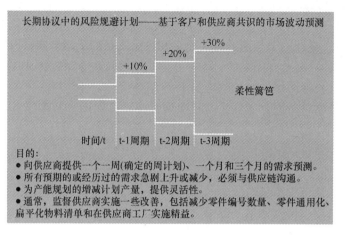

图 5-49　柔性篱笆

（来源：业务改善集团有限责任公司档案）

量按照小时计算。

18. 预测

预测是任何物流管理系统的必要组成部分。然而，我们总是说准确的预测是自相矛盾的说法。

预测客户需求的问题是，预测的时间期间越长，预测的结果就越不准确。准时化（just-in-time，JIT）的目标是，缩短产品的总计交付时间，使得预测的时间范围是数天或数周，而不是数月。

19. 供应商早期参与（ESI）

邀请供应商参与到早期的精益改善活动，一起致力于实现降低库存的目标，可以节省大量的资金，换言之，供应商参与到早期的精益改善活动，将成为降低整体物料成本战略的重要支撑部分。当供应商参与到精益改善活动并且与贵公司工厂成为合作伙伴时，供应商应该定期收到关于质量、成本、交付和服务（QCDS）改善进度的反馈报告（有时以工作报告的形式）。

邀请供应商参与到精益改善活动应该在新品研发的早期阶段，通常，在产品设计概念阶段之后。此外，供应商依据设计标准进行产品设计，并致力于实现由客户设定的产品成本目标和价值工程目标，因此，我们会说，这样的供应商才是真正的合作伙伴。

20. 供应商认证程序

通常，被认证供应商已经满足客户工厂（或主机厂）的质量标准、生产标准和财务标准，因此，客户工厂针对被认证的供应商的物料，会采用直接收货和进货免验，被认证的供应商将会采用面包人库存管理、看板仓库或线边仓物料管理等厂内物流形式，将物料直接交付到车间现场。

21. 风险规避计划

如果供应商交付订单出现了意外的问题，此时，风险规避计划就变得至关重要的。制定风险规避计划，对于战略团队、商品团队或制定长期协议的管理层是至关重要的。供应商应该将制定风险规避计划作为长期协议中的一部分内容。此外，我们也可以运用潜在失效模式及效果分析（FMEA）的形式，来制定风险规避计划。通常，精益改善项目团队会针对潜在失效模式及效果分析的列表，进行头脑风暴，找到过程（包含诸多作业流程）中的所有潜在失效模式，并且评估潜在失效模式的严重度、频度和探测度，最后，精益改善项目团队会讨论出降低潜在失效的严重度、风险或者频度的改善方法，并且尽可能提升潜在失效模式的探测度或安装防错装置，以规避任何风险。

5.12 实施防错

六西格玛管理工具旨在测量、强调和消除缺陷，其目标是减少错误、达成六西格玛质量水平或将缺陷降低到每百万次机会 3.4 个缺陷。当今，许多组织使用统计过程控制（SPC）工具；但是，统计过程控制（SPC）不能够保证零缺陷，因为缺陷是在缺陷产生之后才被检验出来的（历史数据）。统计过程控制（SPC）应该作为预防性的分析工具，在过程不受控的状态发生之前，识别质量特性参数的各种异常状态。在一个精益成熟度较高的工作场所中，异常状况在工作场所会被立即显现，能够及时地找到根本原因并采取相应的对策。精益需要建立无缺陷的过程来支持准时化（just-in-time，JIT）系统，因此，精益的目标是，从源头上，100%预防缺陷。如果不能够做到从源头上100%预防缺陷的话，那么，生产（或服务）系统就会发生故障，并导致产品交付的延误。

防止错误，在日语中被称为 poka yoke（防错），是精益的一个重要构成要素，防错提供了一种消除错误的机制，从而避免发生缺陷。

防止缺陷流出到客户的唯一方法是，在每一次作业过程中，使用机器（而不是人工）100%全数检验，这就产生了"jidoka"概念。

实现过程零缺陷的唯一方法是，在错误发生之前，就消除错误。因此，正确地区分错误和缺陷之间的不同，是十分重要的。错误是无意识的过失、失误、疏忽；缺陷是由于错误而产生的后果。新乡博士经常说：区分错误和缺陷之间的不同，也就是区分因果关系，二者的重要性是等同的。请参考下列案例：

1）（原因）错误——下车前忘记关闭汽车的车灯，车灯一直开着。
2）（后果）缺陷——汽车的电池没电了。

基本上有三种类型的缺陷：
1）物料。
2）加工。

3）设计。当我们分析因果关系时，必须区分系统原因变异和特殊原因变异之间的不同。例如，如果将一分钱硬币丢到桌子上，一分钱硬币会落到桌子上的某一个地方。如果从同一个位置，再次将一分钱硬币丢到桌子上，一分钱硬币会落到桌子上的另一个地方。显然，这是一个系统原因变异的案例。从同一个位置将一分钱硬币丢到桌子上，一分钱硬币将会落到桌子上一定范围的不同地方。

然而，如果我们改变丢一分硬币的位置，一分硬币就会落到桌子上的不同地方。显然，改变丢一分硬币的位置，是一个导致发生变异的特殊原因或是一个特殊原因的行动。在很多时候，当我们看到一个过程结果未达成标准（绩效），我们会主观认为这是一个特殊原因导致过程结果的变异，然而，事实上，这个过程结果的变异归属于过程结果的正常变异范围之内，换言之，它归属于系统原因变异。如果我们采取特殊原因的行动，我们很可能会打乱过程的正常运行。

1. 如果六西格玛是每百万次机会 3.4 个缺陷，人类可以达成多少西格玛水平

错误和失误会让我们所有人损失大量的质量成本，更为糟糕的是，错误和失误会损害公司的市场声誉。鉴于人类最多只能达成 1~3 西格玛质量水平，因此，我们必须谨慎和留意人类所做的任何工作。3 西格玛质量水平（过程中心偏移 1.5 个西格玛）表示每百万次机会大约发生 66000 个错误。只要过程依赖于人类，过程可能永远不会超过 2 西格玛或者 3 西格玛质量水平，因为人类会发生作业错误。为了打造"防错"过程或者打造"防呆"过程，我们需要一种方法——将人类作业从制造系统中予以剔除。因为，错误和失误不仅仅会导致人类悲剧的发生，还会给我们的制造系统增加昂贵的隐性成本。

2. 过程能力指数（C_{pk}）

过程能力指数是对过程、产品或服务持续地满足质量规格（客户规格、技术标准或公司的公差限度）能力的测量。过程能力是工序固有的能力，或者说，它是工序保证质量的能力。下列是针对过程能力指数最为广泛采用的判断结果：

1）C_{pk}>2.0 表示公司对过程控制良好，但仍然未达成零缺陷。

2）C_{pk}>1.67 是大多数公司使用的最低标准，仍然需要 100% 自动化外观全数检验。

3）C_{pk}>1.33 是最低可接受标准，目标：持续改善过程能力。仍然需要 100% 自动化外观全数检验。

4）C_{pk}≤1.33 但是>1.00 表示过程能力不足——必须持续监控过程。仍然需要 100% 自动化外观全数检验。

5）C_{pk}=1.0 表示刚好满足客户规格。

6）C_{pk}≤0.67 表示作为供应商或某一个过程，其过程能力不足，应该重新整改设计过程。

自働化（JIDOKA）的目标是，在机器崩溃之前或者发生错误、制造缺陷产品之前，停止机器加工作业；自働化的最低目标是，在机器发生错误、制造缺陷产品之后，停止机器加工作业。如果机器不能满足和超过机器加工的质量规格，那么，自働化除了不断地停止机器加工作业，以处理不符合质量规格零件，或许无助于提高质量。

3. 防错和防呆

请参见图5-50。

防错
防止由于作业员疏忽大意而造成的错误

防呆
当防错的操作要求超出人类的能力，或者超出防错的能力时，所采用的防错装置

图5-50　防错和防呆

（来源：https://www.linkedin.com/pulse/re-translating-lean-from-its-origin-jun-nakamuro#a11y-content.）

防呆（Baka—yoke）是指，当防错的操作要求超出人类的能力，或者超出防错的能力时，所采用的防错装置。防错是指防止由于作业员疏忽大意而造成的错误。防错是通过精益改善后，建立的一种防错机制，它可以帮助贵公司作业员避免发生作业错误。防错机制的目的是，当错误即将发生时，通过防止错误发生、纠正错误或者通过对错误引起注意来消除产品缺陷（见图5-51）。在图5-52案例中，当将已涂漆的开口销移除后，开口销的影子依然显现。

图5-51　组装的防错装置，确保耗材瓶放在托盘的正确孔中
（来源：业务改善集团有限责任公司档案）

图 5-52　已涂漆开口销的案例
将已涂漆的开口销移除后，开口销的影子依然显现
（来源：业务改善集团有限责任公司档案）

防错机制可以应用于任何流程，无论是车间现场流程还是事务性流程，都可以应用防错机制。下列是防错机制的 4 步对策：

第 1 步是工序自检，工序自检是每位作业员检验他（她）自己工序的产品（自工序完结源自丰田汽车公司）。

第 2 步是连续检验，每位作业员除了检验他（她）自己工序的产品，还要检验前工序作业员的产品。

第 3 步是使用机器，实施源头 100%全数检验。

第 4 步是实施作业防错——建立防错机制。

下面列出了建立防错机制的 PDCA 实施方法：

（1）计划　描述缺陷或潜在缺陷。

1）通过作业观察、作业视频或统计数据（即帕累托图），确定发生缺陷的机会，最为更重要的是，确定发生缺陷的原因（调查错误的现象和类型）。

2）展示缺陷率数据。

3）确认发现缺陷或能够发现缺陷的操作方法。

4）追溯缺陷产生的工序和确认缺陷产生工序的作业标准（作业指导书）。

5）通过追问 5 个为什么——确认工序问题的根本原因。

6）成为加工流的一件产品，跟踪加工流中的每一道工序。详细列举（写下来）作业标准中所记录的作业顺序。现场观察每一道工序的作业，并且详细列举与作业标准不同的作业步骤。理解流程或机器可能发生错误的方式、分析作业失误的原因。

7）邀请所有人参与头脑风暴改善会议——共识防错机制的解决方案。

8）决策正确的防错机制。设计防错装置、程序，以预防、检验同类错误或缺陷。

① 控制装置（防止错误的发生）。

② 警告装置（突出警告错误）。防错装置是指在流程作业步骤中，采用电气装置、机械装置、程序装置、外观检验、人工检验等防错方法，突出警告错误或者防止错误发生。

（2）实施　在必要的时候，对生产线作业员进行防错机制的培训，开始在生产线实施防错机制。

（3）检查　确保防错机制的防错效果，必要时针对防错机制进行调整和改善。

（4）行动　更新标准作业（必要时）或相关工艺文件。

根据防错装置的维护要求，确定是否需要进行预防性维护或者预测性维护，将防错装置的维护标准，添加到全员生产维护（TPM）检查表中。

4. 控制装置和警告装置的类型

警告装置可以向作业员发出作业错误的警告，然而，警告装置却不能防止错误或缺陷的发生。在完成纠正作业错误之前，控制装置停止作业或在完成纠正作业错误之前，控制装置停止作业错误继续发生。每个类型的控制装置和警告装置都包含下列三种装置：

（1）接触装置　防错装置和产品之间建立了接触

1）插头。

2）住宅和汽车钥匙。

3）摄像机电池。

（2）固定值法

1）零件必须具有一定的重量，否则无法工作。

2）批量大小。

3）装鸡蛋纸箱。

（3）动作步进法

1）产品必须通过本工序的检验合格后，方可进入下一道工序。

2）条形码扫描器。

3）车库门传感器光线。

4）运动探测灯的设计缺陷。

我们的终极目标是，通过设计精益的产品或者精益的流程，来消除错误。精益工具和六西格玛工具互相融合、相得益彰；然而，六西格玛工具是实现质量零缺陷的敲门砖。此外，消除错误的另一个方法是，建立一个全员参与的、敢于公开错误的奖励系统。

5. 制定控制计划

如果我们的过程能力指数（C_{pk}）优秀，过程控制良好，自始至终生产合格的产品,我们就不需要制定控制计划。然而,即使我们已经实施了精益,我们仍然需要制定控制计划,因为,100%防止发生错误机会是不可能完成的任务,即使这是我们的目标。工程师的目标是,从产品概念阶段开始,并在产品组装前、产品组装中和产品组装后,将组装产品的过程设计为不发生错误的过程。然而,最糟糕的事情莫过于缺陷被毫无意识地设计到系统之中。

在BASICS模型的实施阶段,制定控制计划(见图5-53)应与新乡重夫博士的方法论(而不是戴明博士的方法论)一致,该方法将控制计划定义为P(控制)DCA计划阶段中的一部分内容。此外,控制计划是工艺流程框图的副产品。在BASICS模型的实施阶段,我们需要针对每一个工艺流程框,自问下列问题:

1)谁是这个工艺流程的责任者呢?
2)这个工艺流程的过程能力指数是多少呢?
3)我们如何确保我们生产的首件是合格产品呢?
4)我们如何知道我们未将不合格产品传递给后续工序呢?
5)此工艺流程框中,获得大Y的关键输入变量(六西格玛称之为Xs)是什么呢?
6)如果过程不受控了,我们是否可以从物理上停止此过程呢?
7)如果过程不受控了,我们是否依据PDSA逻辑,实施评审流程呢?
8)我们建立可视化控制机制了吗?
9)如果过程不受控了,异常状况会自己立即显现出来吗?

质量控制和改善计划													
产品/工艺流程			批准1-产品/日期					当前期望的每日缺陷件数			0		
工厂地点			批准2-工艺流程/日期					当前的RTY(流通合格率)			0		
日期			批准3-质量/日期					未来的RTY(流通合格率)			0		
工艺流程			零缺陷的质量特征			方法(如何测量/控制/应对)				持续改善			
						评估/测量技术	样本		控制方法(探805)	应对计划	一次通过合格率(FTT)		
工序	工序名称/描述	附加的设备、机器、装置、夹具、工具	产品的失效模式	质量失效分类(严重度)严重的、重大的、微小的	产品/工艺规范(您如何知道制造的是什么及如何正确地制造)		样本大小	频率			当前状态一次通过合格率(频度)	每日生产件数	改善机会	推荐的行动	未来状态一次通过合格率(频率)
10														
20														
30														
35/70														
40														
50														

图5-53 控制计划模板案例

(来源:安迪·麦克德莫特和业务改善集团有限责任公司档案)

控制计划不同于潜在失效模式及效果分析(FMEA)或者潜在过程失效模式及效果分析(PFMEA)。控制计划是在新产品推出后而制定的,旨在将一次通过合格率(FTT)和流通合格率(RTY)提升到100%。

6. 防错设计

防错设计应该贯穿于整个产品设计和工艺流程设计的过程中。

1）简单的工序检验（工序自检、连续检验）和防错装置（控制装置、警告装置）应该应用于产品设计和工艺流程设计的过程中。

2）设计每一道工序都应该遵循"工序内打造质量"（质量内建于源头）的精益原则，以确保我们绝不会将不合格产品传递给下一道工序。防错设计的目标是，消除对生产线最终检验工序的依赖。

3）始终确保产品只能够以唯一的工艺路径进行加工，而不能够将产品，以不同的工艺路径进行加工。

将防错设计融入整个产品设计和工艺流程设计的过程中，我们可以获得优秀的过程能力指数，换言之，防错设计应该遵循"工序内打造质量"（质量内建于源头）的精益原则，应应用正确的防错装置，而不计投资回报。

7. 零缺陷和机器加工

机器加工的质量目标是，机器的过程能力指数（C_{pk}）优秀，过程控制良好，自始至终能够达成零缺陷——生产合格的产品，如果机器发生问题（停机故障、加工不合格品等），机器应该自动停止加工作业，并且使用安东警告灯或音乐呼叫，发出停机信号，使问题在车间现场立即显现。过程发生问题时，自动停机、发出警告是 jidoka 的核心原则之一，在某些情况下，可以将机器设置为在机器发生故障时，向机器责任者发送手机短信提醒，来通知机器责任者：机器发生问题了、请紧急（派人）修复和功能复原。

8. 实施面向制造和组装的设计（DFMA）

在产品设计的初期阶段，实施面向组装的设计 DFA（Design For Assembly）和面向制造的设计 DFM（Design For Manufacturability）的动机因素是，降低生产成本并且降低组装和制造的复杂度。当我们开始实施面向制造和组装的设计理念和方法时，我们会很快意识到产品的生产效率可以获得显著性地提升。此外，面向制造的设计理念和方法，可以帮助我们实现降低制造成本和缩短产品交付时间，这就是为什么大多数工程设计和制造业在产品设计中，采用面向制造的设计方法的原因。

运用面向制造的设计（DFM），将会引导我们设计出一款零件结构更加简单、生产线效率更高的产品。面向制造的设计收集了产品可制造性的所有属性，并将这些可制造性的属性量化为可计算的可用测量数据。我们可以利用这些可用测量数据来比较不同的设计方案，并且确保做出正确的选择和决策。在产品设计研发过程中，企业的产品库存周转，是设计工程师很少所关注的课题，然而，设计工程师应该在产品设计研发过程中，关注企业的产品库存周转。因为，产品研发部门应该负责从设计概念到生命结束的产品全生命周期。实施面向制造和组装设计的一般指导原则包含下列几点：

1) 不要将作业员或客户固定于一台机器上，进行作业。
2) 尽可能地建立半自动化生产线。
3) 为作业员，设计方便使用的夹具。
4) 将防错设计融入整个产品设计和工艺流程设计的过程中。
5) 在实施面向制造和组装的设计时，尽可能地运用 ERSC 分析方法（取消、重排、简化或者合并）。

在辅导不同企业实施精益改善过程中，我们已经多次发现"口述漏步"的现象。简单地说，只要在拍摄作业视频的工作场所，通过回看视频我们就会发现，当我们与一线主管甚至每天都在做例行作业的作业员，一起分析流程时，在他们的口头描述中，会漏掉某几个作业步骤，这就是"口述漏步"的现象。答案是，他们只是忘记了他们所做的作业步骤。当我们拍摄完成作业视频后，与作业员一起回看作业视频，并针对作业员口头描述的作业步骤进行比较时，他们会惊讶地发现，他们漏掉了一个作业步骤。有时，您会听到"通常，这种情况不会发生"，然而，我们多年的从业经验表明，如果您拍下并回看作业视频时，您会发现：作业员在分析流程时，并未完整地口头描述作业步骤的发生次数，可能比任何人认为的或愿意相信的发生次数，要多得多。

5.13 实施全员生产维护（TPM）

TPM 是英文"全员生产性维护"的首字母缩略词，通常，TPM 包含下列三项改善活动组合：

（1）预防性维护　预防性维护是指在一个设定的时间间隔内，完成设备日常维护任务（每日润滑、清洁、调整、检查及提前更换），以延长设备的使用寿命，防止将来发生停机故障。

（2）预测性维护　预测性维护是根据设备停机故障或零件产生磨损的历史记录，实施针对设备本质的改善，或您使用现在的先进技术解决方案，准确地预测轮胎何时将会被彻底地磨损。在现在的市场上，拥有许多先进技术，这些先进技术，在 20 年或 30 年前是闻所未闻的。现在，美国宇航局和军方所利用的先进技术包括：超声波和超声波测试、红外热像仪和振动测试。在许多情况下，这些先进技术可以用来判断一个电动机轴承是否仅需要润滑就可以运行，或用来预测一个电动机轴承会在未来 30 天内发生故障。

（3）参与式管理——自主维护（自主保全）　参与式管理是一种全员参与模式，所有员工都需参与到生产性维护计划中。TPM 实际上是在全公司范围内进行设备维护，有效的 TPM 计划包含五个目标：

1) 最大限度地提高设备综合利用效率（提高整体设备效率）。
2) 建立设备寿命周期的生产维护系统。

3）邀请所有相关部门参与实施 TPM 设备规划、设计、使用或维护，相关部门包括工程部门、设计部门、生产部门和设备维护部门。

4）全员参与模式包括从最高管理层到车间作业员，都积极参与到生产维护活动中。

5）通过激励管理（自主小组活动）促进有效推进 TPM。

组织中的全员参与模式，指从最高管理层到车间作业员，都积极参与到生产维护活动中。在实施全员设备维护的活动中，作业员分担每天例行的设备维护和设备保养，完成日常设备检查表（机器注油、更换试剂等），设备维护团队确保完成复杂的设备维护项目，实施针对设备本质的改善（改善设计问题），以提高设备的可靠性和可保养性，从而，支持生产线完成生产计划。

我们经常使用您保养爱车的生活案例，作为 TPM 的形象类比。您会力所能及的保养爱车包括擦洗爱车、检查油路液位、加满汽油等，然而，当爱车遭遇棘手故障时，如检修变速器，您会将爱车交给汽车修理技工。作为车主（流程责任者），您仍然需要承担及时完成保养或维修的责任。

在精益企业中，无论是在车间现场的作业员，还是办公室事务性职员，他们都会成为设备维护一线员工，他们会及时报告设备异常的状况或者他们对机器进行简单修理。

纪律是实施和维持 TPM 程序的必要条件。流程责任者需要确保设备在他（她）的工作场所内，得到及时维护。我们需要秉承责任感和自豪感，遵循设备的设计原理和维护计划，对设备进行及时维护，以确保设备平稳运转。如果我们没有按照设备的设计原理和维护计划，对设备进行及时维护，那么，这就暴露了我们真正领导和管理自己区域的能力差距。我们应该每日清洁设备、检查设备仪表，确保所有油路液位的高度符合标准，并且寻找设备的改善机会。

为了推动所有员工成功地完成所承担的 TPM 每日任务，管理层必须致力于消除所有障碍。例如，管理层考虑将车间地面涂成浅灰色或白色，用以清晰地暴露机器漏油的问题，然后让员工不仅解决漏油问题，而且启动调查机器漏油的根本原因，找到机器漏油的根本原因并采取相应的对策。图 5-54 展示了协助实施 TPM 的机器停机日志案例。实施机器停机记录的目标是，当机器发生停机故障时，每次都要找到机器故障的根本原因并采取相应的对策，确保该机器故障不会重复发生，否则，我们可以向您保证，当您最不期望的时候，该机器会再次发生故障。

1. 全员生产维护目标

1）消除计划外的机器停机。

2）提升机器产能。

机器空闲时间报告   图316

本周结束日期

机器编号	运行小时	空闲小时	空闲时间制造费率	空闲时间成本	原因
A1	42	2	0.40	0.80	无工作卡
A2	43	1	0.40	0.40	故障停机
A3	43	1	0.40	0.40	满负荷
A4	41	3	0.40	1.20	无工作卡
A5	44	-	-	-	" "
B1	39	5	1.05	5.25	无工作卡
B2	41	3	1.05	3.15	" "
C1	43	1	0.75	0.75	维修
C2	40	4	0.75	3.00	" "
C3	42	2	0.75	1.50	无工作卡
总计	418	22		16.45	
上周空闲时间成本				48.30	

备注：计划部门要立即采取行动，确保工作卡按时发放

CCS手册第234页

图4-14 机器停机时间报告

机器问题/机会调查

备注：当此项机器停机问题解决后，这个表格应该与机器放在一起，作为今后的参考

机器	区域：
主管	生产单元编号：
日期	工艺流程
机器制造商	
制造商联系方式和电话号码	
综合设备利用率(OEE)	

	日期	责任人
跟进者的职责(很重要)		
负责跟进对策的执行		
对策实施六个月后，负责再次跟进对策执行的连续性		
机器图纸/蓝图		

	客户订单号
受影响的零件编号	

	日期	责任人
机器停机的根本原因：(备注：从机器角度，调查停机的根本原因)		

	日期	责任人
采取的措施		
我们是否需要联系制造商？		
跟进检查对策是否解决了根本原因		
六个月后跟进		
跟进检查对策是否解决了根本原因		

图 5-54 机器停机日志

（来源：1952年钻石出版社出版查尔斯·普罗沃斯曼和尚马·萨拉松著作《民用通信小组培训手册》[①]和业务改善集团有限责任公司档案）

[①] 原书名 CCS Training Manual。——译者注

3）减少缺陷（报废或返工）。
4）降低整体运营成本。
5）推动建立最低库存。
6）提升作业员安全。
7）创造更好的作业环境。
8）改善环境和促进可持续性发展。
9）消除机器的停机故障（停机频率和停机损失时间）。
10）降低设备的开机失效时间。
11）实现更快和更可靠的产品交付时间。
12）提高质量。

2. 工厂的六大损失（见图 5-55）

工厂设备的六大损失如下。

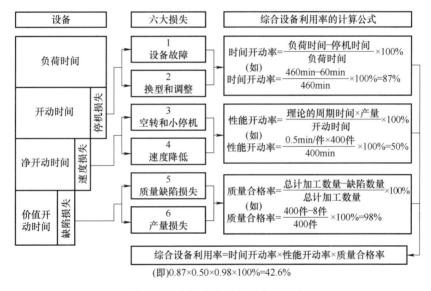

图 5-55 全员生产维护的六大损失

（来源：1989 年、1998 年生产力出版社出版中岛诚一著作《全员生产维护介绍》㊀）

1）设备故障（停机损失）：设备故障造成的停机时间。
2）换型和调整（换型损失）：由于实施换型造成的停机时间。
3）空转和小停机：由于作业流不均衡，导致设备空转时发生小停机或者由于失误操作，设备检验出缺陷产品，传感器发出报警而自动关闭了设备。
4）速度降低：设备的实际运转速度比设计速度慢。

㊀ 原书名 *Introduction TPM*。——译者注

5）质量缺陷损失：设备故障引起的加工过程中的产品质量缺陷（报废）和产品返工。

6）开工损失（产量损失）：由于设备不间断地停机和启动导致产量损失，包括在生产的初期阶段（从设备启动到稳定生产）产生的产量损失。

3. 设备故障原因

下面从设备、作业员、维护人员三个方面，总结了发生设备故障的潜在原因。

（1）与设备相关的潜在原因

1）设备脏污。

2）注油器脏污。

3）水淹油底壳。

4）漏油。

5）空注油器。

6）电机过热。

7）不受控制振动。

8）散落的碎片。

9）检查困难。

10）地面脏污。

11）设备布局缺乏系统的组织和规划。

（2）与作业员相关的潜在原因

1）针对设备脏污，视而不见。

2）在作业、换型和设备日常维护中，发生作业错误和过失。

3）不懂得如何实施设备检查。

4）不具备进行简单的设备维护技能或不愿意进行简单的设备维护。

5）对设备注油、更换刀具、更换零件、设备调整等缺乏知识和技能。

6）即使设备暴露隐患和问题，也不寻求帮助。

7）认为生产产量比精心地进行设备维护更重要。

8）不控制设备。

根据定义，这些与作业员相关的潜在原因都是流程责任者可以控制和管理的。

（3）与机械修理工和设备维护人员相关的潜在原因

1）仅更换设备零件或修理设备零件，没有质疑设备故障发生的原因或针对设备故障，进行根本原因的调查分析，用以防止相同的故障重复发生。

2）针对基本的或简单的设备维护任务，未对作业员履行培训，或未与作业员一起完成基本的或简单的设备维护任务。

3）未与作业员实施有效地沟通。

4）精力关注于重大紧急的设备故障上，忽略了解决产品质量缺陷的问题及设备速度损失的问题。

5）认为设备劣化是不可避免的。

6）仅针对新设备寻求解决方案或仅针对设备，寻求新技术的解决方案，而未充分利用现有资源。

通常，这些与机械修理工和设备维护人员相关的潜在原因及他们的行为，都是设备维护流程责任者可以控制和管理的。

4. TPM 测量指标的目标

TPM 是设备的准时化（JIT）管理，因为在您需要启动设备和开始生产时，设备必须准备就绪，而且，无论设备运转多长时间，都能够顺畅地运转。如果在您需要启动设备和开始生产时，设备未准备到位，或者设备经常地发生故障和小停机，我们就无法支持单件流的目标，并且无法达成生产线的各项绩效管理目标。

TPM 准时化（JIT）机制的要素之一是，强行规定设备供应商提供与设备一起交付的设备备件清单和随叫随到的设备技术支持联系人名单，其中包括维修和服务的供应商内部联系信息和供应商联系信息，以及基于设备或生产线发生停机故障严重度的报告联络时间（升级报告体制）。如果企业进行了潜在失效模式及效果分析（FMEA）和盈亏平衡点分析，企业就能够建立手头备件的最佳库存水平，以确保实现备件的及时供给和备件的最低成本。

5. TPM 每日检查表

启动实施 TPM 的最佳方法是，针对一台试点设备，制作一张简单的 TPM 每日检查表。将 TPM 检查的设备参数及参数标准值添加到 TPM 每日检查表中，以确保作业员能够正确地实施 TPM 每日检查表（见图 5-56）。当我们针对试点设备，成功地实施 TPM 每日检查表、并且作业员们收获和保持更多的信心时，我们便可以继续实施下一台设备的 TPM 每日检查表。我们建议作业员记录一些设备参数数据，如设备设置的参数数据或者设备参数读数，以确保作业员实施真实的 TPM 检查。在未来，我们将致力于制造电子信息系统（即物联网—IOT4.0）、带有电机传感器的 MES 系统和具有自动化检查功能的空气系统。

我们必须建立一个与 ISO9000 或与 QS9000 或与其他正式标准相关的书面流程，如全员生产维护卡（TPM）卡（见图 5-57），记录 TPM 实施流程。TPM 卡描述了如何维护设备，并且记录了设备的维护履历。

6. 设备综合利用效率

设备综合利用效率（OEE）是设备实际的生产能力相对于设备理论产能的比率。OEE 是由时间开动率、性能开动率、质量合格率三个绩效测量指标所组成，它们单独看表现尚好。公式：OEE = 时间开动率 × 性能开动率 × 质量合格率。（见图 5-58）。OEE 的 3 个绩效测量指标如下。

1）时间开动率：测量因为设备故障、换型、调整而发生停机浪费的绩效测量指标。

2）性能开动率：测量因为空转、小停机及设备速度降低导致时间浪费的绩效

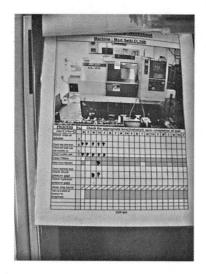

图 5-56　简单的 TPM 每日检查表案例
（来源：由安康齿轮提供）

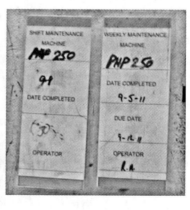

图 5-57　全员生产维护（TPM）卡——绿色代表已经完成的设备维护任务；
红色代表待完成的设备维护任务
（来源：业务改善集团有限责任公司档案）

测量指标。

3）质量合格率：按照质量规格生产的合格产品的百分比，反映设备的生产精度。

如果使用设备综合利用效率（OEE），我们必须确保收集准确的数据以及建立

第5章 BASICS 模型：实施（Ⅰ）

		设备综合利用率(OEE)计算器*		
		OEE测量设备在负荷时间中有多少是有价值的开动		
		不要更改蓝色数字，蓝色数字是预设的公式		
缺陷	A	每日出勤时间/min	480	每日或每班次的实际出勤时间
	B	每日负荷时间=可用工作时间/min	420	实际出勤时间减去会议时间、休息时间、午餐时间、计划停机时间(如清扫时间)
设备速度降低	C	每日总产出数量(包括合格产品和不合格产品)/件	153000	来自于每日小时产出记录表中的实际产出数量
		停机类型		
	D	换型/min	90	从卸载最后一件合格产品到完成下一个批量的第一件合格产品之间的时间
非计划停机时间	E	故障/min	60	由于发生故障，导致设备停机的时间
	F	调整/min	15	由于调整设备，导致设备停机的时间
	G	每日总计停机时间/min	165	(D+E+F)
	H	缺陷/个	153	每日总产出数量中的缺陷产品数量，来自于每日小时产出记录表
	I	实际周期时间(实际节拍)/min	0.0200	通过秒表计时和回看视频，测量机器的实际周期时间
	J	理想周期时间(计划节拍)/min	0.0160	依照制造商的规格或速度和进给速度，设备运转时的周期时间
生产合格产品的时间	K	速度开动率(%)	80%	理想周期时间/实际周期时间
	L	净开动率(%)	10%	[(每日产出数量×实际周期时间)/(负荷时间−停机时间)][(C×I)/(B−I)]
	M	时间开动率(%)	61%	[(负荷时间−停机时间)/负荷时间](B−G)/B]
	N	性能开动率(%)	96%	净开动率×速度开动率(L×K)
	O	质量合格率(%)	99%	[(总计加工数量−缺陷数量)/总计加工数量][(C−H)/C]
	P	OEE(%)	58%	(质量合格率×性能开动率×时间开动率)(O×N×M)
		根据生产力出版社1982年出版的中岛所著《全员生产维护(TPM)开发计划》		

图 5-58　设备综合利用效率（OEE）计算器

（来源：业务改善集团有限责任公司档案）

正确的数据收集系统；如果设备综合利用效率（OEE）是基于错误的数据而分析，那么，设备综合利用效率（OEE）就无法真实地暴露设备可靠性的问题。设备性能开动率应该参考设备制造商推荐的设备运转速度和进给量。设备性能开动率是以周期时间为导向的测量指标，而不是基于某一段时期的历史产量或者与多年没有更新的标准进行比较。

5.14　快速改善

　　快速改善是我们开始使用的一个精益术语，用来帮助员工"学会观察"简单的改善过程及改善成果。快速改善可以是一个在30min内完成的改善，而且不需要任何资金或者额外的采购。我们教授精益改善项目团队，使用PDSA的问题解决流程，而不是让他们针对一个问题仅抛出解决方案。精益改善项目团队完成现场观察后，精益改善项目团队或者某位团队成员会思考、总结、写下问题陈述和问题的根本原因。因此，按照这样"做中学"的方法，我们能首先教会他们"学会解决"问题。当精益改善项目团队完成改善对策后，我们会请他们发表改善报告。这是一个小难题——我们要求他们只能花费5min，进行发表。借此，我们可以教授他们"如何分享"问题解决（改善）的故事。这也是精益改善项目团队学习的关键部分。通过教授"如何分享"问题解决（改善）的故事，我们会教授员工们如何关闭交流循环，并且教授员工们如何发自内心地分享一个简单的改善故事，而不是凭借大脑简单记忆，背诵一个简单的改善故事。当员工们能够用心感受到改善的伟大力量时，他们便能够用简单语言，将改善故事娓娓道来，使故事自然、流畅、并引起共鸣。

5.15 关键公式

图5-59列出了我们在本书中学习的关键公式，供您参考。

节拍时间=可用工作时间/客户需求
可用时间=总计出勤时间减去休息时间、会议时间等[每周1次例会时间分摊到周出勤天数（如，每周1次例会时间25min，分摊到5天出勤天数，每天会议时间5min）]
实际周期时间=总工时/作业员人数（如果机器不是瓶颈）
期望周期时间=可用工作时间/工厂需求
（每一个工位的）作业周期时间=每一名作业员的作业量，假设平衡了生产线的每一个工位（机器不是瓶颈）
所需作业员人数=总工时/周期时间（或节拍时间）
总工时=人工增值工时+人工非增值工时
完成时间（一件产品总计加工时间）=人工增值工时+人工非增值工时+机器加工增值时间+机器加工非增值时间
生产能力=可用工作时间/完成时间
每小时产出=3600s/h除以以秒为单位的周期时间
每日产出=每小时产出×每日可用工作小时
可中断的机器加工作业的在制品（WIP）数量=机器加工交付时间/加工1件周期时间或节拍时间
不可中断的机器加工作业的在制品（WIP）数量=2倍于可中断的机器加工作业的在制品（WIP）数量
标准在制品（WIP）=交付时间/所需周期时间
看板张数=[满足补料周期时间所需的数量（用于生产和交付）+安全库存+报废品数量]/一个容器的标准包装数量

图5-59 关键公式

（来源：业务改善集团有限责任公司档案）

第 6 章

BASICS模型：检查（C）

C 在 BASICS 模型中代表检查（Check）。"检查"的重要性在于，能够确保我们所实施的改善是有效且持续的（见图 6-1）。

图 6-1 精益实施的 BASICS 模型六步法——检查
（来源：业务改善集团有限责任公司培训资料）

6.1 检查的系统

我们必须建立检查的系统，以确保新流程符合我们的预期，并可持续发现新的改善机会。我们要确保建立有效的绩效测量指标，使流程中的问题可以暴露出来。

很多时候，我们可以在办公室和+QDIP 白板上使用类似每日小时产出记录表的工具，实时监控流程，并在需要时，实施对策和根本原因纠正措施。为这些事务性流程创建文档和标准作业，并将其纳入 ISO9000 这类的体系文件，或者配置控制系统，以确保新流程成为系统的一部分。如此一来，即便管理者出现变化，系统仍然有效。这是学习型组织的一部分，学习型组织是我们最终追求的目标。检查包括下列内容：

1）您知道如何检查么？
2）使用可视化管理系统进行检查。
3）均衡生产和均衡排产。
4）混流生产。

1. 您知道如何检查么

我们辅导的所有公司都存在检查的问题。当我们深入询问为什么检查，以及何人检查的时候,通常会发现,他们是不知道的,或者,即便他们知道如何检查,也不知道为什么要这样做。很多时候只是告诉我们这是质量文件的一部分。但是,当我们进一步询问的时候发现,文件是缺失的,或者根本不存在。

大部分人的检查方法是其他人教的。因此我们发现,检查方法各不相同。因为不同的人(培训师)的检查方式是不同的,他们会根据他们自己认为最好的方式进行检查。

所以,我们的建议是,要经常反思我们检查什么,如何检查,以及为什么检查。最后,如果我们必须检查,不要相信我们的流程,它们的能力的是不够的。检查对公司来说是昂贵的,因为人在做这件事,并且检查是不可靠的。

2. 暴露差距

发现和暴露差距是非常重要的理念。如果我们可以在我们的公司建立一个系统暴露差距,我们就可以使问题浮现出来,并建立改善的目标。在工厂里,我们将地面和墙涂成浅色。这样一来,所有的机器漏油都能立刻被看到。在办公区,我们建立可视化控制和大部屋白板/大部屋作战室,这样也可以使问题立刻显现出来。

6.2 现场巡视

现场巡视是检查和维持的核心。现场巡视的目的是"检查",以便发现异常,并通过发现的问题,指导员工解决问题,培训提升员工问题解决的能力。这也是培养问题解决文化的一部分。

离开您的办公室到处走走,做做审核,与员工聊聊,鼓励他们提出建议,并问问员工需要什么帮助。在所有区域建立可视化的绩效管理白板(不是在计算机里),并取消所有不需要的报告。这不仅告诉大家您想了解现场正在发生的事情,也体现了您的"言行一致",您将因此获得员工的信任和尊重。与您的员工共进午餐。鼓励他们思考,不要给他们答案。询问他们的绩效测量指标是什么,与他们讨论精益的理念,尽可能倾听!

可用于现场巡视时的问题如下。

1)标准是什么?和标准之间是否有差距?
2)您的挑战、问题和困扰是什么?
3)您今天改善了什么?
4)审核:他们是否更新了信息?
5)物料是如何流动的?
6)这里为什么有这么多在制品?
7)请解释产品是如何流动的?
8)这里您为什么批量处理?
9)请让我看下您的标准作业(注意,您应该在现场能看到)。

10）您的可视化控制在哪里（注意：如果您看不到，就没有）？
11）本月团队实施了多少改善提案？这些改善对您个人有什么样的帮助？
12）您所需的所有工具和物料是否都有？
13）您正在学习什么？
14）您是否喜欢您的工作？为什么喜欢或为什么不喜欢？
15）公司如何更好地帮助员工？
16）您需要我提供什么支持吗？

6.3 可视化管理和检查

我们在前文讨论过，可视化管理是一个系统，对检查和维持至关重要。在可视化管理系统中，有一些可以发现或预防缺陷和伤害的装置。优秀的可视化管理系统的目标是，通过运用前文提到的工具，能够立刻看到异常状态；运用5S、可视化显示和可视化控制等工具，将问题暴露出来，然后运用根本原因分析、对策、安东、风险规避、TPM和防错机制等，彻底地解决问题。

一个优秀的可视化管理系统可以将所有精益工具连接起来，使问题无处隐藏，并且可以从缺陷出现的源头进行预防。这样一个系统的目标是预防或减少缺陷。一个优秀的可视化管理系统的实施，意味着必须整合如下内容：

1）安全、质量、交付、库存、效率白板（+QDIP白板）。
2）安东（Andon）。
3）全员生产维护（TPM）。
4）自働化（Jidoka）。
5）贯彻问题解决的文化，缩小与目标之间的差距。

1. 制造执行系统（MES）

随着工业4.0的到来，很多公司都在着手实施MES制造执行（电子）系统。这些系统通过内置传感器，能够实时自动检查过程中的异常。对于全员生产维护（TPM），我们甚至可以通过安装传感器检测发动机、空压系统的问题，如，冷却塔等处，当轴承需要润滑或更换时，您可以提前30天知道。

制造执行系统的好处是，人们再也不需要到处走动，随时"检查"。检查是不增值的。现在，如果出现问题，机器可以立刻告诉您。

2. 安东

安东是一种信号装置（见图6-2）。安东可以通过电子计数器、看板信号（见图6-3a、b）、时钟、蜂鸣器，甚至音乐被看到（见图6-4）或听到。其目的是建立可视化的管理，让所有人都可以在区域内畅行，并且在不需要询问任何人的情况下，便可以确切地知道，该区域正在做什么，以及如何做。您可以时刻了解该区域的信息。

```
         ┌─────────────────────┐
         │      呼叫安东        │
         ├─────────────────────┘
         │ 通过亮灯呼叫零件供应商
         │ 有两类呼叫安东:"雇佣安东"和"出租车安东"
         │
         ┌─────────────────────┐
         │      紧急安东        │
         ├─────────────────────┘
  安东   │ 这个安东可以提醒主管生产线出现了异常
 (全部) ─┤
         ┌─────────────────────┐
         │      运行安东        │
         ├─────────────────────┘
         │ 这个安东可以显示设备的当前运行速度
         │
         ┌─────────────────────┐
         │      进度安东        │
         ├─────────────────────┘
           用于节拍时间长的生产线，进度安东可以帮
           助我们监控生产线运行的进度
```

图 6-2　四类安东

（来源：可视化工厂）

图 6-3　电子计数器、看板信号

a）安东——计数器　b）补料的可视化信号，价格和标识的可视化显示等

（来源：业务改善集团有限责任公司档案）

对于全员生产维护（TPM）和每日生产活动来说，在使用机器时，正常运转时间计时器和停机时间计时器（见图6-5）是非常有用的。安东系统和计时器可以方便地与CNC控制单元连在一起，显示设备何时工作，何时空闲。

可视化管理系统的目标应该是消除人员检查，以设备替代，如传感器检测可以通过信号把问题告诉我们。例如：灯、音乐、声音、短信、微信等。请记住，设备传感器检测仍然是检查，这意味着我们并没有从根本上相信流程。

图6-4 纸巾盒

出现深色纸巾，代表纸巾已经快用完了

（来源：业务改善集团有限责任公司档案）

图6-5 连接了可编程控制器（PLC）的停机计时器

3. 防错机制

实施Poka yoke，也就是防错机制，可以消除所需的检查，这是除防错装置本身的检查外，最好的维持的方法。

4. 5个为什么

当我们完成了问题陈述后，需要对问题进行分析，并识别症状或找到问题点。问题解决中所用到的一个基本技术是5个为什么。这个被广泛使用的工具（见图6-6）的用法就是问"为什么"。建议问5次，因为通常需要问5次"为什么"才能找到根本原因。如果问不到5次，也要问到可以找到问题的根本原因为止。根据我们的经验，5个为什么最难的部分是要求人们正确地问到根本原因。很多人在问了1~3次"为什么"后，还没有找到根本原因，就跳到结论部分去了。

5. 5W2H：另一个减少浪费的主要工具

5W包括：何时？何地？何事？何人？以及为什么？2H是：如何？多少？（见图6-7）。

问题陈述：水池浑浊，底部有很多沉淀物

1. 为什么过滤器的硅藻土沉淀物进入了水池
- 因为硅藻土沉淀物绕过了阀门
2. 为什么绕过了阀门
- 阀门已经锈蚀
3. 为什么阀门锈蚀了
- 因为井水是酸性的，锈蚀了阀门
4. 为什么水是酸性的
- 因为水没有过滤就流到了水池
5. 为什么水没有过滤就流到了水池
- 因为我们安装水池的时候绕过了过滤器

为什么？→为什么？→为什么？→为什么？→为什么？在这里找到真正的解决方案

图 6-6　5 个为什么——真实案例

（来源：业务改善集团有限责任公司档案）

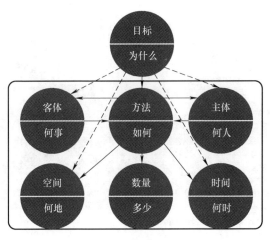

图 6-7　5W2H

（来源：根据 1990 年生产力出版社出版的新乡重夫的《新乡生产管理系统》改编。）

以下问题适用：

1）何时做这件事最好？一定要在某个特定时间做么？
2）何地正在做这件事？为什么在这里做？
3）正在做何事？我们为什么要做这件事？是否可以不做？
4）何人在做这件事？其他人做是否更好？
5）为什么这个工作是必要的？澄清其目的。
6）如何做的？是否有更好的方法？是否有其他方法？
7）现在的花费是多少？
8）改善的成本是多少？

6. 鱼骨图，帕累托图和精益

鱼骨图工具是全面质量管理（TQM）的基本工具之一，有助于识别问题点，有点像图形化的 5 个为什么。其做法是，将问题放在鱼头的位置，然后通过头脑风暴，找到问题的所有潜在原因，并进行分类（见图 6-8）。

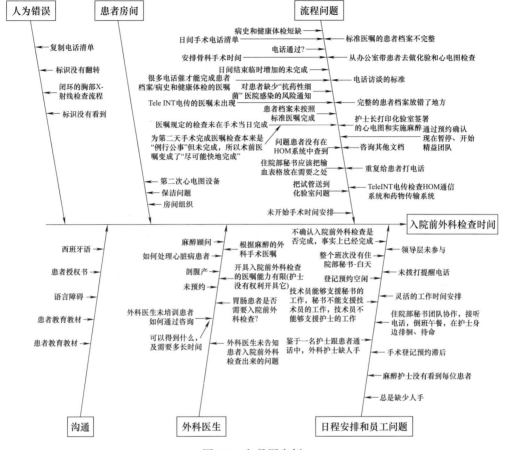

图 6-8　鱼骨图案例

（来源：业务改善集团有限责任公司档案）

我们放到鱼骨上的是问题的第一层，一般是我们看到的问题点或问题的症状。然后我们通过问为什么，为每一个鱼骨绘制出鱼刺。我们持续地问为什么，直到问到最底层的鱼刺或根本原因。

该工具提供了一眼就能看到某个区域中所有问题的方法。鱼骨图是一个从员工处收集反馈，对反馈进行分类，并找到根本原因的非常好的工具。

帕累托图中包括一个柱状图形和一个折线图形，其中柱状图形按照降序显示每个值，折线图形显示累计百分比。左侧的纵坐标通常为发生的频率，右侧的纵坐标是发生次数的累计百分比。帕累托图的目的是突出最重要的因素，常用于根本原因分析，以便聚焦在最常见的缺陷来源或最常出现的缺陷类型。帕累托瀑布图通过创建多个帕累托图，与 5 个为什么工具相结合使用，以找到根本原因（见图 6-9）。

BASICS：精益问题解决模型

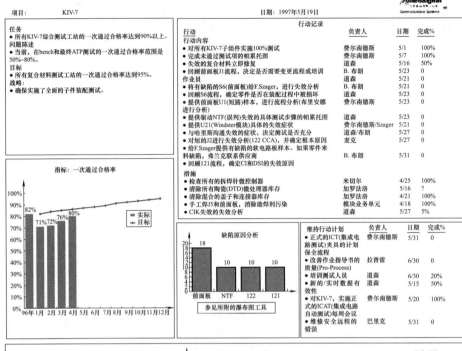

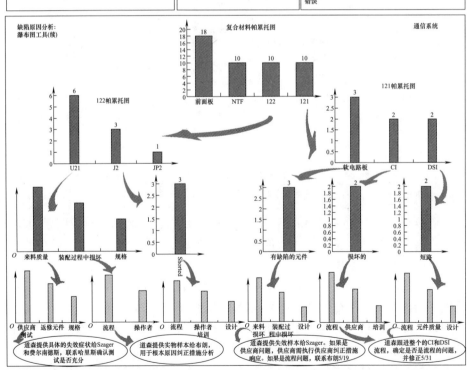

图 6-9　帕累托瀑布图

（来源：业务改善集团有限责任公司档案）

6.4 均衡生产和均衡排产

我们将均衡生产和均衡排产放到"检查"部分。这是检查公司均衡负荷,并在必要处实施混流生产的能力的一部分。诚如早先在零件生产能力表(PPCS)章节提到的,它是对产能的预测。

1. "已证实的产能"

我们发现,在很多公司,产能不是来自于任何正式的计算,而是来自于主管的经验。我们针对这个现象发明了一个术语,称其为"已证实的产能"。

"已证实的产能"是指公司或部门用他们每日或每周实际产出的总数作为衡量标准,基于这个衡量标准,自行认为他们可以生产什么,以及随后计划生产什么。

这与时间研究和动作研究,或已公认的机器运转速度和机器进给量等科学方法正好相反,这些科学方法会精确地定义应该生产什么。我们辅导过的百分之九十的公司,包括政府和医疗机构,刚开始的时候都是使用"已证实的产能"作为测量指标。

很多公司使用标准成本和挣得小时制定和监控他们的产能和效率。但是其错误在于,极少更新标准或标准压根就是错的。

2. 排产的问题

通常,为了完成月底的交付目标,迫使我们在计划范围外的几周或几个月前就开始安排出货,从而造成了制造现场的混乱。排产的另一个问题会出现在当我们将系统转换成看板的时候。看板背后的思想是,通过看板信号触发补料。但是,当公司坚持使用物料需求计划(MRP)触发订单的时候,看板系统将无法正常工作和持续运转。

3. 按订单生产、推动式生产和拉动式系统

"按订单生产"系统只有在收到订单的时候,工厂才开始生产产品。很多公司使用不同类型的企业资源计划(ERP)系统。该系统中有一个主计划和一个物料需求计划(MRP)或不同类型的车间控制系统。这些系统整合了需求、物料订购,以及根据前置时间补偿发布计划订单的功能。

前置时间补偿是录入到系统中的前置时间,包括了物料供应、收货、目检、制造等时间。这就是我们所谓的"推"式生产系统。在这个系统中,物料需求计划(MRP)(依据计划人员的审核和批准)是订单的"触发者",会触发工单发布,并将其安排在车间的不同工作中心。

如果公司根据前一个订单的成品发运,以触发每个订单,则此系统为拉动式系统。如果是从成品开始拉动的,那么它不是一个真正的"按订单生产"的系统,但仍可以认为是一个"拉动"系统。

4. 节拍—流动—拉动

在精益中，节拍—流动—拉动，简称精益系统的实施。

这意味着要理解客户的需求，一切始于客户。当我们知道了客户的需求及我们的可用时间，就可以计算出我们的节拍时间。

在工厂（或服务型企业）中，从原材料到成品、发货，按照节拍时间的节奏建立流动。

建立一个与客户和供应链同步的拉动系统。当他们使用我们的零件的时候，会随即向我们的车间发出一个订单，我们便可以实时地知道，这个车间的订单会触发整个供应链的订单。这个系统体现了准时化（JIT）、自働化（Jidoka），以及以人为本的精益文化（见图6-10）。

图6-10 达纳公司直接连接到丰田的发货触发板

每当丰田装配完一辆车的时候，板上的一个灯就会亮起。25个灯亮起意味着
25个车底盘总成要离开达纳，运往丰田组装工厂
（来源：CNN新闻录像视频）

5. 生产排序的案例

平衡负荷的关键理念是生产的平滑，包括制定生产计划，并将其平均到每日，甚至每小时的需求量。我们看一个案例：假设一家汽车公司使用压力机制造不同汽车的零件。将一周的产量分解成每日的批量被称为均衡化（Hei junka）或生产平滑（见图6-11）。例如，如果每周需要1000件零件A，750件零件B和250件零件C，我们可以用数学公式将每个零件的需求数量除以5（以便得到每日需求）。对于零件A，意味着每天需要生产200件（1000/5）；零件B每天需要生产150件（750/5）；零件C每天需要生产50件（250/5）（见图6-12）。

当我们在冲压工序、生产线或工厂实施了均衡化生产后，我们必须定期回顾假设，确保实际生产量满足计划假设。如果未满足，我们可以通过问题解决以消除这

产品	每月需求/个	每日需求/个	节拍时间/s
A	4800	240	120
B	2400	120	240
C	1200	60	480
D	600	30	960
E	600	30	960
总计	9600	480	60

顺序的选择：分段的批量

每月　4800-As/2400-Bs/1200-Cs/600-Ds/600-Es

每日　240-As/120-Bs/60-Cs/30-Ds/30-Es

每小时　30-As/15-Bs/7.5-Cs/3.75-Ds/3.75-Es 每小时

混流生产

每时　1-2-3-4-5-6-7-8-9-10-11-12-13-14-15-16-17-18-19-20-21-22-23-24-25-26-27-28-29-30

A B A C A B A C A B A D A B A E A B A C A B A C A B A D A B
A E A B A C A B A C A B A D A B A E A B A C A B A C A B A D

图 6-11　将月度排产转换成按序排产

（来源：业务改善集团有限责任公司档案）

	每周需求/件	每周工作天数	每日需求/件
零件A	1000	5	200
零件B	750	5	150
零件C	250	5	50

	每周需求/件	每周工作天数	每日需求/件	生产每件产品的时间/s	完成每日需求所需时间/min	一次通过合格率	所需的额外的零件数量/件	考虑一次通过合格率所需零件数量/件	新周期时间/min
零件A	1,000.0	5.0	200.0	60.0	200.0	0.99	2.0	202.0	202.0
零件B	750.0	5.0	150.0	67.0	167.5	0.90	16.8	166.8	186.2
零件C	250.0	5.0	50.0	46.0	38.3	0.98	0.8	50.8	38.9
总计	2,000.0		400.0		405.8		19.5	419.5	427.1

图 6-12　生产平滑案例——根据一次通过合格率（FPY）计算每日机器的加工时间

（来源：业务改善集团有限责任公司档案）

个差异并实施纠正，如果实在行不通，只能修订假设。

6. 未使用物料需求计划（MRP）的车间排产

当我们实施看板的时候，要做的第一件事情就是关闭物料需求计划（MPR）的车间控制部分。从图 6-13 中我们可以看到，在总装车间实施了一个简单的拉动系统。这个系统没有设计看板卡。一切都可通过可视化控制触发（如地上用地标线贴的矩形区域、架子上的气压表、双箱系统）。

当一个零件进入总装车间后，便拉动一个喷漆看板，喷漆看板拉动焊接看板，焊接看板拉动机械加工车间看板，机械加工车间看板拉动原材料看板，原材料看板发给供应商一个补料信号。我们有 80% 的物料是 VMI 物料（供应商管理库存）。

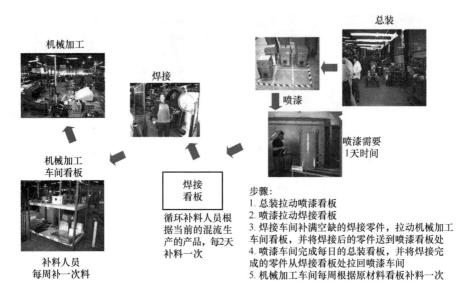

图 6-13　总装车间采用看板实现的简单的可视化拉动的排产系统

（来源：业务改善集团有限责任公司档案）

7. 建立流动：设置工单暂存架

实施精益线时，很重要的一点是确保您所生产的产品是真正需要的。第一步是设置工单暂存柜。一些人称之为均衡柜，但是这个用词并不恰当；实际上我们已经开始均衡车间的生产负荷了。一般我们将生产均衡柜（见图 6-14）或生产排序柜作为可视化工具，以便了解何时开始生产或如何根据生产计划生产。这些箱子通常有代表时间的插槽。每个插槽可能代表一天中的每个小时或一个月中的每一天。通常，这个箱子放在成品发货区域，从成品开始拉动。

8. 排产白板规则

当实施精益线的时候，很重要的一点是确保您所生产的产品是真正需要的。均衡化的第一步是可视化的排产系统。规则如下：

1）生产计划人员为班长提供一个每周的生产计划。

2）生产计划人员与班长一起，每日巡视两次生产现场，从发货区域到总装、焊接、机械加工、原材料区，查看生产指令的进度。

3）生产计划人员将根据开始时间，在恰当的时间，将工单放在可视化的工单板上。

4）只有当工单尚未从工单排产板上取走的时候，生产计划人员才能更改工单安排计划。一旦工单在生产单元开始生产，就不能停下来改做另一个工单了。

5）如果工单中的零件短缺，不能将其放在生产排产板的队列里。

6）生产计划人员和班长负责确保零件在总装需要的时候是可用的，且暂存区

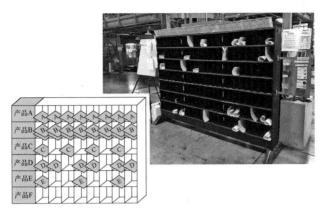

图 6-14 生产均衡柜案例

(来源:业务改善集团有限责任公司档案)

没有短缺。

7) 生产计划人员负责在每个机器上建立一个可视化的队列,显示哪个工单正在加工,并定义一种方法,用正确的工单编号来标识正在生产的产品。

9. 单位制造时间

单位制造时间是在一个生产区域,制造一箱或一个产品所需要的时间。单位制造时间的计算方法是,节拍时间(或周期时间)乘以包装数量(适合生产线的最小经济批量),包装数量通常指的是一个转运箱或标准容器规格(见图6-15)。

图 6-15 波音 737 单位制造时间标识

注:1in=25.4mm。

(来源:Cordatus 咨询公司,波音制造视频. https://www.youtube.com/watch?v=-yOU1Qux9EA&list=PL0C5BB2A293DC D7DE.)

10. 产能和负荷

在确定工厂的产能和负荷时，有些计算是我们必须考虑的。很多时候，负荷是根据机械加工时间或工作中心所安排的工作时间比率得到的。我们首先计算的是过剩产能。

$$过剩产能 = 产能负荷 / 产能$$

如果负荷超出产能怎么办？如果负荷超出产能，那么我们必须检查每台机器，并确定我们是否可以用其他机器，检查机器速度和进给量、换型时间和综合设备利用率。

我们可能需要调查，是否可以在午餐和休息的时间增加一个生产班次。我们有时也使用成组技术矩阵以找到"产品族"或对零件进行分组，这样做可用通过减少换型次数来提高产能。

11. 计划和排产的技巧

1）分阶段实施。

2）如果工厂或流程不能做到按订单生产，那么应考虑在成品处使用看板。

3）制定均衡负荷的战略，包括内部和外部。

4）邀请销售/市场人员参与。他们必须理解这个排产系统，以及对实时信息的需求（即再也不要发生"虚报"交付时间的糟糕现象了）。回顾销售策略，提供折扣或降价还有意义么？

5）无论何时，只要生产的量超过需求量，就会妨碍您生产真正需要的产品。

6）消除缓冲，降低库存，在您确认可以满足客户需求后，修改物料需求计划（MRP）的前置时间补偿。

7）为每一个流程/机器编制失效模式影响分析或风险规避策略。

8）使生产安排系统尽可能简单，否则没人遵守。

9）清除多余的在制品，从最接近客户的地方开始。

10）如果所有在制品在过程中用尽，那么在下一次生产的时候，产出会有损失。

6.5 混流生产

在制造业，生产排序用以均衡不同类型的产品或"混合"模式的产品。这个理念使得丰田可以在同样的生产线上生产不同型号的汽车，一个型号接着另一个型号。这只有通过构建灵活的布局、设备、设施和人员才能实现。

这个理念背后的想法是均衡地安排产品的生产，避免同一时间以批量的形式只生产某种产品。这在有些公司很容易实现，但在有些公司，几乎不可能实现。

这个混流生产的理念可以被解释成在同一时间生产一个产品族里的不同类型的产品。需要在作业中恰当地安排作业活动顺序，必须理解作业活动的顺序，很多时候,也需要理解信息流。

加工流分析为我们提供了数据,接下来我们结合产品或服务的"需求量"和"需求的型号"决定生产顺序。图6-16展示了一个排序表格。

型号规格	型号类型						可用时间 h/min/s			每周总需求/次	每日总需求/次	节拍时间/s	节拍时间/min	节拍时间/h	基于节拍时间内的生产排序/h	第一遍操作/次	第二遍操作/次	每日总数/次	每周总数/次	周波动/次	备注
		RF	RG	RN	RLF	RLG	RLN	SRS						246.7							
							7.4	444	26640												
3.0	6			5	6		6		25	5.0	5328	88.8	1.48	2.8	3.0	2.0	5.0	25.0	0.0	
4.0	13	1			4				20	4.0	6660	111.0	1.85	2.2	2.0	2.0	4.0	20.0	-1.0	第二遍操作每周0次
5.0	5			4					9	1.8	14800	246.7	4.11	1.0	1.0	1.0	2.0	10.0	-1.0	第一遍操作每周1次
6.0	11	1			11				23	4.6	5791	96.5	1.61	2.6	3.0	2.0	5.0	25.0	-2.0	
8.0	2	2			7				11	2.2	12109	201.8	3.36	1.2	1.0	1.0	2.0	10.0	1.0	第二遍操作每周2次
10.0							0		0		—	0.0	0.00	0.0	0.0	0.0	0.0	0.0	0.0	
12.0							0		0		—	0.0	0.00	0.0	0.0	0.0	0.0	0.0	0.0	
总计										17.6	1514	25.2		9.8	10.0	8.0	18.0	90.0	-2.0	

不同型号的排序	3.0	4.0	5.0	6.0	8.0	9.0	10.0	总计
第一遍操作/次	3.0	2	1	3	1			10.0
第二遍操作/次	2	2	1	2	1			8.0
每日总数/次	5.0	4.0	2.0	5.0	2.0			18.0
机器人设备时间/s	430	840	1250	1660	2070	2320	2638	
机器人时间/min	7.17	14.00	20.83	27.67	34.50	38.67	43.97	
每规格机器人时间/min	35.8	56.0	41.7	138.3	69.0	0.0	0.0	340.8
根据可用时间得出的产能的百分比								76.8%
应运行的单元生产时间/h								5.68
组装时间/s(来自于时间研究)	2847	3244	3702	4012	4429			
底盘,第一阶段,第二阶段,来自于系统的准备时间/min	47.5	54.1	61.7	66.9	73.7			
所需人数	6.6	3.9	3.0	2.4	2.1			

图 6-16　生产排序表

(来源:业务改善集团有限责任公司档案)

1. 混流生产线换型

我们必须将批量流动与精益流动进行对比。假设批量生产的时候,生产线上有六个人。在换型过程中,当第一个工位换型时,线上其他工位还在生产。第二个工位及其他工位换型的时候也是一样。

这类生产线换型的定义是,从最后一件产品在最后一个工位完成到下一个批次第一件合格品在最后一个工位生产出来。

在单件流生产线换型的时候,我们必须在每次换型时要清理干净生产线。在开始换型的时候,没人知道该做什么。第一个工位换型,然后其他五个人必须等着别的工位换型。这些时间累加起来,降低了生产线的产能和产出。

关注快速换型对于精益生产单元来说非常重要。需要将换型的过程拍摄下来,和所有作业员一起回看作业视频,发现改善机会,尽可能多地将内部作业转变为外部作业,和我们在设备换型上做的一样。

2. 混流生产线矩阵

图 6-17 展示了我们所谓的混流生产线矩阵。左边是产品相关的所有操作工位。在顶部(X轴)是每个产品的型号。每个方格里是不同产品型号不同操作工位的

周期时间。当对不同产品型号的作业时间汇总后，就得到了总工时。这个时间除以人数，便可得出平均的周期时间，以及每时和每天的产出。

可用时间/h	7.5 工位	操作描述（他们做什么）	型号1	型号2	型号3	型号4	型号5	型号6
1	工位1		11.0	11.0	11.0			
2	工位2		16.0	16.0	16.0			
3	工位3		40.0	40.0	40.0	54.0	42.0	54.0	42.0
4	工位4		33.0	33.0	33.0	29.0	29.0	29.0	29.0
5	工位5		25.0	25.0	25.0	31.0	31.0	31.0	31.0
6	工位6		60.0	60.0	60.0	33.0	32.0	33.0	32.0
7	工位7		50.0	50.0	50.0				
8	工位8		5.0	5.0	5.0	7.0	7.0	7.0	7.0
9	工位9			14.0	14.0		14.0	14.0	
10	工位10		12.0	12.0	12.0	10.0	10.0	10.0	10.0
11	工位11		19.0	19.0	29.0	9.0	9.0	9.0	9.0
12	工位12		19.0	19.0	19.0	19.0	19.0	19.0	19.0
	总工时/s		290.0	304.0	314.0	192.0	193.0	206.0	179.0
	总工时/min		4.8	5.1	5.2	3.2	3.2	3.4	3.0
	1人每小时产出数量/件		12.4	12.4	12.4	12.4	12.4	12.4	12.4
	每日产出数量		93.1	93.1	93.1	93.1	93.1	93.1	93.1
	2人每小时产出数量/件		24.8	23.7	22.9	37.5	37.3	35.0	40.2
	每日产出数量		186.2	177.6	172.0	281.3	279.8	262.1	301.7
	3人每小时产出数量/件		37.2	35.5	34.4	56.3	56.0	52.4	60.3
	每日产出数量		279.3	266.4	258.0	421.9	419.7	393.2	452.5
	4人每小时产出数量/件		49.7	47.4	45.9	75.0	74.6	69.9	80.4
	每日产出数量		372.4	355.3	343.9	562.5	559.6	524.3	603.4
	5人每小时产出数量/件		62.1	59.2	57.3	93.8	93.3	87.4	100.6
	每日产出数量/件		465.5	444.1	429.9	703.1	699.5	655.3	754.2

图 6-17　混流生产线矩阵

（来源：业务改善集团有限责任公司档案）

第 7 章

BASICS模型：维持（S）

BASIC 模型中的第 2 个 S 代表维持（见图 7-1）。维持意味着可以自我保持和改善。意味着您无须检查。它不依赖于某个人，而是成了公司文化的一部分。我们欢迎审核，并期待来自于外部的参观，以便发现差距，找到改善的机会。

维持
Sustain

维持
- 总结改善案例
- 维持的关键——为什么人们抵制变革
- 维持精益
- 长期维持工具
- 如何跟进您的进展
- 终极挑战

图 7-1　精益实施的 BASICS 模型六步法——维持
（来源：业务改善集团有限责任公司档案）

7.1　总结改善案例

改善实施完成后，我们需要更新存档文件，存档文件在 BASICS 的每个阶段都需要更新，并将项目的最终总结和结果放在一起。

7.2　维持的关键——为什么人们抵制变革

我们都抵制变革，这是基本的人性。虽然，有些变革比其他变革容易接受。如果您关注过会发现，与我们的思维方式相一致的变革更容易被接受，我们真正抵制的是那些我们认为消极的变革。如果您周围的人不接受精益变革，并认为精益变革是消极的，那么您想要维持并取得长期成功，可以从中获得哪些启发？

$$C \times V \times N \times S > R_{变革}$$

回想一下前边介绍的变革等式。您的组织已经完成了一个项目，现在正处于维持阶段（公式中的 S）。

正如我们前文提到的，维持阶段是最困难的部分。毋庸置疑，这不是一个新的概念，因为每一本书和每一次培训都会反复提及"维持"这个主题。但是为什么维持这么困难？不管您信或不信，它遵循我们前边提出的变革等式。如果您的 C（迫切需要变革的原因）并不是十分迫切，那么您会无法克服阻力去变革。记住，这是一个乘法等式，也就意味着，如果 C 等于零，等式也等于零。

管理层是否持续在变革等式上使用 PDSA，确保组织一直保持相同的行动，并且拥有与迫使他们变革的原因相匹配的工具呢？

关于维持这个问题的核心，另一个答案是职责和纪律。职责和纪律始于管理层，但不能仅依靠管理层。这个系统必须建立在这些基本原则之上。所有的操作都必须确保作业员或管理者对他们的行为负责，承担责任，无论是否达成目标都要有结果。每个行为都会得到一个正向或负向的反馈。在员工达成目标的时候，奖励团队或个人的成功，与在失败的时候施加负面影响，同样重要的。

下边内容节选自弗雷德·李的《假如迪士尼运营医院》：

职责驱动组织结构的形成，而组织结构又会驱动文化的形成。由于这个理念最为基础，且非常有用，因此让我再重复一遍。职责驱动组织结构的形成，而组织结构又会驱动文化的形成。每一位努力改变文化的管理者，都要仔细考虑这个关键的原则：您不能只改变一棵树的果实而不改变它的根；但在这里，我想指出的是，迪士尼的简单原则是多么强大，它让礼貌比效率更重要，它可以直抵文化的根源。您的组织架构上是否有支持这个规则的树根呢？或者您的组织架构中已经有一个树根，是否可以从根本上支持公司效率这个果实？

但是现在我们遇到了一个令人惊讶的悖论：当我们把礼貌和服务放在首位时，虚假效率的问题竟然消失了。部门之间的沟通和团队合作的问题也消失了。如果所有部门都遵循这条规则，那么整个文化就会统一起来。这会是一个优雅的、完美的模型！

这意味着，当我们各部门的效率服从于礼貌和反应能力（服务行业最重要的方面），我们便可以真正提升公司整体的效率。图 7-2 说明了这个悖论背后的思路。获得最佳整体效率的终极捷径是专注于服务，让服务比效率更重要。

如果部门主管只对自己的劳动力成本负责，那么跨职能的节约和团队合作将不会发生。浪费会无法测量，会被忽视，因为它被组织无形地吸收了。

如果将服务置于效率之上，内部客户就会发声并记录下糟糕的服务所带来的浪费。作为内部服务的提供者和客户部门一起工作，那些效率低下的问题将在团队合作和快速响应的文化下，被识别并解决，从而取代原来的内部竞争。

再说一遍，这一条规则对整个公司管理文化的改变要比 20 次团队建设有效得多。最高管理层要搞清楚的是如何在各部门间营造这样一种氛围，经理们要承担责任，经理们应因为提供优质的服务受到奖励，而不是因为提供糟糕的服务而受到惩罚，虽然他们仍处于传统医疗预算监控和责任制体系下。

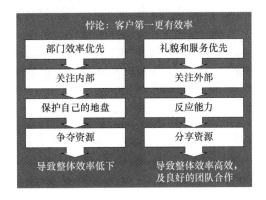

图 7-2 效率悖论背后的思路

（来源：2004 年蒙大拿州博兹曼第二河医疗出版社出版的弗雷德·李的著作《假如迪士尼运营医院：缔造完美患者体验的 9½ 准则》㊀Kindle 版本【Kindle 位置：765-770】，已授权）

7.3 维持精益

维持精益不是一个单独的步骤，相反，要完整地重复实施前文所提及的 BASICS 所有步骤。维持不是一个单独的概念或一套工具，相反，在 BASICS 维持阶段，公司应实施一套精益系统方法，并且在整个过程中，要对员工进行职责和纪律的相关培训。

为了维持，必须确保精益被纳入到质量体系中，成为组织构成的一部分。公司必须建立问题解决文化，并确保有系统可以支持问题解决，且需要持续更新标准作业。

值得注意的是，我们都知道建立精益文化需要做什么。问题是，我们为什么不做呢？大卫·曼在他的书《建立精益文化》中建议，建立精益文化有四个方面需要关注：

1）领导者标准作业。
2）可视化控制。
3）职责。
4）纪律。

（1）领导者标准作业　标准作业的概念需要延伸到管理层，以支持整个系统的维持。这意味着，每一位员工，上至首席执行官（CEO），都需要有标准作业，

㊀ 原书名 *If Disney Ran Your Hospital*：*9½ Things You Would Do differently*。——译者注

来作为他们工作的基础。组织中的职位越高，工作的标准化程度越低。大卫·曼详细地描述了领导者标准作业：

“无论您是一个主管还是首席执行官（CEO），您可能会疑惑，您为什么需要领导者标准作业。一个原因是，它能够有助于管理您一天的工作，另外一个原因是可以为您组织中的其他成员树立一个行为榜样。”

精益活动的关键组成部分是为定期执行的流程制定标准作业、消除错误、澄清角色和任务，以及减少活动、任务或流程的波动。

标准作业必须成为工作场所构成的一部分，这意味着它必须是ISO、质量体系或适用于您公司其他标准的一部分。通过将精益流程深植于正式的政策或程序中，使恢复以前的工作方式变得非常困难。

一旦开始精益文化，就要在招聘的最初面试中沟通新的精益期望。每位员工必须从最开始就知道，他们需要遵守标准作业，并要提出每日改善提案。

一旦制定和实施了标准作业，最重要的是审核。这与BASICS模型（见图7-3）中的“检查”阶段是相关的。审核是主管和管理层的工作，包括所谓的分层审核。当我们最初的精益项目实施后，会使用一些维持的工具，包括：

标准作业审核表				标准作业票编号		
工作中心	#7			工序步骤	组装	
流程描述	所需人数	总人工时/s	每日工作/h	可用工作时间/s	可用工作时间/min	每日需求/件
零件组装	1.0	55	8	28800	480	500
节拍时间/s				工序周期时间/s		
58				55		

领导审核	
审核人	杰夫S
日期	12/5/19
班次	2
发现的问题数量	1

目标时间	
人机比率	1
周期时间/s	55
小时产出/件	65
班次产出/件	524
每日产出/件	524
训练？	新时间

工位编号	作业描述（他们做什么）	标准在制品数量	质量和安全要点	要点的理由	时间/s	累计时间/s	核实作业顺序(是/否)	领导审核		与规定的总的周期时间相比，圈出对应的结果	两个周期时间大于规定的周期时间的作业步骤	训练？/新时间
1	拿起，并将头部和底部扣在一起	1	听到卡嗒一声	如果元件没有扣住，可能会松脱	12	12	否	周期1 时间(mm:ss)				和作业员回顾
2	将头部和底部组装在一起	1	使用箱子3中的紧固件	如果用错了紧固件，可能不合适，无法紧固	8	20	是	54.0	大于			
3	将执行机构用螺钉固定在臂上	1	确保上端完全安装上	不会掉出	30	50	是		小于			
4	将线束装到执行机构上	1	与图示颜色一致	如果颜色不匹配，无法通电	3	53	是	周期2时间(mm:ss)				
5	将组件放到测试工装上				2	55	是	53.0	大于			
6									小于			
7								周期2时间(mm:ss)				
8								54.0	大于			
9									小于			

审核日期：	审核人：
	输入标黄项目：

图7-3　标准作业审核表

（来源：业务改善集团有限责任公司档案）

1）一线主管的技能训练（TWI）。

2）10次周期作业分析。

3）质量圈。
4）点改善活动。
5）持续的日常改善。
6）公司特许的持续改善小组。

维持的最终载体，要体现在标准作业中。

10次周期作业分析是一个流程，拍摄或观察一个工作2~10个循环周期或更多循环周期，然后获取每个活动的周期时间（见图7-4）。这是一个非常实用的工具，可用于审核标准作业，或进行机械加工作业员分析及短周期时间操作的作业员分析。如果员工没有遵守标准作业，这个工具就可以立即发现。这是因为，如果作业员不按照正确的顺序执行作业步骤，将很难填写10次周期作业分析表。

编号	描述		1	2	3	4	5 修改后流程	6	7	8	9	10	时间汇总			
	总操作时间	累积值	1:15:20	1:17:24	1:19:27	1:21:30	2:28:12						最大值	最小值	平均值	标准差
		周期时间/s	128	124	123	123	98						128	98	119.20	12.83
1	卸载零件	开始时间（可选）	1:13:12				2:18:34						16	-5	12.80	2.05
		累积时间	1:13:28	1:15:33	1:17:35	1:19:40	2:18:45									
		每周期时间/s	16	13	11	13	11									
2	装载零件	开始时间（可选）											11	9	10.00	0.71
		累积时间	1:13:39	1:15:43	1:17:45	1:19:50	2:18:54									
		每周期时间/s	11	10	10	10	9									
3	第一个机器加工	开始时间（可选）											4	2	2.80	0.84
		累积时间	1:13:42	1:15:46	1:17:49	1:19:52	2:18:56									
		每周期时间/s	3	3	4	2	2									
4	走到第二个机器	开始时间（可选）											6	4	5.00	1.00
		累积时间	1:13:46	1:15:50	1:17:54	1:19:58	2:19:02									
		每周期时间/s	4	4	5	6	6									
5	装载机器2零件	开始时间（可选）											17	6	10.20	4.21
		累积时间	1:13:54	1:16:07	1:18:03	1:20:09	2:19:08									
		每周期时间/s	8	17	9	11	6									
6	第二个机器加工	开始时间（可选）											5	4	4.40	0.55
		累积时间	1:13:58	1:16:12	1:18:07	1:20:14	2:19:12									
		每周期时间/s	4	5	4	5	4									
7	等待	开始时间（可选）											12	12	12.00	0.00
		累积时间	1:14:10	1:16:24	1:18:19	1:20:26	2:19:24									
		每周期时间/s	12	12	12	12	12									
8	卸载机器2零件	开始时间（可选）											13	10	11.80	1.10
		累积时间	1:14:20	1:16:36	1:18:31	1:20:38	2:19:37									
		每周期时间/s	10	12	12	12	13									
9	走到篮子边并将零件放到篮子里	开始时间（可选）					2:19:47						5	2	3.40	1.14
		累积时间	1:14:24	1:16:39	1:18:33	1:20:41	2:19:52									
		每周期时间/s	4	3	2	3	5									
10	走回机器2，并移除多余部分，且回到机器1	开始时间（可选）					2:19:37						25	10	18.60	5.50
		累积时间	1:14:43	1:16:57	1:18:58	1:21:02	2:19:47									
		每周期时间/s	19	18	25	21	10									
11	给零件加油	开始时间（可选）					2:19:52						27	18	23.80	3.56
		累积时间	1:15:06	1:17:22	1:19:25	1:21:28	2:20:10									
		每周期时间/s	23	25	27	26	18									
12	等待	开始时间（可选）											14	2	4.40	5.37
		累积时间	1:15:20	1:17:24	1:19:27	1:21:30	2:20:12									
		每周期时间/s	14	2	2	2	2									

图7-4 10次周期作业分析案例

（来源：业务改善集团有限责任公司档案）

（2）可视化控制　正如我们前文讨论过的，可视化控制对于维持精益是至关重要的。在所有流程中建立可立即发现异常的能力，将会使那些需要快速响应的区域更容易被看到，找到需要解决的问题，使用 PDSA 循环。

可视化控制的前提是，已经建立标准作业，且流程是稳定并有能力的。流程越可视化，越容易管理和维持。可视化控制应该是我们标准作业的一部分。

（3）职责　职责意味着您履行了您的承诺。有一句俗语："如果您说您打算去做，那就去做；否则就不要说。"这也意味着您必须在承诺的时间内把工作做到最好。组织的职责文化对于维持精益是非常关键的。

当我们在某个区域实施了精益后，不仅需要维持，还需要持续改善。在讨论行为的时候，我们常听到一句话："想要得到，就要付出。"这句话适用于生活中的很多情况，也包括工作场所。因此，作为经理或主管，"您得到的是您所奖励的行为。"这是系统思维的一部分。这些行为可能是您想要的，也可能是您不想要的。

目标是，通过改变奖励机制，将不想要的行为转变为想要的行为。无论我们在组织当中扮演什么样的角色，大多数人都希望了解组织对我们的期望是什么，以及被授权去实现它。

要想成功，我们必须提供清晰的方向，使其与组织的优先级保持一致，并且建立流程使我们的工作可以安全高效地完成。我们需要有正确的工具和用品来完成我们的工作，让我们的员工感受到他们完成工作的获得感，并且感受到自己是成功团队的一分子。如果流程、区域或人员失控，流程缺乏标准化，我们就不可能获得清晰的方向、不可能建立安全高效的工作流程、不可能获得完成工作的获得感。精益和变革管理工具结合在一起可以帮助我们取得成功。

（4）纪律　在精益思想中，是非常需要纪律的，可以是自律，也可以是来自外部的纪律要求。从外部的立场来看，它要遵守规则，否则，会受到某种形式的惩罚。自律是我们培养自己坚持计划、遵守规则、准时参加会议、坚持标准作业、遵守检查表等的能力。

从积极的角度看，纪律应该被视为我们每个人发展的一个品质。纪律是精益环境当中的一个关键要素，因为没有纪律就会一片混乱。我们需要员工们有纪律、遵守标准作业、把东西放到该放的地方、休息结束后按时回来、按时开始工作、跟进审核、实施根本原因分析、建立持续改善的文化。

7.4　长期维持工具

1. 方针管理

方针管理可以说是世界上最重要的战略规划系统。换句话说，方针管理是一种在组织中结构化的规划和实施变革管理的方法，可以为组织成功提供想要的结果。

方针管理通过向高层管理人员和所有员工宣传和部署公司管理的愿景、方向和计划，以找到持续改善绩效的机会，如此一来，各级员工可以持续地执行计划，并评估和研究反馈结果，这是持续改善流程的一部分。

方针管理是战略规划和落地执行（部署）的流程，目的在于确保愿景、使命、年度目标、总目标和行动项在组织内保持一致，并确保相关信息的沟通。它是业务管理流程中管理变革的系统方法。从管理层到车间（一线）人员，每位员工都应认可，并致力于达成目标。

在这个流程中，组织制定一个愿景宣言，鼓励对未来（未来3~20年）方向的突破性思考。根据团队共识的愿景宣言制定计划，通过定期审核绩效以监控进度。这是一个系统，通过计划、实施、检查、行动（PDSA）改善循环确定目标并部署实施，这个系统必须由首席执行官（CEO）领导。

高层领导对企业的宗旨、战略、目标，以及为解决组织下一年问题的项目组合管理（PPM）负最终的责任。这个传接球的流程可以由"问题"团队或管理质量的团队实施。这些团队成员包括与特定战略问题关系最密切的职能经理和资深领导。他们会一起规划目标和战略，以最好的方式解决手头关键的业务问题。组织的领导层应该相信，成功地执行所选定的战略，可以实现目标和解决问题。下面列出的是方针管理计划的组成部分：

1）目的声明。
2）确定突破性目标。
3）业务基础目标。
4）制定可充分支持目标达成的计划。
5）回顾计划进展。
6）根据需要改变计划。
7）持续改善关键业务基础。
8）组织的学习发展和调整。

2. 方针管理规划是维持的关键

管理者和员工参与设定他们的年度目标，并制定为了达成高层级愿景和目标的战略及详细计划。这提供了自下而上的参与机会。这个往复的过程称为传接球，可以使用"X矩阵"。X矩阵可视化地描述了组织中各个层级之间的关系，向员工展示出他们所从事的工作是如何与公司的愿景和目标直接关联的（见图7-5）。

3. 建立一个维持计划（见图7-6）

在实施标准作业、审核和方针管理后，仍然有一些公司或个人会问我们，"是的，我们都知道，但我们如何维持呢？"我们的一贯观点是："没有灵丹妙药"。维持需要的是一个由高层领导推动的，职责清晰、纪律严明的系统。我们通过维持计划这个工具确定职责，这个工具通常作为项目退出策略的一部分，但是如果我们觉得高层领导的关注不够，可以提早执行维持计划。

X				1.3.2 最多改善的员工认可					X
X				1.3.1 对员工改善活动的额外奖励			X		
	X			1.2.1 作业员的精益回顾			X		
		X		1.1.4 精益棕带培训和认证			X		
				经理年终目标					
确保90%的精益活动可维持	100位作业员接受精益概述培训	100%运营的员工完成棕带培训	总监年终目标	从战略计划到作业员达成一致		主管区域A	截至2011年3月31日前完成精益棕带培训	截至2011年9月完成所有作业员培训1	从2011年3月31日开始每6个月一次的评估1	从2011年9月开始每6个月一次的评估1
1.3	1.2	1.1							
				战略目标					
				建立精益文化					

图7-5 方针管理 X 矩阵

（来源：帕特咨询培训资料）

行动	截止时间	频率	工具	负责人	所需资源
维持计划的负责人和职责				生产副总裁	
培训和实施计划					
机械修理工（100%的工作时间在现场）					
培训机械修理工问题解决的技巧	5月30日	每月	TWI 培训	班长	精益从业者
培训机械修理工标准作业流程	5月31日	每月	标准作业	班长	精益从业者
培训机械修理工绩效指标和可视化白板	6月1日	每月	KPI 展板	班长	精益从业者
建立并培训新的休息制度	6月2日		P&P		精益从业者
班长（100%的工作时间在现场）					
培训班长绩效指标和班组绩效管理白板内容	5月30日		KPI 展板	生产总监	班长/LPs/制造工程师/质量工程师
建立每日班组会议日程（含会议开始到结束）	5月30日			班长	班长/LPs/专家

图7-6 维持计划案例

（来源：业务改善集团有限责任公司档案）

行动	截止时间	频率	工具	负责人	所需资源
建立交接班沟通,并确定是否需要交接	5月30日			班长	班长/LPs/专家
制定生产准备启动检查清单	5月30日		现场巡视路线	班长	班长/LPs/专家
制定生产启动后检查清单	5月31日		现场巡视路线	班长	班长/LPs/专家
生产线经理(80%的工作时间在现场)					
建立现场检查计划、现场巡视路线以支持生产线经理标准作业	5月23日		标准作业指导	班长	
与班长、制造工程师、质量工程师、物料员一起制定有计划的每日现场巡视	5月23日	每日/每周		生产总监	班长/LPs/专家/制造工程师/质量工程师
生产总监(50%的工作时间在现场)					
建立现场检查计划、现场巡视路线以支持生产总监标准作业	5月30日		标准作业	生产总监	团队经理/班长/LPs
向总监和经理培训标准作业	6月2日		标准作业	团队总监	团队经理/班长/LPs
制造工程师(80%的工作时间在现场)					
为所有制造工程师培训标准作业	5月30日		标准作业	制造工程师经理	制造工程师/制造工程师经理/团队经理/班长
质量工程师(80%的工作时间在现场)					
为所有质量工程师培训标准作业	5月30日		标准作业	质量工程师经理	质量工程师/质量工程师经理/团队经理/班长
物料员(30%的工作时间在现场)					
为物料员培训标准作业	5月30日		标准作业	物料经理	物料人员/物料经理/团队经理/班长

图7-6 维持计划案例(续)
(来源:业务改善集团有限责任公司档案)

行动	截止时间	频率	工具	负责人	所需资源
HS&E（30%的工作时间在现场）					
为 HS&E 人员培训标准作业	5月30日		标准作业	HS&E 经理	HS&E 负责人/HS&E 经理/团队经理/班长
生产计划员/生产控制员					
为生产计划员、生产控制员培训标准作业	5月30日		标准作业	生产计划经理	生产计划员/生产计划经理/团队经理/班长
精益小组中组装作业员和测试作业员					
物色精益小组成员	5月22日			生产总监	团队经理/班长/COE 总监/BIG
沟通计划					
和制造车间人员建立每月例会	6月2日	每月	KPI 展板	团队经理	团队经理/班长
建立季度员工大会	6月2日	每季度	KPI 展板	生产副总裁	LPs
为所有绩效管理指标、沟通板确定负责人	6月3日		KPI 展板	生产副总裁	LPs/班长
精益内刊		每周	KPI 展板	精益团队	团队经理/班长
教育和培训计划					
一线主管技能训练	6月19日	进行中	TWI 工作手册		
对所有员工培训精益成熟路径评估工具	6月9日		精益规范		
长期维持所需采取的总体行动（18个月及以上）					
使用精益成熟度评估工具进行每季度自评	7月7日	每季度	精益规范	班长	班长
与工厂管理层一起进行精益成熟度评估，并比较自评的差距，建立行动方案	7月14日	每月	精益规范	生产副总裁	团队总监/团队副总裁/团队经理/班长

图 7-6 维持计划案例（续）
（来源：业务改善集团有限责任公司档案）

行动	截止时间	频率	工具	负责人	所需资源
员工满意度					
正式的员工调查	8月4日	年度	盖洛普	人力资源部	
每月越级沟通		每月		生产副总裁	
可视化控制					
每日小时产出记录表		每日		班长	
绩效管理指标目标的跟进					
库存周转次数					
交付时间					
周期时间					
作业员人数					

图7-6 维持计划案例（续）
（来源：业务改善集团有限责任公司档案）

这个计划由区域经理或总监负责，并每月或每季度跟进。这个计划可以作为方针管理计划或目标部署流程（GDP）的一部分。计划包含以下内容：

1）仍在实施的战略。
2）截止时间。
3）工具。
4）培训计划。
5）沟通计划。
6）职责。
7）所需资源。

计划中的某些组成部分可能会合并，但都必须包括在内。此计划可根据行业和工具使用的成功水平进行自定义，但是理念是不变的。这是一张为您或您公司准备的，便于你们维持精益系统，履行相应职责的报告单。

4. 领导力教练——观察、解决、分享

教练的职责是对学员（部下）进行以下3个方面的训练：

1）学会观察。
2）学会解决。
3）学会分享。

其方式可以是精益改善、系统实施或快速改善活动。其目标是让学员理解问题解决的思考过程。教练通常不提供答案，但是也不要让学员感到沮丧，产生挫败感。

这是系统思考、工具执行和软技能之间的平衡。学员的思维模式不应只局限于达到目标状态；更要关注目标状态是如何实现的。

达到目标状态需要通过 PDSA 步骤（见图 7-7）。那些小项目以微小的 PDSA 循环反复进行，以达成目标。通常，在这个过程中，我们推荐教练指导学员时使用一个简单的提问技术，叫 T. A. PE——目标、实际、请解释。

使用 T. A. PE 提问技术将有助于学员以简练的方式表达出与标准的差距。这个流程必须一直坚持下去，可以使学员更深地理解流程和当前的标准。以下是领导力教练涉及的几个方面：

1) 努力理解学员的知识水平。

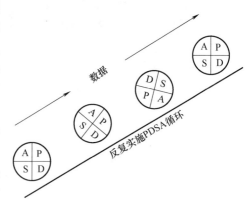

图 7-7 不断的 PDSA 循环
（来源：业务改善集团有限责任公司档案）

2) 去现场观察学员学到了什么。
3) 使用快速的 PDSA 系统进行教练，也就是，增加对策的复杂度，或者使工作更加简单、容易。
4) 问题的可视化如何呢？
5) 一次专注于解决一个行动或障碍，而不是一个 100 行的待解决问题表。

我们可以在教练过程中使用的精益工具包括：

1) 使用工艺流程框图显示流程步骤。
2) 使用 10 次周期作业分析。
3) 制定关键的测量指标，包括先行测量指标的和滞后测量指标。
4) 理解当前状态，包括当前 KPI 的结果，并可用文字描述当前状态。
5) 制定未来状态，包括 KPI 的目标，以及未来状态的文字描述。
6) 使用 PDSA 使团队步调一致。

将改善故事板放在现场，可以提升参与度，并使所有人都能看到团队的工作。更新故事板的时候，我们通常使用铅笔和告示贴，让更新简单、及时。使用简单的语言，使一些对这个流程一无所知的人也能听懂。故事板应该由团队更新，而不是推广人员或管理层。故事板无须漂亮，但是要有效，并让人们理解工具的用法。

我们认为，实施领导力教练是领导力发展的一种形式，结合持续改善，有助于整合人员和流程。

养成这些习惯并使其融入日常工作中，将有助于培养持续改善的文化，使您的组织培养出真正的精益领导者。思维模式的变革是维持并实现长期文化变革的关键。

5. 更新组织结构

当我们沿着精益成熟之路前进时，我们需要关注组织结构是否完善。我们使用了一个工具，这个工具在吉姆·柯林斯的《从优秀到卓越》一书中提到过。当我们为组织定义了新的愿景时，我们需要回顾组织的章程，并留意与我们在同一辆公交车上的员工是否是正确的员工，他们是否坐在公交车的正确座位上。这是继任者计划的开始。在我们培训领导者期间，我们出于私心会让他们培养自己的员工。如果他们不培养自己的员工，那么将无人可以继任他们的位置，这意味着他们无法在公司获得升职。

我们建议每6~12个月回顾一次组织架构，因为随着愿景的更新，我们必须不断地问自己，是否有合适的人带领我们进入下一个阶段。如果没有，我们需要做什么来发展他们？

这并不意味着责任完全在公司。流程中包括了培训团队中的每位员工，他们需要做到最好。这意味着他们要自己找到有助于理解自己在行为和技能组合上弱点的方法，以及自我提升的途径。

团队成员要思考自己的差距，领导者也要思考他们的团队成员的差距，二者分开进行，然后领导者与每位团队成员沟通差距（弱点），并就领导者与员工所找到的差距的不同之处进行讨论，以制定员工明年的个人发展计划，并达成一致。

公司需要与员工就发展的计划达成一致。每位员工需要知道自己未来1~3年或5年的个人发展计划。领导者与员工需要定期评估计划的执行情况，以确保员工保持专注，不断地接受挑战，不断地提高自己。我们的终极目标是取消年度计划，变成滚动12个月的计划。

随着公司越来越趋近于Scrum敏捷文化和团队组织，评估可能变成团队评估而不是个人评估。即便如此，员工个人和公司在持续发展上都需要承担相应的责任。

对每位员工和团队进行领导力教练的部分目标是，使其在技能组合和问题解决的思维模式上，获得持续的发展和提升，同时通过他们的行为践行公司的价值观。

我们做的另一个改变是使组织结构转变成以价值流或以产品为中心，并通过Scrum-of-Scrums敏捷文化支持以价值流或以产品为中心的组织结构。

6. 管理范围

我们看到公司失败的一个原因是，他们的领导者，特别是一线的领导者的管理范围太大。我们看到，直接主管会有30~60人直接向他们汇报日常工作。这个系统是无法管理的，会带来很多救火的事情。很多公司没有车间管理系统去解决每天发生的问题，导致一片混乱。

然而，丰田的系统却不同。在丰田，一个6~8人的班组，会汇报给一个班长。班长负责员工训练、改善标准作业、响应安东，同时协助组长完成相关工作。班长不负责纪律处罚，组长负责纪律处罚，并培训班长问题解决的能力。在日本，可能需要 20 年或更长的时间才能成为一名组长。一般有 5 或 6 名班长向组长汇报。组长作为一线主管管理班长和班组成员。他们将关注于多技能交叉训练、人员招聘、监控人员安排、确保团队成员达成工作绩效并进行评估。他们发展并积极维护班组的成员关系，并重点关注于安全、质量、效率、生产力、成本降低和人员士气等绩效管理指标。

为了显示这与大多数公司的不同，可进行如下问题思考。您公司有团队成员手册么？您公司有专门关注交叉训练的人么？您的主管主导招聘决策么？

7. 基于事实的管理

精益要求基于事实进行管理，理解与原有状态或现状流程相关的所有数据，以及其所提供的信息。基线阶段得到的数据提供了计算的基础，并为系统地完成改善的不同阶段提供了对比的依据。

为了收集准确的数据，在一个给定的流程中，我们会反复询问大家，完成相关作业活动所需的时间。很多管理者和员工提供了他们估计的数据；但是，当我们对流程进行视频拍摄或秒表观测的时候发现，他们提供的数据几乎都是错的。当我们使用这些工具的时候，他们惊讶地发现，估计与实际数据相差竟然如此之远。

当员工们说"我想""那是"或"它应该是"时，我们就知道，他们并不确定，而且他们所提供的数据，并不符合我们要根据事实采取行动的目标。

我们必须经常质疑我们从员工或计算机上收集到的数据。如果我们打算制定可测量的基线，数据必须是准确的。我们应该在基线阶段设定精益活动的目标。如果您不知道自己的起点，您就不可能知道自己改善了多少。

8. 改善提案系统

改善提案箱没什么用。最好的改善提案系统是这样的，所有的想法来自于一线员工，由班组和班长一起讨论，并就如何实施达成共识。达成共识的想法就会被试行，有了实现的机会，然后被完善和实施。实施后，我们需要更新标准作业。真正精益的公司并不担心投资回报率（ROI），也不跟踪改善提案的数量。因为这已经成了公司文化的一部分。

不要把金钱作为员工提出想法的奖励。如果您这样做，员工们只会在您给报酬的时候才会告诉您他们的想法，他们会计较报酬的多少，质疑为什么有些人拿到的报酬多，有些人拿到的报酬少。

一定要认可员工提出的改善提案，如表扬或公开认可等。公司文化应该鼓励所有人每天贡献改善提案并实施。即便是 1/1000 的改善提案采纳率也已足够，只要日复一日地坚持即可。

9. 问题解决的思想

我们把问题称作"差距"。我们不关注好的差距，我们会寻找并试图使不好的差距浮现出来。在丰田，他们不关心"好"，因为这是预料之中的。对我们来说，差距这个单词的定义是，标准、当前状态和目标（未来状态）之间的空间。因此，流程中任何地方发现的差距都是持续改善的起点。丰田没有精益这个单词，他们称之为"每日改善"，这是很重要的区别。

将解决问题的方法融入您的文化中——不断地运用小 PDSA 循环。努力让生产流程和事务型流程实现零缺陷。

7.5 如何跟进您的进展

有很多种方法跟进您的进展。一种方法是拟定一个包括主要改善或里程碑的时间线（见图 7-8）。您可以使用您的价值流图跟进您的进展，如本书前文所展示的。价值流图将给您提供缩短加工时间和停滞时间的整体进度（见图 7-9）。您也可以使用如图 7-10 所示的宏观水平评估或健康检查，我们也尝试使用 Scrum 敏捷方法和 Scrum-of-Scrum 技术加速实施，并对改善的整体进展进行跟进。

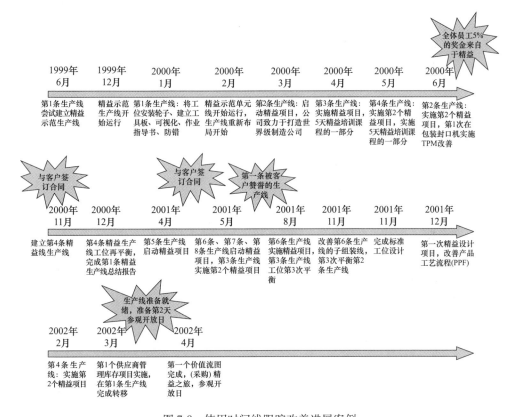

图 7-8 使用时间线跟踪改善进展案例

（来源：业务改善集团有限责任公司档案，马里兰州巴尔的摩环境测试集团，以前是本迪克斯通讯集团的分支机构）

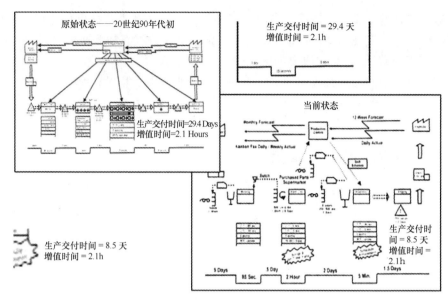

图 7-9 使用价值流图（VSM）跟踪改善进展案例

（来源：美国制造工程师协会价值流图，节选自当纳利的视频《镜子》）

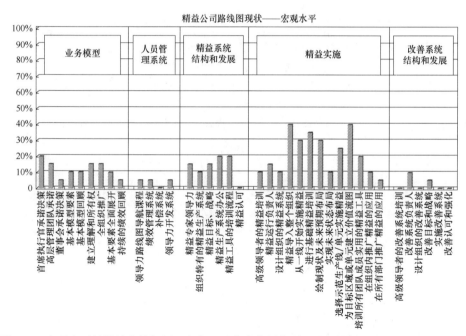

图 7-10 宏观水平的精益实施规划，在依照马萨诸塞州格利巴陵顿北河出版社 2008 年出版的德瓦·鲍姆加德纳和鲁斯·斯加菲特著作《领导力路线图》[一]这本书实施后的模拟状态

（来源：迈克·霍根和业务改善集团有限责任公司档案）

[一] 原书名 The Leadership Roadmap。——译者注

7.6 终极挑战

我们说,精益的目标是建立一种文化,在这样的文化下,80%的改善提案来自于车间或办公室,然后96%的改善提案被实施。这就是我们所谓的日常改善。您公司现在支持这个文化吗?如果还没有,那么还有很多工作要做。记住,没有问题才是最大的问题。无论您改善了多少,您仍有改善的空间。

新乡重夫博士过去常常在他的生产技术讲习课上做一个练习,他会弄湿一条毛巾,在班上传递,每位同学都要使劲拧干它。传到最后,每个同学都能拧出水滴。这是对发现浪费的一个非常好的类比。

我们喜欢用的另一个例子是,小改善无处不在。偶尔可能会有大改善,但我们的目标是小改善,每天渐进地改善。我们用雪来比喻。每一片雪花看起来可能微不足道,但最终它会变成几英寸(厘米),甚至几英尺(米)厚的雪。每个想法本身可能看起来微不足道,但最后,我们制造了一场暴风雪。

我们由衷地希望,这本书能帮助您激发出员工的想法,让他们能积极地参与到持续改善中,同时为您提供了一个有效的、详细的、结构化的方法,便于您在实施精益改善时,更好地运用 BASICS 模型。

The BASICS Lean Implementation Model: Lean Tools to Drive Daily Innovation and Increased Profitability/by Charles Protzman, Dan Protzman, William Keen/ISBN: 978-0-8153-8794-7

Copyright © 2019 by Charles Protzman, Dan Protzman and William Keen
Routledge/Productivity Press is an imprint of Taylor & Francis Group, LLC

Authorized translation from English language edition published by CRC Press, part of Taylor & Francis Group LLC; All rights reserved; 本书原版由 Taylor & Francis 出版集团旗下 CRC 出版公司出版，并经其授权翻译出版。版权所有，侵权必究。

China Machine Press is authorized to publish and distribute exclusively the Chinese (Simplified Characters) language edition. This edition is authorized for sale in the Chinese mainland (excluding Hong Kong SAR, Macao SAR and Taiwan). No part of the publication may be reproduced or distributed by any means, or stored in a database or retrieval system, without the prior written permission of the publisher. 本书中文简体翻译版授权由机械工业出版社独家出版并限在中国大陆地区（不包括香港、澳门特别行政区及台湾地区）销售。未经出版者书面许可，不得以任何方式复制或发行本书的任何部分。

Copies of this book sold without a Taylor & Francis sticker on the cover are unauthorized and illegal. 本书封面贴有 Taylor & Francis 公司防伪标签，无标签者不得销售。

北京市版权局著作权合同登记　图字：01-2019-6059 号。

图书在版编目（CIP）数据

BASICS：精益问题解决模型：推动每日创新和提高盈利能力的精益工具箱/（美）查理·普罗茨曼（Charles Protzman），（美）丹·普罗茨曼（Dan Protzman），（美）威廉·基恩（William Keen）著；任晖，陈莉译. —北京：机械工业出版社，2022.11
（标杆精益系列图书）

书名原文：The BASICS Lean Implementation Model：Lean Tools to Drive Daily Innovation and Increased Profitability

ISBN 978-7-111-71750-8

Ⅰ.①B… Ⅱ.①查… ②丹… ③威… ④任… ⑤陈… Ⅲ.①制造工业-工业企业管理-精益生产-经济模型　Ⅳ.①F416.4

中国版本图书馆 CIP 数据核字（2022）第 205503 号

机械工业出版社（北京市百万庄大街 22 号　邮政编码 100037）
策划编辑：孔　劲　　　　责任编辑：孔　劲　李含杨
责任校对：张　征　刘雅娜　封面设计：张　静
责任印制：常天培
北京机工印刷厂有限公司印刷
2023 年 2 月第 1 版第 1 次印刷
169mm×239mm · 17 印张 · 349 千字
标准书号：ISBN 978-7-111-71750-8
定价：99.00 元

电话服务　　　　　　　　　网络服务
客服电话：010-88361066　　机　工　官　网：www.cmpbook.com
　　　　　010-88379833　　机　工　官　博：weibo.com/cmp1952
　　　　　010-68326294　　金　　书　　网：www.golden-book.com
封底无防伪标均为盗版　　　机工教育服务网：www.cmpedu.com